ROMBACH WISSENSCHAFTEN · REIHE PARADEIGMATA

herausgegeben von Bernhard Zimmermann
in Zusammenarbeit mit Karlheinz Stierle und Bernd Seidensticker

Band 26

Bernhard Zimmermann (Hg.)

Mythische Wiederkehr

Der Ödipus- und Medea-Mythos im Wandel der Zeiten

Bernhard Zimmermann (Hg.)

Mythische Wiederkehr

Der Ödipus- und Medea-Mythos im Wandel der Zeiten

rombach verlag

Gedruckt mit Unterstützung der Stiftung Humanismus heute.

Bibliografische Information der Deutschen Nationalbibliothek

Die Deutsche Nationalbibliothek verzeichnet diese Publikation in der Deutschen Nationalbibliografie; detaillierte bibliografische Daten sind im Internet über <http://dnb.d-nb.de> abrufbar.

Lektorat: Anne Schlichtmann
Umschlag: typo|grafik|design, Herbolzheim i.Br.
Satz: Rombach Druck- und Verlagshaus GmbH & Co. KG, Freiburg im Breisgau
Herstellung: Rombach Druck- und Verlagshaus GmbH & Co. KG, Freiburg im Breisgau
Printed in Germany
ISBN 978-3-7930-9754-9

Inhalt

Vorwort

Odysseus und Herakles, Ödipus und Agamemnon, Antigone und Medea, Apollon und Dionysos – wohl kein anderer Bereich der antiken Kultur hat so stark über die Jahrhunderte hinweg Literatur und Kunst, Musik und Architektur beeinflußt wie die antike Mythologie. Das Material, das zur Verfügung steht, scheint unüberschaubar: Literatur, die bildenden Künste, Musik und Tanz, Religion und Philosophie: wo man auch sucht, trifft man auf Mythen oder auf Auseinandersetzungen mit dem schwer zu fassenden Abstractum ›Mythos‹ und den einzelnen Mythen. So scheint der einzige gangbare Weg zu sein, Annährungen oder – bescheidener – Annäherungsversuche aus verschiedenen Perspektiven und aus verschiedenen Fachrichtungen an das Abstractum ›Mythos‹ und an seine Konkretisierungen, an die Mythen, vorzunehmen. Für diese Annäherungsversuche eignen sich am besten Fallbeispiele, einzelne Mythen, die in besonderer Weise die Rezeption bestimmten.

Vorliegender Band widmet sich dem Ödipus- und Medea-Mythos auf ihrem Weg durch die Jahrhunderte in verschiedenen Medien, in erster Linie natürlich in der Literatur, aber auch in der Bildenden Kunst und im Film.

Der Band vereinigt Beiträge, die ursprünglich in den Freiburger Universitätsblättern erschienen sind. Der Stiftung *Humanismus heute* sei herzlich für einen großzügigen Druckkostenzuschuß gedankt, ohne den die Publikation des Bandes nicht möglich gewesen wäre.

Freiburg, im Februar 2009 Bernhard Zimmermann

I. Einleitung

BERNHARD ZIMMERMANN

Zum Begriff Mythos in der griechischen Literatur

Mythos (*mythos*), abgleitet von dem Verb *mytheisthai*, bedeutet im frühen Griechisch einfach ›Wort‹, ›Geschichte‹, ›Erzählung‹. Im Zusammenhang mit der sophistischen Aufklärung der zweiten Hälfte des 5. Jahrhunderts v. Chr. erhält der zunächst wertneutrale Begriff eine negative Färbung. Bereits Herodot verwendet das Wort Mythos zur Bezeichnung unglaubwürdiger Geschichten, sein Nachfolger in der Geschichtsschreibung, Thukydides, grenzt in seinem sogenannten Methodenkapitel (I 22, 4) das ›Mythische‹, also Unüberprüfbare und Ungenaue seiner Vorgänger (*mythodes*) von der Genauigkeit seiner Darstellung (*saphes*) ab. Er muß allerdings einräumen, daß dieses Mythische erfreulicher sei, während das Genaue seines Geschichtswerks einen Nutzen für künftige Lesergenerationen besitzen werde. Diese Mythenkritik wird von Platon weitergetrieben. Er setzt den Mythoi, oft unüberprüfbaren Geschichten oder gar Lügen, die Logoi entgegen, dialektisch beweisbare Aussagen. Innerhalb der Mythen unterscheidet Platon im *Staat* (377C) zwischen kleineren und größeren Mythen. Kleinere Mythen werden von Müttern und Ammen ihren Kindern erzählt, größere dagegen sind die, die von den Dichtern für bestimmte Anlässe bearbeitet worden sind. So lassen sich für einzelne Ausarbeitungen von Mythen in bestimmten Gattungen bestimmte Autoren wie Homer, Pindar oder Sophokles bestimmen, für den Basisinhalt des Mythos selbst dagegen kann kein Urheber angegeben werden, die Spuren des Ursprungs verlieren sich im Dunkel der Vorzeit. Dies wird vor allem in der Einleitung des Atlantis-Mythos im *Timaios* (20D) von Platon deutlich gemacht: Platons Onkel Kritias soll die Geschichte von seinem Großvater gehört haben, der wiederum von seinem Vater, der von Solon und der schließlich soll sie – als Stoff für ein Gedicht – aus Ägypten mitgebracht haben. Im Bild des von ihm selbst erfundenen Mythos von Atlantis gibt Platon somit eine Definition des Begriffs ›Mythos‹ als einer Erzählung, die von Generation zu Generation tradiert wird und deren zeitlicher und lokaler Ursprung nicht klar bestimmbar ist, die aber in irgendeiner Phase ihrer Tradierung von einem Autor in eine literarische Form gebracht wird.

Die Opposition zwischen genau, überprüfbar (*saphes*) und erfunden, mythisch (*mythodes*), das allerdings das Epitheton ästhetisch erfreulich (*terpnon*) erhält, wird von Aristoteles in der *Poetik* fruchtbar gemacht. Für ihn wird Mythos zum *plot* einer Geschichte, die von einem Dichter gemäß der Wahrscheinlichkeit, Möglichkeit und Angemessenheit konstruiert worden ist. Denn Aufgabe des Dichters ist es nicht zu erzählen, was tatsächlich sich ereignet hat, sondern was sich ereignen könnte (*Poetik* c. 8, 1451a 35ff.). Es kommt also nicht darauf an, Wahres zu sagen, sondern Allgemeingültiges. Diese Rehabilitation der Fiktion erreicht ihren Endpunkt in der sogenannten Zweiten Sophistik der Kaiserzeit. Besonders ausgeprägt findet sie sich im Prooemium des Hirtenromans von Longos, *Daphnis und Chloe*, in dem der Autor den ästhetisch erfreulichen Charakter seines fiktionalen Werks betont und in deutlicher Absetzung von Thukydides und Platon einen dreifachen Nutzen für seinen Leser (Trost, Propädeutik oder Erinnerung) in Anspruch nimmt, getreu der Maxime des Horaz, daß Dichtung nützen und erfreuen müsse (*prodesse et delectare*). Wir können also, wenn wir auf die Begriffsgeschichte in der griechischen Antike zurückblicken, eine dreistufige Entwicklung nachvollziehen, die sich auch in den Funktionen des Mythos in den Texten widerspiegelt: Die Phase, in der der Mythos zur nicht hinterfragten Tradition einer Gemeinschaft gehört, wird durch die Erschütterung der Glaubwürdigkeit der Mythen im Zeitalter der Sophistik abgelöst und durch Platons Mythenkritik – und der Kritik der mit Mythen verbundenen Gattungen – abgeschlossen. Die Rehabilitierung setzt im 4. Jahrhundert mit Aristoteles ein, der als Kriterium nicht die Glaubwürdigkeit und den Nutzeffekt, sondern die ›Machart‹ gemäß den Kategorien der Wahrscheinlichkeit und Allgemeingültigkeit in den Mittelpunkt stellt. Damit wird Mythos zu einem weiteren Begriff, zum *plot*, zur Fabel fiktionaler Literatur, die, wenn sie denn gut gemacht ist, ästhetisch erfreuen, jedoch auch – und damit wird Platons Mythen- und Literaturkritik entkräftet – einen Nutzen für den Leser haben kann, indem sie eine Möglichkeit bietet, ihm zur Selbsterkenntnis, zur Definition seiner Rolle in der Gesellschaft zu verhelfen.

Die abstrakte Begriffsgeschichte soll durch einen kurzen Blick auf die Literaturgeschichte ergänzt werden. Literatur im frühen Griechenland existiert nicht ohne einen festen Sitz im Leben, zumeist einem festen Sitz in einem rituellen Zusammenhang. Um nur einige Beispiele zu nennen: Dramen werden anläßlich von Dionysosfesten (Dionysien, Lenäen) aufgeführt, ebenso die chorlyrische Gattung des Dithyrambos. Epen werden in für uns nachvollziehbarer Zeit ebenfalls an bestimmten Anlässen vorgetragen, in Athen am großen Fest der Panathenäen. Die Lyrik Sapphos ist nur verständlich vor dem Hintergrund ihres Thiasos, des religiösen Frauenbundes auf der Insel Lesbos, dem sie vorstand. Selbst die Lyrik eines Alkaios oder die Gedichte eines Archilochos fallen in dieser Hinsicht nicht aus dem Rahmen: sie wurden bei Symposien, den Zusammenkünften der Mitglieder eines adligen Clubs, einer Hetairie, vorgetragen, die nach gewissen, gleichsam rituellen Regeln abzulaufen pflegten. Gattungen, Gattungsnormen und Gattungselemente bestimmen sich bis ins 5. Jahrhundert hinein vorwiegend durch den Anlaß und den Sitz im Leben, wobei vor allem auch die Kommunikationssituation eine wichtige Rolle spielt: Wird der Text für ein Kollektiv wie die Polis, für eine Gruppe oder eine Festgemeinde geschrieben? Dem Mythos bzw. der Mythenerzählung in den Texten dieser Epoche kommt vorwiegend eine doppelte Funktion zu: Auf der einen Seite können sie identitätsstiftend und traditionsbildend wirken, auf der anderen einen Spiegelungseffekt ausüben.

Besonders deutlich wird dies in der chorlyrischen Dichtung der archaischen Zeit: Chorlyrische Dichtungen – erhalten sind Werke Pindars und des Bakchylides aus der ersten Hälfte des 5. Jahrhunderts – wurden entweder an bestimmten Götterfesten als Dithyramben, Päane oder Hymnen aufgeführt oder als Epinikien, als Siegeslieder anläßlich der Feier, die ein bei den panhellenischen Wettkämpfen erfolgreicher Adliger veranstaltete. Typische Elemente dieser chorlyrischen Auftragsdichtungen sind der Lobpreis des Auftraggebers, der Stadt oder des Siegers, die Beschreibung des aktuellen Anlasses (Götterfest oder Sieg) und eben die Erzählung eines Mythos. Der Mythos wird in diesen Gedichten dazu eingesetzt, den aktuellen Anlaß in einer zeitlosen Ebene widerzuspiegeln. Indem der Chorlyriker einerseits den Erfolg des siegreichen Athleten mit den Großtaten mythischer Heroen gleichsetzt, erhöht er die Leistung seiner Auftraggeber und verleiht ihnen die Zeitlosigkeit und örtliche Ungebundenheit, die der Mythos besitzt. Indem er auf der anderen Seite in den von einer Gemeinschaft in Auftrag gegebenen Dichtungen die mythische Stadtgeschichte und lokale Heroen integriert, vereint er in der Aufführungssituation Vergangenheit und Gegenwart der feiernden Gesellschaft, er erhöht sie und macht sie ihrer Identität bewußt.

Dies ist vor allem von größter Wichtigkeit in einer Gesellschaft, die auf keine lang zurückreichende Geschichte zurückblicken kann oder die sich eine neue Identität erst schaffen muß, wie dies in Athen nach den demokratischen Reformen des Kleisthenes im Jahre 511/10 v. Chr. nötig war. Für die neue, traditionslose Gesellschaft mußten neue Mythen, neue Heroen und neue Kommunikationsformen gefunden werden, in denen sich die Gesellschaft ihrer Identität versichern konnte. Dies war um so dringlicher erforderlich, als Kleisthenes aus dem Bestreben heraus, die alten aristokratischen Machtverhältnisse zu zerschlagen, gleichsam am Reißbrett eine neue Struktur des demokratischen Athen entwarf (sogenannte Phylen-Reform). Einerseits versuchte er dies, indem er den zehn neuen Verwaltungseinheiten, den Phylen, neue, durch die Aristokratie noch unbelastete Heroen verlieh, andrerseits indem er die Aufführung von Dithyramben, Komödien und Tragödien an den Dionysos-Festen zur Sache der Gemeinschaft, der Polis machte und die Bürger aktiv in die Gestaltung einband. Es ist durch zahlreiche Untersuchungen inzwischen hinreichend klar gestellt, wie sehr die attischen Tragiker, insbesondere Aischylos, die demokratische Ideologie im zeitlosen Spiegel des Mythos auf die Bühne bringen. Diese Kommunikationssituation sollte sich grundlegend mit der sophistischen Aufklärung, der damit verbundenen Krise der Polis und dem politisch-militärischen Zusammenbruch des demokratischen Athen 404 v. Chr. – dem entscheidenen Epochenjahr für die griechische und europäische Literatur überhaupt – ändern. Mit dem Scharfblick des Literaturhistorikers analysiert Platon in den *Gesetzen* (700A 7ff.) die Änderung im literarischen Bereich zu Beginn des 4. Jahrhunderts. Früher, schreibt Platon, war die Musenkunst nach bestimmten Formen und Gattungen unterteilt, wobei die einzelnen Gattungen durch den Anlaß, für den sie geschrieben waren, in ihrer Form, in der musikalischen Gestaltung und im Inhalt voneinander unterschieden waren. So gab es Hymnen zum Lobpreis der Götter, Klagelieder (Threnoi), Paiane zu Ehren Apolls und den Dithyrambos zu Ehren des Dionysos, dazu noch den Sologesang zur Kithara, den sogenannten Nomos. Im Verlaufe der Zeit aber ließen die Dichter diese festen Normen der Kunst hinter sich und gingen daran, Hymnen mit Threnoi, Paiane mit Dithyramben zu vermischen und alles durcheinanderzubringen, und dies nur, um beim Publikum Gefallen zu finden. Denn das Publikum, das sich in der guten alten Zeit stumm die Darbietungen anhörte, gibt jetzt lauthals seine Beifalls- oder Unmutsäußerungen kund. Kurz: die Herrschaft der wenigen Gebildeten, die Aristokratie des guten Geschmacks, ist durch die Theatrokratie, die Macht des ungebildeten Publikums, verdrängt.

Was Platon in dieser Passage anprangert, ist nichts anderes als ein einschneidender Funktionswandel, den die griechische Literatur an der Wende vom 5. zum 4. Jahrhundert durchlief. Die Gattungen verlieren ihren angestammten Sitz im Leben, ihre feste Verankerung an bestimmten kultischen, rituellen oder politischen Anlässen. Dadurch werden die traditionellen Formen und ihre Inhalte wie insbesondere auch der Mythos plötzlich frei verfügbar. Gattungen, die streng getrennt waren wie der Paian und der Dithyrambos, können gekreuzt werden, ebenso die mit diesen Gattungen verbundenen Melodien, die dorische mit der phrygischen Tonart, und letztendlich auch die Inhalte. Dies führt dazu, daß sich eine Literatur in unserem modernen Sinn entwickeln kann, die Texte verlieren ihre kultische, rituelle, soziale und politische Funktion und werden zum ästhetischen Gegenstand. Der durch den bestimmten Anlaß bedingte Einmaligkeitscharakter verschwindet, es entwickelt sich (ab 386) ein Reprisentheater, in dem Euripides die Bühne dominiert. Platon beurteilt Literatur nach den traditionellen Kriterien des 5. Jahrhunderts, also unter ihren funktionalen Gesichtspunkten vor allem im System der Erziehung, Aristoteles in der *Poetik* trägt der neuen Lage Rechnung und bewertet Literatur rein nach ästhetischen Kategorien.

Diese Entwicklung zeigt ihre Auswirkungen natürlich auch in der Behandlung des Mythos, der ja in der frühen Phase das Hauptmedium war, um die beschriebenen traditionellen Funktionen zu übermitteln. Bezeichnenderweise faßt Aristoteles Mythos wertneutral auf als fiktionale Erzählung, die nach dem Prinzip des *eikos*, der Wahrscheinlichkeit, konstruiert ist, während Platon in seiner Dichterkritik im *Staat* Mythen unter ihrer pädagogischen und sozialen Funktion betrachtet. Letztendlich kann man wohl die stoische Homer-Allegorese der hellenistischen Zeit als Reaktion auf die platonische Verurteilung verstehen, wird doch in der allegorischen Deutung hinter der bunten Welt der Mythen ein tieferer Kern und eine eigentliche, philosophische Wahrheit gesehen. Eine ähnliche Rettung versuchten übrigens Jahrhunderte später Ambrosius und Augustinus, indem sie die anstößigen Inhalte des Alten Testaments allegorisch interpretieren (so zum Beispiel Augustinus in den Büchern XI-XIII der *Confessiones*).

In der Folgezeit, in der Phase des Hellenismus, werden in der Literatur Mythen zu einem Fundus der Dichter, der *poetae docti* der alexandrinischen Zeit. Je ausgefallener und abgelegener die Mythen sind, desto größer ist das Vergnügen des *lector doctus* bei der Entschlüsselung der Anspielungen auf die vorangehenden Texte. Es ist nun auffallend, daß in dieser Epoche der reinen Literatur der *poeta doctus* par excellence, Kallimachos, den Sitz im Leben rekonstruiert, den traditioneller Weise eine Gattung wie ein Hymnos verlangt, und zwar rekonstruiert im Text selbst. Im Hymnos auf Apollon beginnt er nicht mit der im Hymnos üblichen Erzählung eines mit dem betreffenden Gott zusammenhängenden Mythos, nicht mit der Aufzählung der Qualitäten des Gottes, der sog. Aretalogie, sondern in den Versen 1-31 entwirft er den fehlenden Sitz im Leben: Ein Herold erscheint, gebietet der Gemeinde, andächtig zu schweigen, da die Epiphanie des Gottes bevorstehe. Durch die direkte Anrede der fiktiven Gemeinde (V. 3 »Siehst Du es nicht?«) wird der Eindruck vermittelt, als ob der folgende Hymnos (V. 32-96) tatsächlich bei einem Götterfest vorgetragen würde – ein Eindruck, den Kallimachos jedoch selbst im letzten Abschnitt (V. 97-113) ironisch verwischt, da er den Gott, den Gott der Musenkunst, der nun erschienen ist, sein literarisches Programm, die literarische Literaturtheorie der kleinen, aber ausgefeilten Form verkünden läßt. Mythos, Mythen sind nunmehr reine Literatur, Vehikel für die Vermittlung literarischer Programme, ohne reale religiöse oder kultische Bezüge.

BERND SEIDENSTICKER

Mythenkorrekturen*

Vor einer Reihe von Jahren sind wir im Rahmen unserer Arbeiten am *Archiv für Antikerezeption in der deutschen Literatur nach 1945*[1] auf eine Form der Arbeit moderner Autoren mit antiken Mythen gestoßen, die uns mit dem Begriff der Variation nicht adäquat erfaßt zu sein schien. Ich möchte zunächst theoretisch darlegen, warum, und den Begriff der Mythenkorrektur so scharf wie möglich bestimmen, und dann versuchen, den neuen Begriff mit einer Reihe von instruktiven Beispielen – vor allem aus der deutschsprachigen Literatur der Gegenwart – zu illustrieren. Dabei stütze ich mich ihm ersten Teil auf die Einleitung zu dem zusammen mit Martin Vöhler und Lothar Emmerich edierten Sammelband *Mythenkorrekturen*.[2]
Angeregt wurde das Unternehmen – in der Sache und in der Terminologie – durch die drei kurzen Erzählungen, die Bertolt Brecht im Jahre 1954 unter dem gemeinsamen Titel *Berichtigungen alter Mythen* veröffentlicht hat:[3] Sie heißen: *Kandaules*, *Ödipus* sowie *Odysseus und die Sirenen* und setzen sich berichtigend mit drei berühmten mythischen Stoffen der griechischen Literatur auseinander: Mit Herodots Erzählung von Gyges und der Frau des Kandaules, mit dem Sophokleischen *Oidipus Tyrannos* und mit der Homerischen Sirenengeschichte:

> Berichtigungen alter Mythen
> Odysseus und die Sirenen*
>
> Bekanntlich ließ der listige Odysseus sich, als er sich der Insel der Sirenen näherte, an den Mast seines Fahrzeuges binden, aber den Ruderern verstopfte er mit Wachs die Ohren, so daß sein Kunstgenuß durch ihr Wachs und seine Stricke ohne schlimme Folgen bleiben mußte. In Hörweite, wie es ausgemacht war, an der Insel vorbeirudernd, sahen die tauben Knechte die verführerischen Weiber ihre Hälse blähen und unseren Helden sich am Mastbaum winden, als er strebte, davon loszukommen. Es verlief also scheinbar alles nach Verabre-

---

* Der Vortragscharakter ist beibehalten; Anmerkungen sind auf ein Minimum beschränkt.

1 www.antikerezeption.fu-berlin.de

2 M. Vöhler/B. Seidensticker, in Zusammenarbeit mit W. Emmerich, Zu einer paradoxalen Form der Mythenrezeption, Berlin/New York 2005.

3 B. Brecht, Werke Bd. 19: Prosa 4: Geschichten, Filmgeschichten, Drehbücher 1913-39, Berlin/Weimar/Frankfurt a.M. 1997, 338-41.

dung und Voraussage. Das ganze Altertum glaubte dem Schlauling das Gelingen seiner List. Sollte ich der erste sein, dem Bedenken aufsteigen? Ich sage mir nämlich so: alles gut, aber wer – außer Odysseus – sagt, daß die Sirenen wirklich sangen, angesichts des angebundenen Mannes? Sollten diese machtvollen und gewandten Weiber ihre Kunst wirklich an Leute verschwendet haben, die keine Bewegungsfreiheit besaßen? Ist das das Wesen der Kunst? Da möchte ich doch eher annehmen, die von den Ruderern wahrgenommenen geblähten Hälse schimpften aus voller Kraft auf den verdammten vorsichtigen Provinzler, und unser Held vollführte seine (ebenfalls bezeugten) Windungen, weil er sich doch noch zu guter Letzt genierte.

* Für diese Geschichte findet man auch bei Franz Kafka eine Berichtigung, sie scheint wirklich nicht mehr recht glaubhaft in neuerer Zeit!

Den Anstoß zu den drei Geschichten hatte Brecht (wie der Nachsatz zu seiner Sirenengeschichte zeigt) bereits zwanzig Jahre früher durch Franz Kafkas berühmte Parabel *Das Schweigen der Sirenen* erhalten. Brecht notierte schon 1933 in einem Tagebuch, in dem er Ideen und Material für zukünftige Arbeiten sammelte, eine lange Reihe von Gestalten, Texten und Stoffen, leider ohne anzudeuten, wie er die berühmten Geschichten in den geplanten Berichtigungen korrigieren wollte. Der Katalog der Stoffe, Gestalten und Texte zeigt, daß Brecht sein Vorhaben weder regional noch zeitlich begrenzen, sondern verschiedene Epochen, Gattungen und Kulturkreise einbeziehen wollte.[4]

Auch wenn dann nur die drei Korrekturen griechischer Mythen ausgeführt worden sind, so läßt sich doch das zugrunde liegende Prinzip der ›Berichtigung‹ erkennen: Die drei kurzen Prosatexte zeigen ein gemeinsames Korrekturmuster: Die tradierte Geschichte wird als bekannt vorausgesetzt oder auch kurz referiert, an einer bedeutungsvollen Stelle wird das überlieferte Geschehen jedoch negiert: die Sirenen haben *nicht* gesungen, die Frau des Kandaules ist *nicht* schön gewesen, Ödipus war *nicht* ahnungslos; er *wußte* (oder ahnte doch seit langem), daß er seinen Vater getötet und seine Mutter zur Frau genommen hatte. Die Berichtigungen setzen an einem zentralen Punkt der Geschichte ein, so daß der Eingriff die wohlbekannten Geschichten in ein ganz neues Licht rückt. Brecht steht – wohl ohne sich dessen selber bewußt gewesen zu sein – in einer respektablen Tradition literarischer und ikonographischer Mythenkorrekturen, die bis an die Anfänge der europäischen Literatur und Kunst zurückreicht.

[4] Brecht (wie Anm. 3) 662-65.

In einem ersten Schritt muß es darum gehen, die Mythenkorrektur gegen andere Formen der Arbeit am Mythos abzugrenzen: Denn Mythen sind traditionelle Geschichten, die sich grundsätzlich dadurch auszeichnen, daß sie immer wieder neu erzählt werden können. Sie existieren nicht, wie heilige Texte, in einer geschützten, unveränderbaren Form, sondern immer und nur im Modus der Variation, als ein unabschließbares »Spiel von Versionen, Varianten, Neukombinationen, Überblendungen und Fortsetzungen, Versetzungen in andere Gattungen und Medien, Exegesen, Kommentaren und Interpretationen. Soweit man zurückgehen mag, man erreicht nie die Quelle, nie den Ursprung, sondern immer nur vielfältig vermittelte Repräsentationen eines solchen.«[5]
Das zeigt sich bereits am Anfang der europäischen Literatur. In der Homerischen *Odyssee* wird gleich dreimal mit kleinen Variationen erzählt, wie Aigisth den heimgekehrten Agamemnon zu einem Gastmahl geladen und mitsamt seinen Männern erschlagen habe: »wie jemand einen Stier an der Krippe erschlägt.«[6] Im weiteren Verlauf der *Odyssee* wird die Geschichte aber auch ganz anders erzählt. So beklagt sich Agamemnon in der ersten Nekyia bei Odysseus darüber, daß Aigisth ihn erschlagen habe »zusammen mit der verfluchten Gattin« und bezeichnet Klytaimestra schließlich sogar als die eigentliche Täterin: »Doch meine Gattin ließ nicht einmal mich an dem Sohne sättigen mit den Augen, sondern hat mich zuvor gar selber getötet.«[7] Am Ende des Epos, in der zweiten Nekyia, wiederholt Agamemnon diesen Vorwurf, und der Zusatz »ein abscheuliches Lied wird ihr sein über die Menschen hin« ist ein deutlicher Hinweis auf eine epische Version, in der es nicht Aigisth, sondern Klytaimestra war, die den Gatten tötete.[8] Es scheint also, daß der Sänger unserer *Odyssee* bereits mit verschiedenen Versionen des Atridenmythos arbeiten konnte. Je nach Kontext, d.h. nach der Funktion, die der Mord an Agamemnon und Orests Rache der Tat als Folie für Odysseus oder Penelope oder Telemach haben soll, erscheint mal Aigisth als alleiniger Täter, mal wird Klytaimestra als Helferin oder gar als Mörderin bezeichnet. Die Gestaltungen des Atridenmythos in Chorlyrik und Tragödie bieten weitere Beispiele für diese prinzipielle Variabilität des Mythos. Je nach poetischer und thematischer Intention können bestimmte Elemente oder Aspekte einer mythischen Geschichte erweitert und poin-

---

[5] M. Pfister, in: Mythenkorrekturen (wie Anm. 2) 130.
[6] 1, 298-300; 3, 262-75, 303-308; 4, 512-37.
[7] 11, 404-34; 452f.
[8] 24, 199-201.

tiert, andere zurückgenommen, abgewandelt, oder sogar völlig ausgeblendet werden.

Die sich bereits am Anfang der europäischen Literatur zeigende mythopoietische Gestaltungsfreiheit ist früh auch theoretisch reflektiert worden. Im 9. Kapitel der *Poetik* fordert Aristoteles den Tragödiendichter auf, die mythischen Stoffe frei zu bearbeiten. Allerdings setzt er der hier proklamierten Gestaltungsfreiheit wenig später, im 14. Kapitel der *Poetik*, eine deutliche Grenze, wenn er feststellt, daß der tragische Dichter die mythische Tradition zwar umgestalten müsse, um die höchste tragische Wirkung zu erzielen, daß er dabei die überlieferten Geschichten aber nicht »auflösen« (*lyein*) dürfe. Zwei Beispiele verdeutlichen, was »auflösen« bedeutet: »ich meine z.B., daß Klytaimestra von Orest getötet werden muß und Eriphyle von Alkmaion.« Gemeint ist also offenbar, daß die zentralen – gleichsam definitorischen – Elemente bzw. Konstellationen eines Mythos nicht verändert werden können, ohne daß der jeweilige Mythos zerstört wird, d. h. seine Identität verliert. Dieselbe Vorstellung liegt auch Hans Blumenbergs Definition zugrunde, der in der *Arbeit am Mythos* festhält, Mythen seien »Geschichten von hochgradiger Beständigkeit ihres narrativen Kerns und ebenso ausgeprägter marginaler Variationsmöglichkeit«.[9]

Die Beständigkeit des Kerns wird von Aristoteles und Blumenberg betont, da dieser dem Mythos seine Identität verleiht (Manfred Fuhrmann hat in diesem Zusammenhang von einem »Index der Identität« gesprochen). Erst durch seine Beständigkeit wird die schöpferische Arbeit am Mythos überhaupt erkennbar. Variabilität und Identität bedingen einander wechselseitig.

Blumenbergs Bestimmung des Mythenkerns als *narrativ* betont, daß mit Kern nicht etwa das gemeint ist, was Religionswissenschaftler und Anthropologen seit dem 19. Jahrhundert damit bezeichnet haben. Aristoteles und Blumenberg (oder auch Fuhrmann) geht es nicht um die ursprünglichen mythischen Vorstellungen, aus denen alle späteren mythopoietischen Ausgestaltungen erwachsen sind, sondern um den narrativen und semantischen Kern der mythischen Fabel, der durch alle variierenden Wiederholungen hindurch identisch bleibt und den jeweiligen Mythos gleichsam definiert.

Eben dieser Kern aber ist in Brechts Berichtigungen tangiert. Seine Version der homerischen Sirenengeschichte streicht – wie auch die Kafkas – mit dem Gesang der Sirenen ein wichtiges, ja das zentrale Element des Sire-

---

[9] H. Blumenberg, Arbeit am Mythos, Frankfurt a.M. [5]1990, 40.

nenmythos. Der Gesang der Sirenen ist es, vor dem Kirke Odysseus warnt; vor ihrem Gesang muß er sich und seine Gefährten schützen; ihren Gesang will er unbedingt hören. Sirenen sind – wie auch die sprichwörtliche Verwendung des »Sirenengesangs« zeigt – durch ihren verführerischen Gesang definiert. Ebenso lebt die klassische Version des Ödipus-Stoffs davon, daß Ödipus *nicht* weiß, was er getan hat, und die Gyges-Geschichte verliert mit der Schönheit der Frau des Kandaules ihr thematisches Zentrum. Derartig radikale Eingriffe in den Mythenkern können nicht mehr als Variationen verstanden werden. Hier handelt es sich, wie von Brecht konstatiert, um Berichtigungen, um Korrekturen. Ähnlich starke Korrekturen am narrativen Kern präsentieren z.B. – um nur Brechtschüler anzuführen – auch Thomas Brasch, dessen Marsyas im Wettkampf mit Apollon streikt oder Volker Braun, dessen Prometheus das Feuer nicht zur Erde, sondern zum Olymp trägt.

Mythenkorrekturen sind aber keineswegs ein modernes Phänomen. Sie finden sich nicht erst bei Brecht und Kafka und auch nicht erst am Anfang der Moderne, in Dantes radikaler Odysseuskorrektur,[10] sondern bereits in der archaischen griechischen Literatur. Ein instruktives frühes Beispiel, das bereits in der Antike Aufsehen erregte, stellt die sogenannte *Palinodie* des Stesichoros[11] dar. Platon erzählt, der frühgriechische Dichter habe in einem seiner Gedichte Helena geschmäht, d.h. ihr, der traditionellen Version des Trojamythos folgend, die Schuld am trojanischen Krieg gegeben. Als die Zeustochter Helena ihm daraufhin zur Strafe das Augenlicht genommen habe, habe er sich korrigiert und die ›wahre‹ Geschichte von der ägyptischen Helena erzählt, die nie nach Troja gelangt sei.[12]

Ein zweites berühmtes frühes Beispiel bietet Pindar. Im Zentrum seiner schon in der Antike berühmtesten Ode (*Olympien 1*), die einen Sieg des Tyrannen Hieron von Syrakus im olympischen Pferderennen preist, steht eine radikale Korrektur des Pelopsmythos.[13] Pindar stellt zunächst fest, daß die Geschichten, die die Menschen von Heroen und Göttern erzählen, manchmal lügen, und korrigiert dann die Geschichte, daß Tantalos seinen kleinen Sohn Pelops getötet und den Göttern zum Mahl vorgesetzt habe, um ihre Allwissenheit auf die Probe zu stellen. Nein, sagt Pindar, so war es nicht:

---

10 Vgl. A. Kablitz, Dantes Odysseus, in: Mythenkorrekturen (wie Anm. 2) 93-122.

11 Stesichoros F. 192.

12 Platon, *Phaidros* 243a.

13 Vgl. M. Vöhler, Mythenkorrekturen in Pindars 1. Olympie, in: Mythenkorrekturen (wie Anm. 2) 19-35.

> Pelops, Sohn des Tantalos, ich werde anders von dir sprechen als die Früheren. Als dein Vater gerufen hatte zum ganz gesitteten Mahl in sein Sipylos und den Göttern Bewirtung bot, da hat der Dreizackglänzende (sc. Poseidon) dich geraubt, bezwungen die Sinne von Sehnsucht, und dich mit goldenen Stuten in den Olymp gebracht. Und als das Kind verschwunden war und blieb, fährt der Dichter fort, da hätten hämische Nachbarn die Geschichte von dem ruchlosen Kindermahl erfunden (V. 37-42).

Nicht immer sind Variation und Korrektur so klar voneinander abzugrenzen, wie in Brechts Berichtigungen oder in den angeführten antiken Beispielen. Der Übergang von der Variation zur Korrektur ist, wie Kafkas Version der Sirenengeschichte zeigen kann, gleitend:

> Um sich vor den Sirenen zu bewahren, stopfte sich Odysseus Wachs in die Ohren und ließ sich am Mast festschmieden.
> [...]
> Nun haben aber die Sirenen eine noch schrecklichere Waffe als den Gesang, nämlich ihr Schweigen. Es ist zwar nicht geschehen, aber vielleicht denkbar, daß sich jemand vor ihrem Gesang gerettet hätte, vor ihrem Schweigen gewiß nicht. Und tatsächlich sangen, als Odysseus kam, die gewaltigen Sänger nicht, [...].

In Kafkas Version der Sirenengeschichte ist die Änderung, daß Odysseus sich nicht wie bei Homer am Mastbaum anbinden, sondern anschmieden läßt, sicher eine Variation; daß er mit dem Wachs nicht die Ohren seiner Gefährten, sondern die eigenen verschließt, ist dagegen ein so wichtiger Eingriff in die homerische Vorlage, zu der wesentlich gehört, daß der listenreiche Odysseus sich zwar vor den Sirenen schützen, ihren Gesang aber unbedingt hören will, daß diese Änderung an die Korrektur grenzt, die mit dem Schweigen der Sirenen – wie bei Brecht – zweifellos endgültig erreicht ist.

Christa Wolfs *Kassandra*, die den Helden der *Ilias* zum Tier degradiert – »Achill, das Vieh«[14] – zeigt, daß es eine zweite Form der Korrektur gibt, die den narrativen Kern unberührt läßt, dafür aber zentrale Figuren einer mythischen Geschichte anders darstellt und bewertet oder die traditionelle Bedeutung eines Mythos ins Gegenteil verkehrt. Nicht Achill, der schönste und stärkste Held und zeitloses Vorbild aristokratischer Erziehung, sondern »Achill, das Vieh«. Solche semantischen Korrekturen ändern gleichsam das Vorzeichen eines Mythos. Das markanteste Beispiel für eine Korrektur,

---

[14] Chr. Wolf, Kassandra, Darmstadt/Neuwied 1983, passim.

die den Mythenkern nicht stofflich, sondern semantisch berichtigt, bildet Camus' Interpretation des Sisyphos, der im Verlaufe seiner reichen Rezeptionsgeschichte bis zu Camus immer als bestrafter Büßer oder als Sinnbild menschlichen Leidens erscheint. Camus ändert an der Geschichte nichts, formuliert aber die pointierte Gegenthese: »Wir müssen uns Sisyphus als glücklichen Menschen vorstellen.« Der Mythos bleibt unverändert, aber seine Interpretation wird ins Gegenteil verkehrt.[15]

Elfriede Jelineks *Sportstück*[16] bietet eine weiteres schönes Beispiel für diese Form der Mythenkorrektur: Ihre Hauptfigur Elfi-Elektra ist eine moderne Schwester der Tochter Agamemnons, die – in einer radikalen Umkehrung der Elektragestalten der drei großen griechischen Tragiker und aller Elektren bis zu Hofmannsthal-Strauß – *nicht* an der Ermordung des Vaters leidet, dessen Blut, wie es bei Aischylos heißt, auch alle Ströme der Welt nicht wegwaschen können; eine Elektra, die *nicht* ruhelos ihr Schicksal und das Schicksal der Atriden beklagt und sich *nicht* unaufhörlich mit der Mutter streitet. Ihr Lieblingswort ist »egal«. Schon der erste Satz des Stücks kündigt die Korrektur pointiert an:

> Endlich Ruhe. Die Flüsse, die das Blut von meinem Vater gefärbt hat, sind wieder sauber, oder fängt gleich ein neuer Krieg mit Mutter an? Mir doch egal.

In der Sache ist die Mythenkorrektur also dadurch bestimmt, daß mindestens ein Element, das zum narrativen oder semantischen Kern des Mythos gehört, verändert wird. Diese Veränderung erscheint insofern als radikal, als sie der Standardversion ›an die Wurzel geht‹. Der traditionelle Mythos wird nicht bloß fortgeschrieben, sondern ›berichtigt‹.

Korrektur aber setzt als Basis das Korrigierte voraus. Ein konstitutives Moment der Mythenkorrektur besteht folglich in ihrem notwendigen Rückbezug auf vorgegebene Texte und Bilder. Auch im Falle der Variation gewinnen der Text bzw. die bildliche Darstellung für den Betrachter an ästhetischem Reiz und thematischer Komplexität, wenn er die Veränderungen bemerkt. Die Kenntnis der ›Vorlage‹ ist für das Verständnis der Variation aber nicht zwingend erforderlich. Die Korrektur lebt dagegen ganz vom kritischen Dialog mit der Tradition, die der Rezipient unbedingt kennen muß. Die Korrektur setzt also die Existenz und Kenntnis einer weit

---

[15] H. Hühn, Revolte gegen das Absurde: Sisyphos nach Camus, in: Mythenkorrekturen (wie Anm. 2) 345-68.

[16] E. Jelinek, Ein Sportstück, Reinbek 1998.

verbreiteten Standardversion voraus. Diese kann durch bedeutende literarische Gestaltungen (wie die Homerischen Epen oder Ovids *Metamorphosen*), durch mythologische Handbücher (von Hygin und Apollodor bis zu Hederich oder Ranke Graves) und populäre Nacherzählungen (wie Gustav Schwabs *Sagen des klassischen Altertums*), aber auch durch einprägsame bildliche Gestaltungen geprägt sein (wie Europa auf dem Stier). In der Moderne sind die bunten antiken Geschichten nicht selten auf eindrückliche Denkbilder reduziert (Sisyphos und sein Stein, Flug und Sturz des Ikaros). Die Korrekturen solcher Schwundstufen – wie Karl Heinz Stierle, der Konstanzer Literaturwissenschaftler, das Phänomen der extremen Reduzierung und Komprimierung mythischer Geschichten genannt hat[17] – sind auf Anhieb als Korrekturen erkennbar: Ein Ikaros, der nicht fliegen will oder gar kann oder ein Sisyphos, der den Stein in den Abgrund stößt und nach Hause geht.

Unterscheidet sich die Korrektur von der Variation durch ihren Eingriff in den Mythenkern, so lassen sich Mythenkorrektur und Mythenkritik durch ihre grundsätzlich andere Haltung zum Mythos voneinander abgrenzen. Die Mythenkorrektur hält am Mythos fest. Dieser wird zwar ›berichtigt‹, aber konstruktiv fortgeschrieben und nicht völlig verworfen. Die Verwerfung erfolgt erst auf der Ebene der Mythenkritik, die dadurch bestimmt ist, daß sie den Mythos grundsätzlich ablehnt und zurückweist. Auch die Mythenkritik hat eine traditionsreiche Geschichte, die von den Vorsokratikern und Platon über die Kirchenväter bis in die Gegenwart reicht.

In der sprachlichen Form gibt sich die Mythenkorrektur wie schon betont als Ablehnung der traditionellen Geschichte zu erkennen. So leitet Stesichoros seinen Widerruf des Helena-Mythos mit der emphatischen dreifachen, anaphorischen Negation ein:

> Nicht wahr ist diese Geschichte,
> nicht fuhrst du auf wohlgedeckten Schiffen,
> nicht auch kamst du zur Burg von Troia.

Moderne Autoren bedienen sich derselben Technik der Falsifikation: So läßt Brecht seine eigene Version des Sirenenabenteuers ironisch beginnen: »Sollte ich der erste sein, dem Bedenken aufsteigen?« und schließt seine Korrektur unmittelbar an: »Da möchte ich doch eher annehmen [...]«. Bei

---

[17] K.H. Stierle, Mythos als ›Bricolage‹ und zwei Endstufen des Prometheusmythos, in: Terror und Spiel, hg. von M. Fuhrmann, München 1971, 465.

Kafka lautet der entscheidende Satz: »Und tatsächlich sangen, als Odysseus kam, die gewaltigen Sängerinnen nicht«. Und im wenigstens auch ein berühmtes Beispiel aus der zweiten Hälfte des 20. Jahrhunderts zu nennen: Biermanns *Preußischer Ikarus* von der Weidendammer Brücke, »der fliegt nicht weg und stürzt nicht ab, macht keinen Wind und macht nicht schlapp – an der Brücke über die Spree.«[18]

Die Korrektur kann explizit oder implizit erfolgen. Die explizite Korrektur verweist mit einem ausdrücklichen, auktorialen Hinweis auf den Bezugstext. So versichert Stesichoros, diese (d.h. die von Homer erzählte) Geschichte, daß Helena nach Troja gelangt sei, sei nicht wahr; und Brecht verweist mit dem einleitenden »bekanntlich« auf die Homerische Version der der Sirenengeschichte, die er dann knapp erzählt, bevor er sie in Frage stellt. Die implizite Korrektur erfolgt dagegen verdeckt und ist daher schwerer zu erkennen. Aber auch sie wird in der Regel durch markante Hinweise und Anspielungen auf die Referenztexte und -bilder signalisiert.

Stets implizit erfolgen naturgemäß die Korrekturen der bildenden Kunst:

Europa und der Stier; rotfiguriger Glockenkrater des Berliner Malers (ca. 480).

---

[18] W. Biermann, Ballade vom preußischen Ikarus, in: ders., Preußischer Ikarus, Köln 1978, 103f.

So lebt die anmutige Darstellung des ›Berliner Malers‹ (um 480), der die Entführung der Europa durch Zeus beinahe als Entführung des Zeus durch Europa präsentiert, von der impliziten Spannung zu den traditionellen Darstellungen und Erzählungen der Geschichte, die Europa immer auf dem sie davontragenden Stier zeigen.

Peter Brueghel der Ältere, Der Sturz des Ikarus (1558).

Brueghels Ikarusgemälde erinnert den Betrachter gerade dadurch, daß von Ikaros am unteren rechten Rand des Bildes nur noch die Beine zu sehen sind, an die vielen zeitgenössischen Bilder, Zeichnungen und Schnitte, auf denen der Stürzende das Zentrum der Komposition bildet und evoziert (mit dem sprechenden Desinteresse von Pflüger, Hirt und Angler, die sich überhaupt nicht um den abstürzenden Ikarus kümmern), die kanonische Version Ovids,[19] in der die beiden erstaunt zu Daedalus und Icarus aufblikken. Übrigens hat Christoph Ransmayr sich, wie mir scheint, den Spaß gemacht, seinerseits Brueghel zu berichtigen.[20] Auch das Ikarusgewebe der

19 Ovid, *Metamorphosen* 8, 152-259.
20 Chr. Ransmayr, Die letzte Welt, Nördlingen 1988, 197.

taubstummen Arachne zeigt Ikarus in dem Moment, in dem er im Wasser verschwindet, aber nicht im Bildvordergrund wie bei Brueghel, sondern: »Sehr fern, hart an der Schneide des Horizonts«; und bei der Beschreibung des Meeres ist die Korrektur des Brueghelschen Bilds noch offensichtlicher, wenn es heißt:

> Es war ein Bild der leeren Weite, [...] ein Blick auf das ruhig unter der Sonne liegende Meer, der Himmel sommerlich heiter bewölkt, die Dünung sanft, darüber vereinzelt Möwen: aber keine Küste, keine Insel, kein Schiff.

Und nach dem antiken Vasenmaler und nach Brueghel wenigstens noch eine moderne ikonographiche Mythenkorrektur:

Wolfgang Mattheuer, Der Übermütige Sisyphos (1973).

Der Holzschnitt des Leipziger Graphikers und Malers Wolfgang Mattheuer präsentiert einen Sisyphos, der den Stein nicht den Hang hinaufwälzt, sondern in den Abgrund stößt. Hier beruht die Wirkung der Korrektur nicht zuletzt darauf, daß der Betrachter die überraschende Lösung im Geiste mit dem traditionellen Bild des Steinwälzers Sisyphos vergleicht.
Zum Abschluß des theoretischen Teils noch ein Wort zu Wirkung und Funktion der Mythenkorrektur: Der korrigierende Eingriff – sei es in einen

Text oder in ein Bild – erzeugt ein Moment der Verblüffung, denn er erfolgt (für das Publikum) wider Erwarten: Altvertraute Geschichten und bis zu diesem Moment selbstverständliche mythische Bilder und Konstellationen werden aufgebrochen und außer Kraft gesetzt. Das Vergnügen, das Mythenkorrekturen hervorrufen, resultiert aus ihrer paradoxen Struktur: Sie verwerfen die gängige Fassung eines Mythos und enttäuschen damit die Erwartung des Rezipienten. Indem sie aber zugleich eine ›Berichtigung‹ anbieten, erzeugen sie eine gesteigerte Spannung und belohnen mit neuen Pointen und Perspektiven. Verspricht die paradoxale Struktur der Mythenkorrektur dem Rezipienten ein intellektuelles Vergnügen, so bildet sie für den Künstler nicht nur eine artistische Herausforderung, sondern eröffnet ihm vor allem eine besonders anspruchsvolle Form künstlerischer Arbeit.
Der Begriff der Korrektur suggeriert das Raster von richtig und falsch. Diese Suggestion entspricht – wie schon deutlich geworden ist – durchaus dem Selbstverständnis der Korrektoren. Die eigene, neue Version wird mit dem Anspruch vorgebracht, eine gegenüber der Tradition überlegene Version zu bieten.
Die Berichtigung der alten Vorlage ist aber natürlich nur die eine Seite der Korrektur. Zugleich eröffnet sie die Möglichkeit, auf der Folie der traditionellen Version neue Denkräume zu schaffen. So ist etwa Camus sicherlich nicht daran interessiert gewesen, Homer zu korrigieren, dessen Version des Sisyphosmythos er vermutlich nicht einmal kannte. Camus' Kontrahenten sind vielmehr die existentialistischen Philosophen seit Kierkegaard, denen gegenüber er eine überlegene Deutung der menschlichen Existenz vorzulegen beansprucht. Hierzu eignet sich der Rekurs auf das alte Bild, das der Leidenserfahrung der Existenz einen prägnanten Ausdruck verleiht. Mit seiner Umwertung postuliert Camus ein neues – heroisches – Verständnis der menschlichen Existenz und fordert praktische Konsequenzen. Die Korrektur wird hier, wie auch sonst, zu einem höchst effizienten Darstellungsmittel: Sie eröffnet auf der stets präsent gehaltenen Folie des alten Mythos neue Denkräume.
Den Verwendungsmöglichkeiten des Verfahrens mit seiner klaren Grundstruktur sind keine Grenzen gesetzt. Sie reichen von intertextueller oder parodistischer Spielerei bis zu fundamentaler geschichtsphilosophischer und zivilisationskritischer Konstruktion oder Dekonstruktion. Die jeweilige spezifische Motivation des Anwenders und die Funktion(en) der Mythenkorrektur im Rahmen seiner kreativen Arbeit können natürlich nur in detaillierten Einzelinterpretationen analysiert werden.

Die Geschichte der Mythenkorrektur beginnt, wie schon deutlich geworden ist, bereits bei Homer, ja schon vor Homer. Denn wenn der *Odyssee*-Dichter bereits mindestens zwei Versionen der Ermordung Agamemnons kannte – eine, in der der heimkehrende Trojasieger von Aigisth und eine andere, in der er von Klytaimestra getötet wurde – so muß ein vorhomerischer Sänger eine bestehende Version gerade in der zentralen Figurenkonstellation des Mords geändert haben, d.h. in dem Punkt, den Aristoteles später als unveränderbar bezeichnet hat. Radikale Korrekturen des Mythenkerns waren offenbar auch in der Tragödie nicht selten.[21] Für uns gehören Antigones und Haimons Selbstmorde zum Kern des Antigone-Stoffs. In der verlorenen *Antigone* des Euripides blieben beide am Leben, heirateten und hatten einen Sohn; und zur Mörderin ihrer eigenen Kinder hat wohl erst Euripides Medea gemacht. In früheren Versionen der Geschichte wurden die Kinder von den Korinthern getötet oder starben bei dem Versuch der Mutter, sie unsterblich zu machen.

Auch wenn die Mythenkorrektur als eher seltener Sonderfall der Mythenvariation nur einen kleinen Teil der kreativen poetischen Rezeption des griechischen Mythos und seiner klassischen literarischen Gestaltungen ausmacht, ist ihre mit Homer beginnende Geschichte so lang und bunt, daß sie hier nicht ausgebreitet werden kann.[22] Ich springe nun in einem großen Sprung gleich von der griechischen Tragödie in die zweite Hälfte des 20. Jahrhunderts. Den Ausgangspunkt sollen zwei spielerisch-ironische Korrekturen bekannter Mythen bilden.

In dem 1978 publizierten Gedicht *Kirke* berichtigt die ostdeutsche Lyrikerin Christa Alten den Sänger der *Odyssee* und seine berühmte Geschichte, wie die schöne Zauberin Kirke die Gefährten des Odysseus in Schweine verwandelt:[23]

---

[21] Vgl. B. Seidensticker, Mythenkorrekturen in der griechischen Tragödie, in: Mythenkorrekturen (wie Anm. 2) 37-50.

[22] Exemplarische Studien von der Antike über Mittelalter und frühe Neuzeit bis ins 19. und 20. Jahrhundert, in: Mythenkorrekturen (wie Anm. 2).

[23] Chr. Alten, Kirke, in: Zwiebelmarkt, Komisches und Satirisches aus drei Jahrzehnten. Gedichte, hg. von W. Sellin und M. Wolter, Berlin ²1980, 220.

Kirke

Wir treffen dich täglich
das Lächeln der Schönheit

niemals hast du
Helden verwandelt
sie grunzten immer
bevor sie dich sahn

nur kenntlicher sind sie
wenn sie dich ansehn

Die beschriebene Struktur der Mythenkorrektur liegt klar zutage. Die korrigierte Geschichte wird knapp evoziert und gleichzeitig negiert »niemals hast du Helden verwandelt«. Die feministische Pointe (»Männer sind immer Schweine«) gewinnt auf dem mythischen Hintergrund Witz und Anschaulichkeit.

Und in der Mythenkorrektur aus einem Katalog des Sisyphus-Verlags in Leipzig erscheint der Stein des Sisyphos, den jeder Autor, wie Grass oft betont hat, vergeblich den Berg hinaufwälzt, weil die erhoffte Perfektion des Schreibens einfach nicht zu erreichen ist, spielerisch-verspielt als YoYo.

Egbert Herfurth, Der junge Autor (aus: M. Faber, Sisyphos, Leipzig, 1991, 7).

Auf den ersten Blick ähnlich spielerische Korrekturen des Sisyphosmythos, bei dem ich noch eine Zeitlang verweilen werde, finden sich auch in zwei Sisyphosgedichten von Erich Fried und Hans Ulrich Treichel:

Erich Fried

Vorahnung des Endsiegs (1967)[24]

Sisyphos
staubig
und satt
vom Mehl
seines Steins
hat Angst:
Der Stein
nützt sich ab
Die Sinnlosigkeit
der ewige
verfluchte
Sinn seiner Arbeit
selber
vom Fluch geschlagen

Kleiner
dem schwindenden Stein gleich
das Mitleid der Schatten
das ihm Kraft
zur Ohnmacht gegeben hat

Bald rollt nur
ein Kiesel
am geschundenen Steilhang
Was bleibt?

Nichts als die Qual
seine Qual
überlebt zu haben

Schon die Überschrift deutet die Korrektur an: *Vorahnung des Endsiegs*. Der Mythos von Sisyphos ist definiert durch die unaufhörliche, nie zu beendende Mühsal. Ein Sieg – gar ein Endsieg – über den Stein muß den Mythos – aristotelisch gesprochen – »auflösen«. Das Gedicht expliziert das durch die Überschrift evozierte Paradoxon, und nun wird deutlich, daß der Sieg nicht dadurch möglich wird, daß es gelingt, den Felsblock

---

[24] E. Fried, Vorahnung des Endsiegs, in: ders., Anfechtungen, Berlin 1967, 13.

endlich auf den Berg zu wuchten, sondern dadurch, daß der Stein sich abnützt und immer kleiner wird: »Bald rollt nur ein Kiesel am geschundenen Hang.« Damit aber wird die Sinnlosigkeit der Arbeit des Sisyphos, die Sinnlosigkeit, die der endlosen und sich niemals ändernden Arbeit für Sisyphos selber und für alle Rezipienten des Mythos ihren Sinn gab – »der ewige verfluchte Sinn« – wirklich sinnlos; und damit wird in einem zweiten Paradox der korrigierte Mythos gleichsam zurückkorrigiert. Die neue Qual besteht darin, die Qual überwunden zu haben.
Auch Hans Ulrich Treichel annonciert seine Korrektur des Sisyphos-Mythos bereits im Titel des 1990 veröffentlichten Gedichts:

> Sisyphos Dementi[25]
>
> Ich bin gesund.
> Ich rasiere mich täglich.
> Ich trage ein gebügeltes Hemd.
> Darauf bestehe ich.
> Nur der Staub macht mir zu schaffen.
> Alles andere ist falsch:
>
> Der Berg auf dem ich wohne
> ist nicht so hoch wie ihr glaubt. Er ist gar kein Berg.
> Und der Stein war schon bald
> nur noch der Rest eines Steins.
> Vor ein paar Jahren ist er mir durch den Ausguß gerutscht.
> Seitdem sitze ich hier
> und gebe Erklärungen ab.
> Alles andere ist falsch.

Ist Frieds Sisyphos-Text (sieht man vom Titel einmal ab) eine implizite Korrektur – die Geschichte wird einfach anders erzählt –, so berichtigt Treichel den Mythos explizit. In der für die explizite Mythenkorrektur typischen Form der Negation dementiert der Dichter nacheinander alle drei Elemente, die seit Homer den Mythos vom Steinwälzer definieren: Mann, Stein, Berg:

> Und weiter sah ich den Sisyphos – heißt es bei Homer – in gewaltigen Schmerzen: wie er mit beiden Armen einen Felsblock, einen ungeheuren, befördern wollte. Ja, und mit Händen und Füßen stemmend, stieß er den Block hinauf auf einen Berg. Doch wenn er ihn über die Kappe werfen wollte, so drehte ihn das

---

[25] H.U. Treichel, Sisyphos' Dementi, in: ders., Seit Tagen kein Wunder. Gedichte, Frankfurt a.M. 1990, 21.

> Übergewicht zurück: von neuem rollte dann der Block, der schamlose, ins Feld hinab. Er aber stieß ihn immer wieder zurück, sich anspannend, und es rann der Schweiß ihm von den Gliedern, und der Staub erhob sich über sein Haupt hinaus. (*Odyssee*, 11, 593-600)

Bei Treichel ist der Berg gar kein Berg; der riesige Stein war schon bald ganz klein und ist seit Jahren ganz verschwunden; der schwitzende, schuftende Sisyphos des Mythos sitzt gut rasiert und mit gebügeltem Hemd und dementiert alles, was man so über ihn erzählt: »Alles andere ist falsch«. Ein einziges nicht zentrales Element der homerischen Geschichte ist erhalten – der Staub über Sisyphos Haupt –, betont aber eher die Vollständigkeit der Korrektur, als daß es sie beeinträchtigt.

Frieds und Treichels Korrekturen erscheinen auf den ersten Blick wie die Gedichte von Alten und Astel lediglich als witzig-geistreiche Spielerei mit einer bestimmten mythischen Geschichte. Sie können auf den zweiten Blick aber zugleich auch als grundsätzliche Ablehnung des Mythos und der ihn bestimmenden Denkform verstanden werden. Die der Erzählung von der Bestrafung des Sisyphos zugrundeliegende Vorstellung, daß die Konstituentien des Geschehens trotz der endlosen Wiederholung von jeder Veränderung frei bleiben, konterkarieren die beiden Gedichte – unterschiedlich rigoros, aber im Kern ähnlich – mit der Feststellung, daß das dauernde Herauf- und Herunterrollen eines Steins zwangsläufig zu seiner Abnutzung führen muß. Die mythische Struktur der ewigen Wiederholung des Gleichen wird konfrontiert und berichtigt mit der aufgeklärten Vorstellung von Zeit und Raum. Hier grenzt die Mythenkorrektur an Mythenkritik. Die Tatsache, daß das Ich des Gedichts, wie das Ende des Textes andeutet, offenbar schon seit geraumer Zeit seine Erklärungen abgibt, zeigt jedoch, daß sich das moderne geschichtliche Bewußtsein nur schwer gegen das mythische Denken durchzusetzen vermag.

Es gibt auch ikonographische Sisyphoskorrekturen. Eine habe ich ihnen im definitorischen Teil schon gezeigt. Einige Jahre später hat Mattheuer eine zweite interessantere Korrektur präsentiert; Titel des Bildes: »Sisyphos behaut den Stein«.

Wolfgang Mattheuer, Sisyphos behaut den Stein (1974).

Auch hier sind die drei zentralen Elemente des Mythenkerns erhalten: Mann – Stein – Berg. Ort des Geschehens ist hier zwar nicht der Hang des Berges, sondern die Ebene – ein Schrottplatz am Rande der Stadt – doch das traditionelle Bergmotiv ist mit der im Hintergrund bis zur Straße ansteigenden Müllhalde, an deren Fuß Sisyphos arbeitet, angedeutet. Die schwefelgelb rauchenden Schlote, das häßliche rotviolette Autowrack und der tote Baum, mit dem Sisyphos den Felsblock festgekeilt hat, signalisieren die industrielle Welt des modernen Sisyphos, dessen Arbeit Natur zerstört und Müll produziert. Sisyphos aber erscheint hier nicht als Arbeiter, sondern als Künstler, der dem Stein mit Hammer und Meißel die Form einer Faust aufzwingt: Nicht die sinnentleerte Wiederholung der immer gleichen elenden Arbeit also, sondern gezielte Veränderung der Welt durch geduldiges und kreatives Umformen der Lebensbedingungen lautet das Plädoyer, und das ist gegenüber der traditionellen Bedeutung der Geschichte eine klare Korrektur, die wie die Camussche Korrektur den semantischen Kern ins Gegenteil verkehrt, indem sie aus der sinnlosen eine sinnvolle Arbeit macht.

Zum Abschluß der Sisyphoskorrekturen noch einmal zwei Texte, diesmal von Günter Kunert:
1982 fordert Kunert seine Leser dazu auf, sich freizumachen von gesellschaftlichen und ökonomischen Zwängen und Wünschen, die verantwortlich sind für unser sisypheisches Leben und den Stein – wie der übermütige Sisyphos Mattheuers – in den Abgrund zu stoßen, auch wenn das schwer fällt:

> Sisyphos 1982[26]
>
> Die Hand umklammert das Lenkrad
> zählt Geld schlägt zu
> wäscht die andere
> läßt nicht los:
> »Das Einfache,
> das schwer zu machen ist.«
> Den Stein endlich zurückrollen lassen
> wohin er gehört.

Die Korrektur ist offensichtlich. Der elende Kreislauf sinnentleerter Arbeit erscheint nicht – wie im Mythos – als Strafe der Götter, sondern als selbst verantwortete Lebenswahl, und den Stein kann und soll man, wenn es auch nicht einfach ist, dorthin zurückrollen lassen, wohin er gehört, d.h. in den Abgrund, ins Nichts.
Zehn Jahre später hat Kunert in einem kleinen Prosatext aus dem Jahre 1992 mit dem Titel *Neues von Sisyphos* eine weitere Korrektur oder besser einen letztlich scheiternden Korrekturversucht präsentiert: Hier schafft es Sisyphos tatsächlich, den Stein auf den Berg zu wuchten: »Der Marmorblock ruht unbeweglich auf dem Gipfel, ohne jemals wieder in die Tiefe zu poltern.« und Sisyphos, den Kunert in Anspielung auf Camus' Korrektur als »glücklich« bezeichnet, verläßt den Mythos und macht sich auf den Weg zu neuen Aufgaben. Doch die Korrektur wird korrigiert. Als sich herausstellt, daß niemand bereit ist, Sisyphos eine neue Arbeit zu geben, wird der Glückliche wieder unglücklich, kehrt »verzweifelt zu seinem Berg zurück, stieß den Marmorblock in die Tiefe und begann aufs Neue, ihn emporzurollen.«[27]

---

[26] G. Kunert, Sisyphos 1982, in: ders., Stillleben. Gedichte, München/Wien 1983, 79.
[27] G. Kunert, Neues von Sisyphos, in: ders., Im toten Winkel. Ein Hausbuch, München 1992, 219.

Kunert, der so intensiv wie kein anderer deutschsprachiger Autor mit antikem Material gearbeitet hat und arbeitet,[28] hat eine Reihe weiterer Mythenkorrekturen produziert, von denen wenigstens eine noch vorgestellt werden soll: die kleine Erzählung mit dem Titel *Pygmalion 78*:[29]

Wer den Namen des Pygmalion hört, denkt natürlich an die Geschichte, die Ovid im 10. Buch seiner *Metamorphosen* erzählt (10.243ff.). Abgestoßen von den Schwächen der weiblichen Natur schafft der Bildhauer Pygmalion die Statue einer idealen Frauengestalt. Als er sich in die Statue verliebt und Aphrodite um eine ebenso schöne Frau bittet, erweckt die Liebesgöttin das Kunstwerk zum Leben. Aus der perfekten Statue wird die schöne Galatea, die ihr Schöpfer Pygmalion schließlich zur Frau nimmt. Kunert stellt seine Hauptfigur, kaum verschlüsselt, als »Bildhauer P.« vor, der, seinem Metier leidenschaftlich verfallen, »von Ehrung zu Ehrung« eilt und es für seinen »gesellschaftlichen Auftrag« hält, »Schönheit zu verbreiten«. Auch P. verliebt sich eines Tages, als er in seiner Werkstatt steht. Allerdings erliegt er nicht einem von ihm selber geschaffenen Idealbild weiblicher Schönheit, sondern einem seiner lebendigen Modelle. Seine Sympathie für das Geschöpf, die sich von »unverhohlener Zuneigung« zu »Liebe« und schließlich zu »Leidenschaft« steigert, wird jedoch nicht erwidert. Als es P. weder mit Bitten noch mit Drohungen gelingt, das Objekt seines Begehrens gefügig zu machen, wendet er sich »an jene [...] Mächte [...], deren Gunst er sich stets rühmte, und so geschah, was zu erwarten war.« Das lebende Modell verwandelt sich langsam in eine Statue. »Es verließ eines Abends nicht mehr seinen Sockel, die schönen, doch versteinerten Beine hielten es dort oben fest. Zusätzlich ereignete sich, womit keineswegs zur rechnen gewesen war: ein völliges Verstummen, nachdem die Marmorwerdung Stimmbänder und Zunge ergriffen hatte«. P. beginnt, das Interesse an seinem »Kunstwerk« zu verlieren, ja es wird ihm lästig, und er entsorgt es schließlich auf dem Dachboden seiner Werkstatt.

Kunerts kleine Geschichte lebt davon, daß sie als totale Korrektur des mythischen Stoffs konzipiert ist und den überraschten und verwirrten Leser so zu der Frage zwingt, was die spielerische Verkehrung der Geschichte wohl zu bedeuten hat. Als Kunert 1978 (d.h. ein Jahr bevor er die DDR verließ) seine Pygmalion-Erzählung veröffentlichte, war er bereits seit langem den Zwangsumarmungen des sozialistischen Staates ausgesetzt. Als

[28] Vgl. B. Seidensticker/A. Wessels, Kunerts Antike. Eine Anthologie, Freiburg 2004, Nachwort 255-71.

[29] G. Kunert, Pygmalion, in: ders., Camera Obscura, München/Wien 1978, 41f.

bedrohlich für seine Arbeit als Schriftsteller mußte der Dichter vor allem die Reglementierungen durch die offizielle Sprache empfinden. Sich den Vereinnahmungstendenzen zu entziehen, erschien ihm allenfalls durch einen radikalen Rückzug möglich. Wie sich ein solcher Rückzug realisieren läßt bzw. was er für ihn als Schriftsteller (und Menschen) bedeutet, hat Kunert wiederholt in der Metapher der Metamorphose ausgedrückt: So inszeniert er sich in seinem poetologischen Essay *Daphnisches Unternehmen* als Daphne, die sich den Zudringlichkeiten des (offiziellen) Musengotts Apoll nur durch die Metamorphose in einen Lorbeerbaum zu entziehen weiß. Vor dem Hintergrund dieses Bildes ist wohl auch seine Gestaltung des Pygmalionmythos zu deuten: Der vom Staat erst Umworbene, dann immer massiver Bedrohte zieht sich zurück, indem er versteinert. So gelesen, gewinnt das geistreiche Spiel mit der mythischen Tradition eine existentielle politische Bedeutung.

Nach Lyrik, Bildern und Kurzprosa sei, bevor ich zum Abschluß einen Blick auf die Mythenkorrekturen Heiner Müllers werfe, wenigstens noch ein Beispiel eines Romans in Erinnerung gerufen. 13 Jahre nach *Kassandra* veröffentlichte Christa Wolf 1996 den Roman *Medea. Stimmen*. Hatte sie in *Kassandra* den Mythos des jugendlich-schönen und edlen Helden Achill korrigiert: »Achill, das Vieh«, so geht es ihr nun darum, das Bild der barbarischen Kindsmörderin Medea zu berichtigen. Da Wolf Euripides den Vorwurf macht, erst er habe das bis dahin positive Bild Medeas ins Negative korrigiert, präsentiert sich ihr Roman als Korrektur der Korrektur. Anders als die bisher vorgestellten Mythenkorrekturen wird die Berichtigung von Beginn an mit missionarischem Eifer vorgetragen. Der Wahrheitsanspruch, der in jeder Korrektur explizit oder implizit erhoben wird, wird hier ohne jede Ironie oder gar Selbstironie vertreten, und er ist radikal. Christa Wolf spricht Medea in allen Punkten der Anklage frei. Medea hat – so Wolf – nicht nur nicht ihre Kinder getötet (die in Wahrheit erst nach ihrer Verbannung von den Kolchern getötet worden sind), sondern auch keinen der anderen Morde begangen, die ihr zur Last gelegt werden: Sie hat ihren Bruder Apsyrtos nicht heimtückisch ermordet, um mit den Teilen der Leichen die Verfolgung der fliehenden Argonauten zu verzögern (dieser ist vielmehr von fanatischen Kolcherinnen in einem Fruchtbarkeitsritual zerrissen worden); sie hat auch Glauke, die Tochter des korinthischen Königs nicht mit vergifteten Geschenken umgebracht (diese hat sich vielmehr selber in einen Brunnen gestürzt); und schließlich ist sie auch nicht am Tod des Königs Kreons schuldig (dieser überlebt vielmehr die Katastrophe).

Zu den feministischen Impulsen, die schon die Achill-Korrektur der *Kassandra* geprägt hatten, kommen in *Medea. Stimmen* biographische Motive: der Roman dient nicht zuletzt der Selbstverteidigung der Autorin gegen Zweifel an ihrer politischen Integrität und schriftstellerischen Leistung. Das kann und braucht hier nicht ausgeführt zu werden. Festzuhalten aber ist, daß die kanonische Geschichte einer bekannten mythischen Figur wohl selten so vollständig und so systematisch revidiert worden ist.[30]

Den Abschluß meiner Überlegungen zur Mythenkorrektur soll ein kurzer Blick auf Heiner Müller bilden, den bedeutendsten deutschsprachigen Dramatiker der Gegenwart. Müller hat – wie sein Lehrer Brecht – jahrzehntelang mit antikem Material, in erster Linie mit griechischen Texten und Stoffen gearbeitet. Unter diesen Werken finden sich neben freien Variationen über antike Stoffe auch eine Reihe von Korrekturen im eingangs definierten Sinn. Die früheste ist allerdings keine eigene, sondern die Fortschreibung der berühmten Korrektur Dantes, der den Heimkehrer Odysseus überhaupt nicht nach Hause zurückkehren, sondern über die Säulen des Herakles hinaus immer weiter nach Westen fahren läßt, bis er seinen ungezügelten Wissensdrang mit dem Tode (und in den Feuern des Inferno) büßt. Müllers Gedicht *Ulyss* aus dem Jahr 1950 nimmt den Danteschen Odysseus – in den ersten Versen dantisierend, dann im modernen Kontext – auf:

> *Mit wenig Rudrern auf dem salzgewohnten*
> *Baum pflanzt ich meine Hoffnung müd des Festen*
> *Das Meer neu pflügend mit vergehnder Furche*
> *Mit seiner Weite meine Dauer maß ich.*
> Immer wieder spät früh der rötliche
> Himmel mit den zwei drei letzten ersten
> Wolken überm Gaswerk Kraftwerk Atommeiler
> Seit Odysseus starb fünf Monatsreisen
> Westlich von Gibraltar im Atlantik
> Weit entfernt von Kranz und Flor, durch Brandung.
> In der Hölle der Neugierigen brennt er
> Dante hat ihn gesehen, mit anderen Flammen.[31]

---

[30] G.W. Most, Eine Medea im Wolfspelz, in: B. Seidensticker/M. Vöhler (Hgg.), Mythen in nachmythischer Zeit, Antikerezeption in der deutschsprachigen Literatur der Gegenwart, Berlin 2002, 348-364.

[31] H. Müller, Ulyss, in: ders., Die Umsiedlerin oder Das Leben auf dem Lande, Rotbuch 134, Berlin1975, 115.

Mit dem Drama *Philoktet*[32] präsentiert Müller dann seine eigene Mythenkorrektur. Das Stück folgt lange Zeit der Sophokleischen Vorlage, um sich am Ende völlig von ihr zu lösen. Müllers Philoktet zieht nicht an der Seite des Neoptolemos nach Troja. Er wird vielmehr von diesem erschlagen. Der Eingriff in den Mythenkern, den die Versionen der drei großen Tragiker in ihren ganz unterschiedlichen Dramatisierungen des Mythos (wie auch die späteren Rezipienten des Stoffs) bewahrt hatten, ist offensichtlich und er ist gewichtig. Denn nach der mythischen Vulgata ist es eine der von den Göttern festgesetzten Voraussetzungen für die Eroberung Trojas, daß Philoktet und sein berühmter Bogen mitkämpfen müssen. Da Odysseus am Ende des Stücks eine Lügengeschichte erfindet, mit der auch der tote Philoktet vor Troja noch die Wirkung haben kann, die der Lebende haben sollte, kann man allerdings auch der Auffassung sein, daß es sich trotz der gewichtigen Änderung der kanonischen Fassung des Mythos nicht um eine Korrektur, sondern lediglich um eine (allerdings extreme) Variation handelt. Die Grenzlinie zwischen Korrektur und Variation ist, wie bereits festgestellt, fließend.

Unstrittig ist die Qualität der Mythenkorrektur aber in zwei der vier kurzen mythischen Prosatexte, die Müller in sein historisches Drama *Zement*[33] eingeschoben hat. In dem komplexen Text mit dem Titel *Herakles 2 oder die Hydra* vermag Herakles die Hydra, die sich als das Leben selber erweist, nicht zu besiegen und in der *Befreiung des Herakles*[34] lebt der von Zeus zur Strafe für den Feuerraub an den Kaukasus geschmiedete Prometheus in Symbiose mit dem Adler, der von seiner Leber frißt und »ihn mit seinem Kot ernährt«. Er weint, als Herakles den Adler, »seinen einzigen Gefährten« erschießt und will sich gar nicht befreien lassen: Daß er die Freiheit mehr gefürchtet hat als den Vogel, zeigt sein Verhalten bei der Befreiung. »Brüllend und geifernd, mit Klauen und Zähnen, verteidigte er seine Ketten gegen den Zugriff des Befreiers.« Erst ganz am Ende ist er schließlich bereit, ihm zu folgen und nimmt auf den Schultern seines Befreiers »die Haltung des Siegers ein, der auf schweißnassem Gaul dem Jubel der Bevölkerung entgegenreitet«. Wie bei Camus' Korrektur des Sisyphos-Mythos bleibt die mythische Geschichte von der Bestrafung und Befreiung des Prometheus trotz aller Variationen im Detail, insgesamt intakt. Radikal

32 H. Müller, Philoktet, in: ders., Mauser, Rotbuch 184, Berlin 1978, 7-42.

33 H. Müller, Zement, in: ders., Geschichten aus der Produktion 2, Rotbuch 126, Berlin 1974, 65-132, hier: 100-103.

34 Müller (wie Anm. 33) 84-86.

korrigiert wird die Reaktion der Hauptperson auf das Geschehen: ein glücklicher Sisyphos – ein Prometheus, der nicht leidet unter der Strafe und die Befreiung ablehnt.

Ich hoffe, daß der Definitionsversuch und die kleine Reihe von Beispielen gezeigt haben, daß es Sinn macht – weil es heuristisch fruchtbar ist –, aus der reichen abendländischen Arbeit am Mythos eine ganz besondere Form – die Mythenkorrektur – definitorisch auszugrenzen.

II. Ödipus

WALTER BURKERT

Mythen um Oedipus: Familienkatastrophe und Orakelsinn

Wenn man den Mythos von Oedipus, einen Komplex traditioneller Erzählungen, aus dem die Gestaltungen der Dichter und die weiterführenden Deutungen entstanden sind, vor sich hat, stellt sich alsbald heraus: Es geht nicht ohne Sophokles.[1] Vom Horizont unserer Zeit aus wäre eher noch zu sagen: Es geht nicht ohne Sigmund Freud. Sigmund Freud hat in seinem Buch *Die Traumdeutung* die Erzählung von dem unseligen Helden, der seinen Vater erschlägt und seine Mutter heiratet, zur Chiffre für die Entwicklungspsychologie gemacht, wo es seither präödipale, ödipale und sonstige Phasen gibt;[2] dies sei hier weder erläutert noch kritisiert; auch die störende Wortbildung ›ödipal‹ wird der Philologe nicht mehr aus der Welt schaffen. Freud hatte natürlich eine solide Gymnasialausbildung durchlaufen, er bezieht sich ausdrücklich auf den *König Oedipus* des Sophokles.

Nun ist das Drama des Sophokles, das schon Aristoteles in seiner *Poetik* als das Paradigma von Tragödie überhaupt behandelt hat, doch nur eine Station in der Tradition des Oedipus-Mythos. Claude Lévi-Strauss hat behauptet, ein Mythos sei die Summe seiner sämtlichen Versionen, was im Fall des Oedipus noch Sigmund Freuds Behandlung mit einschließen würde. Selbst aufgefordert, seine Methode im Bereich der Klassischen Mythologie zu erläutern, hat Lévi-Strauss – natürlich – sich am Ödipus-Mythos versucht; auf seine m.E. sehr problematische Konstruktion ist hier

---

[1] Auf die ungeheure Sekundärliteratur zu Sophokles und Oedipus kann hier nicht eingegangen werden. Genannt seien E.R. Dodds, On Misunderstanding the Oedipus Rex, Greece and Rome 13 (1966) 37-49 = The Ancient Idea of Progress and other Essays on Greek Literature and Belief, Oxford 1973, 64-77, deutsch: Über Mißverständnisse der Oedipus Rex, in: Der Fortschrittsgedanke in der Antike, Zürich 1977, 79-96; H. Flashar, König Ödipus. Drama und Theorie, Gymnasium 84 (1977) 120-136 = Eidola. Ausgewählte Kleine Schriften, Amsterdam 1989, 57-73; B. Gentili/R. Pretagostini (Hgg.), Edipo. Il teatro greco e la cultura europea, Roma 1986. Siehe auch W. Burkert, Oedipus, Oracles, and Meaning. From Sophocles to Umberto Eco, Toronto 1991 (The Samuel James Stubbs Lecture Series). Zum Aufführungsdatum C.W. Müller, Zur Datierung des sophokleischen Ödipus, Abh. Mainz 1984, 5.

[2] S. Freud, Die Traumdeutung, Wien 1900, 180ff. = Standard Edition IV 261-264. Vgl. auch als einen modernen Entwurf über das Ineinander von Mythos und Entwicklungspsychologie: N. Bischof, Das Kraftfeld der Mythen, München 1996.

nicht näher einzugehen.[3] Jedenfalls: Gilt *König Oedipus* von Sophokles als Paradigma der klassischen Tragödie, so gilt Oedipus überhaupt als das maßgebende Exempel von Mythos, auch für Lévi-Strauss.

Der Historiker und Philologe sieht es anders. Dabei sei die fast schon altmodische Meinung festgehalten, daß es den griechischen Mythos durchaus gibt bzw. gegeben hat: ein Konglomerat von traditionellen Erzählungen mit charakteristischen Strukturen und einer jeweils aktuellen Relevanz, ein Material, das schon in der Antike in besonderen Büchern gesammelt wurde, von Hesiod bis zu Apollodors *Bibliotheke.* Die Relevanz freilich ändert sich im Lauf der Geschichte, sie kann sich mit der Literarisierung überhaupt verlieren. Je nachdem erscheinen die Elemente der Erzählung in wechselnder Bedeutsamkeit. Mythen sind angewandte Erzählungen. Unter ›mythischer Funktion‹ sei dabei die spezifische Wirkung einer Erzählung zur Erläuterung, Erklärung, Rechtfertigung eines realen, besonders eines sozial relevanten Sachverhalts verstanden.[4] Griechische Mythen wurden immer wieder von Dichtern bearbeitet, waren aber auch in mündlicher Kommunikation im Bereich des allgemeinen kulturellen Gedächtnisses präsent. Dabei ist Mythos *explanans*, erst für den Philologen wird er zum *explanandum.*

Die Geschichte von Oedipus und seiner Familie ist nun aber im Konglomerat der griechischen Mythen durchaus untypisch: Es fehlt die lokale Verwurzelung, die sonst zumeist die griechischen Mythen trägt – man denke an Erechtheus im Erechtheion auf der Akropolis von Athen, oder an Helena und die Dioskuren in Sparta. Die eigentlichen Lokalmythen von Theben konzentrieren sich einerseits auf Kadmos, mit der Burg Kadmeia und Dionysos Kadmeios, andererseits auf den Heros Amphion mit seinem Grab, dem Amphieion am Rand der Stadt. Die Oedipus-Familie mußte in die Reihe der Urkönige von Theben seit Kadmos künstlich eingefügt werden; das Scharnier ist Labdakos, Vater des Laios, Großvater

---

3 C. Lévi-Strauss, The Structural Study of Myth, Journal of American Folklore 78 (1955) 428-444 = Structural Anthropology, New York 1963, 206-231, französisch in: Anthropologie structurale, Paris 1958, 227-255.

4 Siehe W. Burkert, Structure and History in Greek Mythology and Ritual, Berkeley 1979, 1-34; Griechische Mythologie und die Geistesgeschichte der Moderne. In: Les Études classiques au XIXe et XXe siècles. Entretiens sur l'antiquité classique XXVI, Vandoeuvres-Genève 1980, 159-199; Mythos – Begriff, Struktur, Funktionen, in: F. Graf (Hg.), Mythen in mythenloser Gesellschaft (Colloquium Rauricum 3), Stuttgart 1993, 9-24. Allgemein F. Graf, Griechische Mythologie, München ([3]1991); problematisierend C. Calame, Mythe et histoire dans l'Antiquité grecque, Lausanne 1996.

von Oedipus. Der Name Labdakos ist offensichtlich aus dem Buchstaben Lambda, Labda – archaisch mit zwei ungleich langen Strichen geschrieben – konstruiert, als Verweis auf den hinkenden Oedipus, dem man die Füße bei der Aussetzung durchstochen hatte. Labdakos ist also mit Sicherheit nicht älter als die Einführung des griechischen Alphabets im 8. Jahrhundert.

Die Oedipus-Geschichte taucht auf im Rahmen der altepischen Dichtung, jener Hexameter-Dichtung, die für uns durch die Epen Homers repräsentiert ist, eine Dichtung, die mit ihrer Kunstsprache ein überlokales Niveau erreicht hatte. Hier nun geht es nicht um Troia, sondern um die ›Sieben gegen Theben‹. Unsere *Ilias* kennt diese Geschichte. Für Hesiod sind die Kriege um Theben und um Troia die beiden großen Ereignisse der Heroenzeit.[5]

Am Anfang also steht ein Theben-Epos. Es bringt eine offensichtlich konstruierte Handlung, die mit dem realen Theben wenig zu tun hat. Zwar ist der Krieg der ›Sieben gegen Theben‹ sogar in *Cambridge Ancient History* verzeichnet,[6] und es sei nicht bestritten, daß auf dem Siedlungshügel in der böotischen Ebene, wo noch heute Θῆβαι zu finden ist, ein mykenischer Palast stand, in dem man Linear B schrieb, und der mehrfach zerstört wurde. Beim Krieg der ›Sieben‹ allerdings wurde Theben gerade nicht erobert; insofern kann es auch keine archäologische Bestätigung für das Nicht-Ereignis geben. Das wirkliche Theben der Bronzezeit aber hatte niemals sieben Tore, so große Mühe sich auch Historiker und Archäologen gegeben haben, diese sieben Tore auf den gängigen Karten einzuzeichnen.[7] Der Hügel hat, wie auch das moderne Straßenbild zeigt, drei und nicht sieben Zugänge; und wenn man schon eine Mauer errichtet, wäre es unsinnig, mehr Tore als notwendig einzubauen. Aber es waren nun einmal ›Sieben‹, die da zu Felde zogen, und für jeden muß, in schöner Harmonie, sein Tor da sein. (Θήβης) ἑπταπύλοιο ist eine Hexameterformel, die in der *Ilias* und in der *Odyssee* vorkommt[8] und zweifellos aus vorhomerischer

---

[5] Hes. *Erga* 161-165. Die Quellen sind gesammelt und analysiert bei C. Robert, Oidipus, Berlin 1915; L. Preller/C. Robert, Die griechische Heldensage III 1, Berlin 1921, 876-968; L. Edmunds, Oedipus. Ancient Legend and its later Analogues, Baltimore 1985. Siehe auch W. Burkert, Seven against Thebes: An oral tradition between Babylonian Magic and Greek Literature. In: I poemi epici rapsodici non omerici e la tradizione orale, Padova 1981, 29-48; The Orientalizing Revolution, Cambridge, Mass. 1992, 106-114.

[6] F.H. Stubbings, Cambridge Ancient History II 2, Cambridge ^{3}1975, 168.

[7] Vgl. Burkert 1992 (s. Anm. 5) 107 f.; richtig schon RE V A 1429 ff.

[8] Homer Il. 4,406; Od. 11,263, vgl. Hes. Erga 162, Scut. 49.

Hexameterdichtung stammt. Der Krieg der *Sieben gegen Theben* ist also eine poetische Konstruktion; sie wird in unserer *Ilias* und in unserer *Odyssee* vorausgesetzt als ein Ereignis, das eine Generation zurückliegt. Haupt-Verbindungsglied zum troianischen Krieg ist der Diomedes unserer *Ilias*, als Sohn des Tydeus, der gegen Theben zog. Hauptereignis des Krieges aber war, daß die feindlichen Brüder, Eteokles der Verteidiger und Polyneikes der Führer der Angreifer, sich gegenseitig erschlagen haben. ›Viel Streit‹ gegen ›wahren Ruhm‹: Da wird die poetische Konstruktion erst recht durchsichtig. Unmöglich können reale Eltern ihren realen Söhnen solch prophetische Namen gegeben haben. Die ›Sieben gegen Theben‹ sind ein Stück vorhomerischer, zunächst wohl mündlicher Epik, das später auch verschriftlicht vorlag. Uns sind einige wenige Zitate von diesem Gedicht geblieben; es galt aber bis ins 5. Jh. hinein als ein Werk des Homer.[9]
Für dieses Stück griechischer Dichtung, das doch wohl aus dem 8. Jahrhundert stammen muß, lassen sich weiter zurückgreifende Quellen-Überlegungen anstellen. Für das symmetrische Schema der sieben Angreifer, sieben Verteidiger und der sich bekämpfenden Brüder im Tor liefert erstaunlicherweise ein orientalischer Zaubertext die nächste Parallele und kommt als Anregung in Frage. Es handelt sich um einen akkadischen Beschwörungstext, überschrieben ›das Haus der Einschließung‹ (*bit meseri*); gemeint ist das durch Schutzgeister eingeschlossene Haus, wobei, durch Figuren dargestellt, sieben bösen Geistern sieben bewaffnete Schutzgeister gegenübergestellt werden, dazu »Zwillinge, die sich bekämpfen, im Tor«.[10]
Wie daraus ein griechisches Epos werden konnte, ist verwunderlich, aber m.E. nicht ausgeschlossen. Für die Gestalten der Angreifer aber haben die griechischen Sänger offenbar auf griechische Lokaltraditionen zurückgegriffen, echte Mythen, insofern sie ortsverhaftet und für uns nicht ganz auflösbar sind: Da ist als Anführer Adrastos, dem Namen nach der ›Unentrinnbare‹, der in Argos und in Sikyon Heroenkult hatte; Adrastos reitet das Wunderpferd Arion, das Urpferd, das Poseidon mit Erinys oder Demeter Erinys, der ›zürnenden Demeter‹, gezeugt hat; Adrastos kann mit ihm als einziger der Vernichtung entkommen. Da ist Tydeus aus Aetolien, eng verbunden mit Athena, Tydeus, der das Gehirn seines Gegners Mela-

---

[9] Die Fragmente bei A. Bernabé, Poetae Epici Graeci, Leipzig ^{2}1996, 17-31; M. Davies, Epicorum Graecorum Fragmenta, Göttingen 1988, 20-27. ›Homer‹ als Verfasser: Kallinos Fr. 6 West.

[10] Burkert 1981 und 1992 (s. Anm. 5); B. Deforge, Un mythe politique baylonien à la source du mythe des Sept, in: F. Jonas/A. Motte (Hgg.), Mythes poilitiques, Paris 1990, 85-96.

nippos schlürft und damit die Unsterblichkeit verscherzt, die seinem Sohn Diomedes zuteil wird. Da ist Amphiaraos, der Seher, der Heil-Heros, der in die Unterwelt versinkt und sein Heiligtum an der Grenze von Attika und Böotien bei Oropos hat. Adrastos und Diomedes weisen auf Argos. Die schriftliche Fassung der Thebais begann:

> Ἄργος ἄειδε, θεά, πολυδίψιον, ἔνυεν ἄνακτες ...
>
> Singe, Göttin, von Argos, dem viel-durstigen, von wo aus die Herren (gen Theben zogen),

Das Epos ist aber nicht in Argos entstanden, wo man einen ganz anderen Dialekt sprach; es ist in Argos mit besonderer Vorliebe rezipiert worden. Im 6. Jahrhundert hat Kleisthenes der Tyrann von Sikyon den Kult des Adrastos daselbst und zugleich den Vortrag der homerischen Poesie in Sikyon verboten, ›weil da immer die Argiver gelobt werden‹ – diese Nachricht Herodots (5,67) zeigt die Rezeption der homerischen Dichtung in der Peloponnes, wahrscheinlich vor allem der ›homerischen‹ Thebais, und die Reaktion darauf in Sikyon. Sie wird von der anderen Seite her bestätigt durch das vor kurzem erst gefundene Weih-Monument von der Agora in Argos, aus der Mitte des 6. Jh., mit der Inschrift ΕΡΟΩΝ ΤΩΝ ΕΝ ΘΕΒΑΙΣ, ›Der Heroen zu Theben‹.[11] Das sind in Argos die verehrten Identifikationsfiguren. Von Pausanias (10,10,3) wußte man seit je, daß die Argiver später, im 5. Jahrhundert, als ihr Siegesmonument in Delphi eben die ›Sieben‹ aufstellten – die Basis ist erhalten. So wird hier ›homerische‹ Dichtung zum Ausdruck kollektiver Identität, gewinnt also durchaus mythische Funktion. Man wußte auch zu erzählen, daß Polyneikes im Exil in Argos, vor dem Zug der Sieben, eine Frau aus Argos geheiratet habe; sie heißt schon bei Hesiod etwas einfallslos ›Argeia‹; als Nachkommen von Polyneikes und Argeia betrachtete sich, laut Herodot, der Clan der Aigeidai in Sparta, Thera und Kyrene, aber auch die Tyrannen Theron und Hieron in Sizilien, die Pindar feiert.[12] Aus der epischen Fiktion sind echt mythische Funktionen erwachsen, und zwar außerhalb von Theben, und so weit ganz ohne Oedipus.

---

11 Siehe W. Burkert, La cité d'Argos entre la tradition mycénienne, dorienne et homérique, in: V. Pirenne-Delforge (Hg.), Les Panthéons des cités des origines à la Périégèse de Pausanias, Liège 1998 (Kernos Suppl. 8), 47-59.

12 Hes. Fr. 192; Hdt. 4, 147-149; Pind. Ol. 2,43 ff., mit Schol. zu 80.

Der faszinierende Kern der Geschichte von Krieg und Untergang vor Theben ist der gegenseitige Brudermord. Wie sehr diese Szene die Vorstellung beherrschen kann, zeigt die hundertfache Verwendung dieses Motivs auf den Reliefs etruskischer Graburnen; überhaupt haben die Etrusker die Theben-Thematik mit besonderem Interesse aufgenommen.[13] Die Vorstellung vom gegenseitigen Mord hat eine eigentümliche Vorgeschichte: Es gibt eine Skulptur vom späthethitischen Palast von Tell Halaf, wo zwei ganz gleich gestaltete Krieger sich gegenseitig am Schopf packen und durchbohren, und es gibt eine Erzählung des Alten Testaments aus der David-Zeit: da treten 12 ausgewählte Krieger von jeder Seite gegeneinander an, »[j]eder aber faßte seinen Gegner am Schopf und stieß ihm das Schwert in die Seite, so daß sie alle zugleich fielen«.[14] Das entspricht genau dem Bild von Tell Halaf. Übrigens läßt man im griechischen Mythos auch die himmelstürmenden Riesen Otos und Ephialtes in der Weise umkommen, daß sie sich gegenseitig erschießen.[15] Was die Menschen der archaischen Epoche auf dieses an sich so unwahrscheinliche Schema fixierte, ist offenbar der Tod in der Reflexivität, oder, wie man es auch ausdrücken könnte, die autogene Vernichtung. Hier ist nicht ein Opfer und ein Mörder, was nach einer Verkettung von Strafaktionen und Rache ruft, hier fällt die Vernichtung in sich selbst zurück. Die anderen mögen erschüttert sein, doch sind sie frei von Schuld, sie sind gerettet. Ich möchte vermuten, daß in diesem Sinn das Thema den Etruskern so geeignet für einen Grabstein erschien. Der Tod vollzieht sich selbst; er ist unabwendbar, aber wir sind nicht direkt beteiligt. Auch im akkadischen Beschwörungstext bzw. in den begleitenden Figuren, auch im Stelen-Kreis jenes Palastes von Tell Halaf mag dies der Sinn der Darstellung gewesen sein.

Zwei Brüder töten sich gegenseitig: So endet eine Familie. Für archaisches Bewußtsein ist dies die Katastrophe schlechthin. Dichterische Phantasie aber fängt eben deshalb an, darum zu kreisen und die Geschichte zu erweitern: Da war noch eine Schwester, ›zum Ersatz geboren‹, Antigone – dies ist der Sinn des Namens Antigonos/Antigone, ein Name, der bei der hohen Kindersterblichkeit nur allzu oft seinen vollen Sinn erhalten mußte;

---

13 I. Krauskopf, Der Thebanische Sagenkreis und andere griechische Sagen in der etruskischen Kunst, Mainz 1974; Lexicon Iconographicum Mythologiae Classicae IV, 1988, Art. Eteokles.

14 Burkert 1992 (s. Anm. 5) 112; AT II Sam. 2,16.

15 Pind. Fr. 162/163, Apollod. Bibl. 1,7,4. Genannt sind Otos und Ephialtes Od. 11,305-20; Hes. Fr. 19.

doch auch sie, die Schwester, wurde in den Tod der Brüder hineingezogen, sie endet bei den Toten, in dem gemeinsamen Grab der Brüder – dies doch wohl die ältere Überlieferung.[16] Doch auch nach der anderen Seite fragt die Erzählung, sucht weiteren Aufschluß, sucht Motivierung des Unerhörten: Eine Familie hat ihre Identität in der Abhängigkeit vom Vater. Was muß das für ein Vater gewesen sein, dessen Familie solch ein Ende in autogener Vernichtung fand? Die archaische Antwort ist: Dieser Vater selbst hat seine Söhne verflucht, er fluchte, daß sie ihr Erbe mit dem Eisen teilen, daß sie sich gegenseitig töten sollten. Diese zwei Flüche sind fester Bestandteil der Tradition. Sie kamen in der altepischen Thebais vor, wir kennen die Stellen sogar im Zitat.[17] Der Vater hieß Oidipous oder, in der Hexameterform, Oidipodas.

Im Epos verflucht der Vater seine Söhne, weil sie ihm beim Festmahl das falsche Stück Fleisch bieten, den falschen Becher reichen. So kennt es noch Aischylos.[18] Der Autor, dem wir die Fragmente der *Thebais* als Zitate verdanken, schüttelt den Kopf darüber, und wir können nicht behaupten, daß wir das ganz verstehen. Vorausgesetzt ist doch wohl, daß dieser Vater Oidipodas bereits selbst von einem monströsen Schicksal gezeichnet war, daß er blind war – und da nun endlich das berühmte Motiv: Oidipodas hat seinen Vater erschlagen und die Mutter geheiratet. So faßt es kurz die *Odyssee* zusammen: Die Mutter – sie heißt hier Epikaste – tat eine gewaltige Tat in der Unwissesnheit ihres Verstands, sie heiratete den eigenen Sohn; er aber hatte seinen eigenen Vater getötet und heiratete sie. Alsbald machten die Götter dies den Menschen kund: Er aber herrschte danach, Schmerzen leidend, im lieblichen Theben über die Kadmeer, sie aber ging zum Hades, indem sie eine jähe Schlinge knüpfte [...] von ihrem Leid überwältigt.[19]

Worin die ›Schmerzen‹ des Oidipodas bestehen, sagt der Odysseetext nicht; die nächstliegende Ergänzung ist aber doch die, daß er, auf welchem Wege immer, geblendet war; aber er lebt weiter, ja bleibt König. In der Tat: In allen Versionen überlebt Ödipus seine Katastrophe, er wird uralt. In der altepischen *Oidipodeia* heiratet er dann eine andere Frau, Euryganeia, von der die Kinder stammen, Eteokles und Polyneikes; sie sind also nicht im Inzest gezeugt. Die zweite Heirat erschien manchen modernen, nach-

---

16 Apollod. Bibl. 3,7,1.

17 *Thebais* Fr. 2/3 Bernabé und Davies.

18 Aisch. Theb. 786.

19 Homer Od. 11,271-280.

sophokleischen Interpreten als eine Ungeheuerlichkeit, anderen als Zeugnis archaischer Größe.[20]

Wie dem auch sei, die Oedipus-Geschichte ist anscheinend entworfen als Vorspann für die Familien-Katastrophe der ›autogenen Vernichtung‹. Vergleichbares ist im Mittelalter noch einmal geschehen, nur ging es da um eine andere Katastrophe, den Verrat des Judas, der zum Tod des Herrn Jesus führte. Was für ein Mensch muß dieser Judas gewesen sein, daß er das unglaublichste Verbrechen begehen konnte? Er hat seinen Vater erschlagen und die eigene Mutter geheiratet – so die Judas-Legende, die im Anschluß an den *Roman de Thèbes*, indirekt also an Statius' *Thebais*, in Frankreich entstanden ist; sie ist vor allem im griechischen Osten bis heute populär geblieben, während im Westen der christliche Gegenentwurf von der grenzenlosen Gnade Gottes bekannter ist, nicht zuletzt dank Thomas Mann: Gregorius auf dem Stein.[21]

Im alten griechischen Epos stand die *Oidipodeia* offenbar im Schatten der *Thebais* und deren Fortsetzung, der *Epigonoi*, sie war weit weniger wichtig. Und doch haben sich nun eben auf diese Vorspann-Figur mythische, d.h. alt-traditionelle und für uns nicht immer ganz auflösbare Motive in besonderer Dichte konzentriert. Wenn diese Motive der Reihe nach besprochen werden, so ist dies nicht als historische Rekonstruktion gemeint; die Erzählung muß nicht genau in dieser Weise geschaffen oder ›gebastelt‹ worden sein; unsere Quellen reichen auch nicht aus, eine stufenweise ›Entwicklung‹ der Erzählung nachzuweisen.[22] Es sollen nur die Elemente ans Licht gerückt werden, die darin eingegangen sind und ihre Wirkung entfalten.

Unauflösbar ist eigentlich schon der Name Oidipous oder Oidipodas, denn die gängige Deutung als ›Schwellfuß‹ ist von der griechischen Wortbildung her gar nicht einleuchtend.[23] Sie ist allerdings von den Griechen herausgehört und durch den Namen des Großvaters, Labdakos, sanktioniert worden. Man könnte aber aus Oidipodas auch den ›Zweifüßler‹, *dipodas*, heraushören und das Sphinxrätsel damit assoziieren. Möglicherweise gab es eine von Theben unabhängige Lokaltradition über Oidipodas. In Eteoneus

---

20 Vgl. dazu L. Deubner, Ödipus-Probleme, Abh. Berlin 1942,4, 27-30 = Kleine Schriften zur klassischen Altertumskunde, Königstein 1982, 635-727, hier 661-664; Paus. 9,5,11.

21 Vgl. W. Puchner, Europäische Ödipusüberlieferung und griechisches Schicksalsmärchen, in: W. Sigmund (Hg.), Antiker Mythos in unseren Märchen, Kassel 1984, 52-63.

22 Die Versuche antiker und moderner Philologen zu präzisieren, was ›Homer‹ kennt bzw. ›noch nicht‹ kennt, werden hoffnungslos, sobald man mit mündlichen Vorstufen rechnet.

23 Vgl. auch C. Calame, Le nom d'Oedipe, in: Gentili/Pretagostini (s. Anm. 2) 395-403.

in Böotien wurde ein Grab des Oedipus gezeigt, und zwar in einem Demeter-Heiligtum; wir kennen das von Vasenbildern des 5. Jahrhunderts, mit dem seinerseits etwas rätselhaften Distichon »auf meinem Rücken trage ich Malve und vielwurzligen Asphodelos, im Innern habe ich Oedipus, Sohn des Laios«.[24]

Wenn man will, hat man da die ›Mutter‹ und ihren Heros. Aber es fehlt uns an bestätigendem Kontext.

Über die Lebensgeschichte des Oedipus hat Marie Delcourt 1944 ein Buch veröffentlicht mit dem überraschenden Titel: *Oedipe ou la légende du conquérant*:[25] Eine Erfolgsgeschichte also über den Unglücksmann, ein typischer Königsmythos in der Abfolge von Aussetzung, Überwindung des Ungeheuers und Hochzeit mit der Königin. Dies entspricht auch dem Schema der Erzählung überhaupt, das Vladimir Propp in seinem Buch *Morphologie des Märchens* aufgestellt hat.[26] Oedipus vollzieht den Aufstieg bis zur Höhe, von wo aus dann der Absturz sich ereignen soll: Der König wird zum Sündenbock.

Mit der Aussetzung fangen in der Tat fast alle Königsmythen an, von Sargon von Akkad über Kyros den Perser bis Romulus.[27] Der Kampf mit dem Ungeheuer ist die typische Initiationsprobe. In der Gestalt der Sphinx hat sich orientalische Ikonographie mit griechischem Wortspiel in eigenartiger Weise verbunden. Das Bild des geflügelten Löwen-Ungeheuers hat eine lange bronzezeitliche Vorgeschichte; wie das Ungeheuer Menschen packt und davonträgt, ist auf früharchaischen Bildern aus Cypern dargestellt – da ist wahrscheinlich immer noch der Pharao mit seiner Machtfülle gemeint. Den Kampf mit der Sphinx zeigen assyrische Bilder. Den Namen ›Sphinx‹ wird man griechisch mit *sphingein* ›würgen‹ assoziieren, aber bei Hesiod heißt das Ungeheuer Phix, und es gibt einen – nicht

---

[24] Zum ›Oidipodeion‹ Lysimachos FGrHist 382 F 2 = Schol. Soph. O.K. 91; A. B. Cook, Zeus II, Cambridge 1924, 1153; die Vasenbilder Neapel 2868, Louvre CCA 308. Lexicon Iconographicum Mythologiae Classicae I, 1981, Art. Antigone nr. 4; VII, 1994, Art. Oidipus nr. 98; Supplementum Epigraphicum Graecum 41, 855.

[25] M. Delcourt, Oedipe ou la légende du conquérant, Paris 1944. Oedipus als ›scapegoat‹: J.E. Harrison, Epilegomena to the study of Greek Religion, Cambridge 1921, XLI nach Gilbert Murray; J.-P. Vernant, Ambiguité et renversement. Sur la structure énigmatique d'Oedipe Roi, in: J.-P. Vernant/P. Vidal-Naquet, Mythe et tragédie en Grèce ancienne, Paris 1972, 99-131.

[26] V. Propp, Morphologie des Märchens, München ^{2}1975, russische Originalausgabe Leningrad 1928; Burkert 1979 (s. Anm. 5) 5-10.

[27] G. Binder, Die Aussetzung des Königskindes, Meisenheim 1964.

sehr eindrucksvollen – Phikion-Berg.[28] Griechisch jedenfalls ist das Ungeheuer weiblich, ›die‹ Sphinx, und sie beherrscht die königslose Zeit nach dem Tod des Laios, vor der Ankunft des Oidipus. Sie raubt Knaben; dafür haben wir schon ein Zitat aus der alten *Oidipodeia*; ihr Opfer heißt da Haimon,[29] ein Name, aus dem man ›Blut‹ heraushören kann – bei Sophokles hat der jugendliche Haimon dann eine ganz andere Funktion, aber ein blutiges Ende nimmt auch er. Einzigartig ist am Sphinx-Mythos, daß in der gängigen Version der Kampf mit ihr durch die Lösung eines Rätsels entschieden wird;[30] daß die Lösung des Rätsels ›der Mensch‹ lautet, haben Humanisten gefeiert. Oedipus vor der Sphinx wird zu einem beliebten Darstellungstyp in der Vasenmalerei seit etwa der Mitte des 6. Jahrhunderts.[31] Die Tragödie hat damit nicht viel anfangen können.

Die Machtübernahme vollzieht sich in der Heirat mit der Königin – im Märchen ist es die Prinzessin –, und die Königin ist zugleich die Mutter: Die Problematik, ja Perversion der Familienstruktur gehört zum Standardmaterial der Königsmythen oder, allgemeiner, der Sukzessionsmythen. Der König kann ja nur herrschen, wenn der Vater tot ist, und doch stammt seine Legitimation vom Vater: Fortsetzer, Vollender, Vernichter des Vaters – in der Tat ein ur-menschliches Problem. Die Mutter kann den Bruch überbrücken, und doch ist nicht sie zum Herrscher bestimmt. Der Konflikt wird seit langem im kosmischen Maßstab thematisiert, in den theogonischen Mythen: Mutter Erde, Gaia, veranlaßt, laut Hesiod,[32] ihren Sohn, Kronos, den lästigen Vater Uranos von ihr zu trennen, durch Kastration. Freilich ist der ›Krummes sinnende Kronos‹ nur ein Zwischenkönig, der seinerseits vom Sohn Zeus, dem Himmelsglanz, unter Mitwirkung seiner Frau Rhea gestürzt wird. Es gibt einen akkadischen Text, in dem sich über mehrere Generationen stereotyp ein solcher Wechsel vollzieht, beginnend mit der Erde und ihrem Sohn: ›er tötete seinen Vater X und heiratete seine Mutter Y, er nahm die Königswürde für sich selbst‹ heißt es da vierfach hintereinander.[33] Das babylonische Weltschöpfungsepos *Enuma Elish* variiert das

---

[28] Zur Sphinx J.M. Moret, Oedipe, la sphinxe, et les Thébains, Genf 1986; Hes. Theog. 326.

[29] *Oidipodeia* Fr. 1 Bernabé- Davies.

[30] Der Text in der Hypothesis III (ed. Pearson) zum ›König Ödipus‹; *Anthologia Palatina* 14,64.

[31] E. Simon, Das Satyrspiel Sphinx des Aischylos, Sitzungsber. Heidelberg 1981, 5.

[32] Hes. Theog. 154-210.

[33] J. Pritchard, Ancient Near Eastern Texts Relating to the Old Testament, Princeton 1969³, 517f.

gleiche Thema: Ea tötet seinen Urgroßvater Apsu mit Hilfe von dessen Gattin, Tiamat, später aber bekämpft und tötet sein Sohn Marduk seinerseits die sehr böse gewordene Urmutter Tiamat, das ›Meer‹.[34] Der Sukzessionsmythos bearbeitet, was der Entwicklungspsychologe Ablösungs-Probleme nennt. Der ägyptische Pharao hat den Titel Kamutef, ›Stier seiner Mutter‹;[35] der übliche Mythos freilich setzt den Pharao mit Horos gleich, der seinen ermordeten Vater Osiris rächt – tot muß der Vater nun einmal sein –; Isis, Gattin des Osiris und Mutter des Horos, verkörpert die Kontinuität, sie symbolisiert den Thron des Königs; und doch gibt es Bilder, wie Horos Isis köpft, wie Perseus die schreckliche Muttergestalt Gorgo.
Auf diesem Hintergrund ist, was Oedipus tut, von klassischer Schlichtheit. Er tötet den Vater und heiratet die Mutter. Dabei ist im Drama des Sophokles der Vatermord schließlich fast irrelevant gegenüber dem Greuel des Mutter-Inzests. Die klassische Literatur liefert dazu noch einigen Kommentar. Der Sexualakt mit der Mutter wird immer wieder zum Bild für den Griff nach der Macht. In traditioneller Metaphorik scheint sich damit eine prinzipielle Ambivalenz der Macht auszusprechen, als sei sie ›böse an sich‹. Selten, daß es gut geht. Der ältere Brutus, der den König Tarquinius Superbus stürzen sollte, erhielt vom Orakel die Weisung, die Herrschaft werde dem zufallen, der als erster seine Mutter küsse; er warf sich zu Boden und küßte die Mutter Erde; danach gelang ihm der Griff nach der Macht.[36] Wie eine Parodie erscheint, was Herodot vom athenischen Tyrannen Hippias erzählt: Aus Athen verbannt, hatte Hippias von Sehern die Prophezeiung erhalten, er werde die Herrschaft über sein Land zurückgewinnen; so folgte er der persischen Armee bis Marathon. Dort, bei der Landung, hustete der alte Mann und verlor dabei einen Zahn, der im Sand des Strandes nicht wiederzufinden war. Da wußte er, daß die Weissagung erfüllt war: Sein Zahn hatte sich mit der heimatlichen Erde vereinigt; weitere Erfüllung stand nicht mehr an.[37] Die eindeutig phallische Bedeutung des Zahns wird Tiefenpsychologen gefallen. Drohender ist, was Plutarch von Caesar berichtet: In der Nacht, ehe er den Rubico überschritt, träumte er einen ›unsagbaren‹ Coitus mit der eigenen Mutter – ›unsagbar‹, das heißt Oralverkehr: Das war es, was er der Mutter Roma anzutun im Begriff

---

34 Pritchard (s. Anm. 33) 60-72.

35 B.H. Stricker, Camephis, Med. Kon. Nederl. Akademie van Wetenschapen, Afd. Letterkunde 38,3, 1975.

36 Liv. 1,56,10-12.

37 Hdt. 6,107.

stand.[38] Ich habe gelesen, daß noch die Griechen zur Zeit der Obristen-Junta, 1968-1974, davon sprachen, daß diese Kerle ›Mutter Griechenland ficken‹.[39] Es ist auch ihnen nicht gut bekommen. Man kann einiges dafür anführen, daß als die passende Strafe für den Mutter-Inzest die Blendung zu gelten hat.[40] Bei Sophokles blendet sich Oedipus mit den Gewandspangen Iokastes.

Eine besondere Wendung nimmt die Oedipus-Geschichte, indem der Seher bzw. das Orakel, oder beides, eingeführt wird. Freilich, auch in anderen Aussetzungs-Geschichten spielen unheilverkündende Prophezeiungen oft eine Rolle, bei Perseus etwa, der schließlich den Großvater umbringt, bei Kyros, der seinen Großvater Astyages den Meder stürzen wird. Der Seher von Theben trägt einen redenden Namen, Teiresias: τείρεα, Nebenform zu attisch τέρας, sind die ›Zeichen‹, besonders die Himmelszeichen, auch die Sterne – die aber im Fall des Teiresias keine Rolle spielen. Damit erscheint das Prinzip des vorausbestimmten, vorausgewußten, vorausgesagten Schicksals, das doch unabwendbar bleibt. Die ganze scheinbar kontingente, unwahrscheinliche Ereignisfolge lag im voraus schon fest, und trotz aller Bemühungen war sie nicht zu ändern. Seher-Wissen spielt auch im Zusammenhang der ›Sieben gegen Theben‹ seine Rolle. In einem Stesichoros-Text aus dem 6. Jahrhundert ist der Konflikt der Brüder vorausgesagt; die Mutter versucht dem durch eine schiedliche Lösung vorzubauen: »Deine Prophezeiungen, o weithin wirkender Herr Apollon, laß sie nicht alle in Erfüllung gehen«.[41] Natürlich bemüht sie sich vergebens. Von der anderen Seite ist es der Seher Amphiaraos, der das Scheitern des Zugs der ›Sieben‹ voraussieht und doch zur Teilnahme gezwungen wird. Man hat vermutet, daß das besondere Interesse der Etrusker an dem Thebais-Stoff eben von der Rolle der Mantik her bestimmt gewesen sei.[42] Daß die *Moira* eines Menschen bestimmt sei, daß insbesondere sein Tod eine unabänderliche Festlegung sei, ist ein Prinzip, das bereits in der *Ilias* voll entfaltet ist. Das Besondere am Oedipus-Mythos ist, daß nicht so sehr das Ende als die ganze Entwicklung, die durch mehrere Stadien auf die Katastrophe zuführt, als vorausgesagt und unabänderlich genommen wird.

---

38 Plut. Caes. 32,9.

39 M. Herzfeld, Anthropology through the Looking-Glass, Cambridge 1987, 180.

40 G. Devereux, The Self-Blinding of Oidipous in Sophokles' Oidipous Tyrannos, Journal of Hellenic Studies 106 (1986) 36-49.

41 Text bei M. Davies, Poetarum Melicorum Graecorum Fragmenta I, Oxford 1991, 222b.

42 Krauskopf (s. Anm. 13), 86 und 299.

Das Schicksal wird hier nicht zum nachträglichen, entlastenden Kommentar, sondern zur vorausbestimmenden Macht. Dies ist einzigartig.
Im 5. Jh. haben alle drei Tragiker die Theben-Thematik aufgegriffen, Aischylos, Sophokles und Euripides; von allen dreien sind Stücke erhalten, wir wissen aber auch von weiteren, verlorenen Dramen. Nur einige Aspekte von Aischylos und Sophokles seien herausgegriffen: Aischylos rückt dem ›Schicksalsdrama‹ gegenüber die Frage der persönlichen Verantwortung in den Vordergrund. Für ihn steht fest, daß das ›Gottgesandte‹ und die Aktivität der Menschen in besonderer Weise ineinandergreifen: »Aber wenn einer selbst vorandrängt, greift auch der Gott mit zu«, und so kommt er zu Fall.[43] Dementsprechend verlegt Aischylos die Verantwortung auf Laios, den Vater des Oedipus: »als Laios Apollons Willen entgegen, der dreimal am pythischen Orakel, am Nabel der Welt, gesagt hatte, er solle ohne Nachkommen sterben und damit die Stadt retten – (Laios also) überwältigt von lieber Unvernunft, zeugte den Tod für sich selbst, den Vatermörder Oidipodas, der die heilige Ackerfurche der Mutter, wo er selbst gewachsen war, besamte, Wurzel des Blutes – das brachte er fertig: Wahnsinn, sinnverderbend, brachte die Brautleute zusammen«.[44] Da hätte also nach göttlichem Willen und göttlicher Warnung alles vermieden werden können, wenn das göttliche Geheiß erfüllt worden wäre, ein Gebot, das individuelle Lebenserfüllung um der Stadt willen untersagte. Mit dem Verstoß gegen diesen Auftrag war dann die absurde Ereignisfolge auf den Weg gebracht, die nicht aufzuhalten war; ihr letzter Akt ist im erhaltenen Drama gestaltet, der Krieg um Theben. Die Dramen *Laios* und *Oidipous* gingen dem erhaltenen Stück voraus. Wie die Handlung entfaltet war, ist schwer vorzustellen; alles Wesentliche scheint in erhaltenen Versen des Abschlussdramas gesagt; so, in der Fortsetzung des zitierten Passus:

> als er jäh bewußt wurde, der unselige, der schlimmen Hochzeit, da hat er, schwer tragend am Schmerz, mit rasendem Herzen doppeltes Übel vollbracht, mit der vatermörderischen Hand sonderte er sich ab vom Augenlicht, den Kindern aber, zürnend wegen der falschen Behandlung, weh, legte er Flüche bitterer Zunge auf, sie sollten dereinst mit der das Eisen führenden Hand den Erbbesitz teilen.[45]

43 Aisch. Pers. 742.
44 Aisch. Theb. 743-757.
45 Aisch. Theb. 778-790.

So kommt es zur Vernichtung des ganzen ›Hauses‹, recht nach der alten Tradition. Eteokles, der die Zusammenhänge jäh begreift, bejaht dies in finsterer Entschlossenheit: »Da nun also der Gott diese Sache stark vorantreibt, so soll denn, im rechten Fahrwind die Woge des Unterweltsflusses Kokytos erreichend, dem Phoibos Apollon verhaßt, das ganze Geschlecht des Laios dahingehen.«[46] Die autogene Vernichtung vollzieht sich; die Stadt aber ist gerettet.

Das Einzigartige, Kühne am *König Oedipus* des Sophokles ist, daß die ganze Familiengeschichte fast unsichtbar wird und selbst die Stadt versinkt. Eteokles und Polyneikes spielen keine Rolle im Stück, und niemand spricht von dem, was Laios getan hat oder hätte tun sollen. Keine Rede vom Familienfluch, der doch in der zeitlich nicht fern stehenden *Antigone* immer wieder aufgerufen wird. Oedipus allein steht im Zentrum, und er wird zur Identifikationsfigur, so absurd auch ist, was ihm widerfährt. Der raffinierte Aufbau der Kriminalgeschichte sei hier nicht nachgezeichnet. Es ist immer wieder packend, wie man die Katastrophe kommen sieht, wie Oedipus selbst sie vorantreibt, bis zum entscheidenden Moment des Innehaltens. Diener: ›Wehe, jetzt bin ich genau daran, das Furchtbare zu sagen‹ – Oedipus: ›Und ich, zu hören. Aber trotzdem: muß es gehört werden.«[47] Muß? Oedipus stellt sich der vorausbestimmten Notwendigkeit. Hernach kommt er wieder auf die Bühne, mit der anderen Maske, geblendet, blutüberströmt, und doch ganz er selbst. »Jetzt bin ich ohne Gott« – *atheos* –, »Sohn heilloser Eltern, gleichverwandt denen, aus denen ich selbst entstanden bin: Wenn es Unheil höherer Würde als Unheil gibt, so hat dies Oedipus erlangt«. Und doch: »Mein Unheil – keiner der Sterblichen ist fähig, dies zu tragen, außer mir«.[48] Von Schuld, warum, weshalb, und warum nicht doch, ist überhaupt nicht die Rede. Die Philologen zerbrechen sich den Kopf, wo genau der Fehler, die ἁμαρτία gelegen sein sollte, von der Aristoteles spricht.[49] Aus der alten Familiengeschichte, die Aischylos verantwortlichem Handeln unterstellen wollte, ist ein existenzielles *Ecce homo* geworden, das wir erschüttert miterleben, ohne es analysieren zu wollen. Man hat den Prozess des Oedipus nicht zu Unrecht mit dem Prozess bei Franz Kafka verglichen, wo der Held Schritt für Schritt von

[46] Aisch. Theb. 689-691.

[47] Soph. O.T. 1169 f.

[48] Soph. O.T. 1360-1366; 1415.

[49] Arist. Poet. 1453a16; vgl. J.M. Bremer, Hamartia, Amsterdam 1969; S. Said, La faute tragique, Paris 1978.

einer undurchschaubaren Organisation eingeholt und schließlich vernichtet wird.[50] Man kann mit dem Aufbau des sophokleischen Dramas eigentümlicherweise auch vergleichen, wie Elisabeth Kübler-Ross die typischen Phasen des Sterbens beschrieben hat:[51] Erst Verneinung und Ungläubigkeit, dann der Zornausbruch; dann Versuche des Verhandelns um Kleinigkeiten, zwischen Positivem und Negativem; schließlich der Fall, der Zusammenbruch, der doch zu einem Hinnehmen führen kann.

Eine Linie allerdings, die durchaus aus der Tradition stammt, hat Sophokles in ganz besonderer Weise gezeichnet, die Rolle der Seherkunst, des Orakels, und damit die Rolle Apollons, des Gottes der Mantik. Apollon wird schon ganz zu Anfang des Stücks in die Mitte gerückt als der Gott der Heilung und Reinigung, auf den sich die Hoffnungen richten: »Möge Apollon kommen als Retter, als Ender der Pest« (150); und in der Tat, Apollon kommt in ganz unvorhergesehener Weise: »Apollon war dies, Apollon, ihr Freunde« (1329) – so der geblendete Oedipus. Apollon ist nicht nur der ersehnte Heiler und Reiniger, er ist der Wissende, der alles im voraus gewußt und Recht behalten hat. Dazwischen, im Verlauf des Stücks, wird eben dies immer wieder in Frage gestellt, nimmt die Diskussion die Orakel und die Seher durchaus kritisch ins Visier. Es ist vor allem Iokaste, die die Glaubwürdigkeit der Seher triumphierend bestreitet, der Seher, die auch nur Menschen seien. Sie und ihr Mann hatten die Delphische Weissagung über ihr Kind zunichte gemacht (709). Als dann der Bote aus Korinth die Nachricht bringt, daß der König von Korinth, der vermeintliche Vater des Oedipus, eines natürlichen Todes gestorben sei, triumphieren Oedipus und Iokaste gemeinsam (946ff., 964ff.): »O Orakel der Götter, wo seid ihr?« Und doch hatte soeben Iokaste angesetzt, eine Bittprozession zu Apollon auf den Weg zu bringen; sie fühlt eine Drohung, die vom Gott her über ihr hängt. Die Prozession kommt nicht ans Ziel.

Vor dieser Szene erklingt ein merkwürdiges Chorlied, das in der Mitte des Dramas steht (863-910).[52] Es scheint geradezu als persönliches Bekenntnis über das Drama selbst hinauszugehen – was die Interpreten irritiert. Der Chor wünscht sich die fromme Reinheit in Worten und Werken, »vor die

---

50 E. Dönt, Ödipus und Josef K.: Zur aristotelischen Tragödientheorie, Arcadia 14 (1979) 148-159.

51 E. Kübler-Ross, Interviews mit Sterbenden, Stuttgart 1971 (viele Neuauflagen).

52 Soph. O.T. 863-910. Zur Interpretation U. Hölscher, Wie soll ich noch tanzen? – Ein Chorlied aus dem ›König Ödipus‹, in: ders., Das nächste Fremde, München 1994, 110-124.

Gesetze (*nomoi*) gesetzt sind, hohen Fußes, im himmlischen Aither gezeugt; nicht hat menschliche Natur von Männern sie hervorgebracht; nie wird Vergessen sie in Schlummer versetzen: groß ist ein Gott in ihnen, und er wird nicht alt.« Der Chor sagt der Hybris ab, die »den Tyrannen erzeugt«, die aber mit jähem Sturz enden muß; ja Fluch gilt dem, der sich in Werk und Wort über alles hinwegsetzt, die Orte und Bilder der Götter nicht ehrt. »Denn wenn solches Wirken in Ehre steht, was soll ich dann tanzen?« Diese Frage steht am Ende der Strophe: Der Chor bleibt an dieser Stelle stehen. Ich kann mir nicht vorstellen, daß die Zuschauer da nicht merken sollen, wie für einen Augenblick die Theaterillusion zerbricht: Da sind nicht mehr Vertreter des ›Volkes des Kadmos‹ (144) zu Theben zugegen, sondern ein tanzender Chor auf der Bühne, im Theater zu Athen, beim Fest des Gottes Dionysos. Wenn die Ehre der Götter dahinfällt, »was soll ich dann tanzen?« »Nicht mehr«, so setzt die Gegenstrophe ein, »werde ich verehrend zum unberührbaren Nabel des Erde kommen« – nach Delphi also –, nicht mehr zu den anderen Orakelorten, »wenn nicht, mit Fingern gezeigt, dies hier für alle Menschen sich fügen wird. Zugrunde gehen des Laios Orakelsprüche, man beseitigt sie bereits, nirgends mehr ist Apollon in seinen Ehren offenbar. Dahin ist das Göttliche«, ἔρρει δὲ τὰ θεῖα – dies entspricht rhythmisch-musikalisch dem Ende der Strophe: τί δεῖ με χορεύειν, und bestätigt, was dem ›Tanzen‹ seinen Sinn nimmt: Das Verschwinden des Göttlichen.

Sollen wir, wenn denn hier ein Bruch der Theater-Illusion zu konstatieren ist, isoliert auf das persönliche Bekenntnis des Sophokles hören? War Sophokles ein Fundamentalist, der sich gegen die Sophisten stemmte, die schon am Werke waren? Max Pohlenz etwa war geneigt, dergleichen anzunehmen. »Ein leidenschaftlicher Aufruf an Zeus«, schreibt er zu diesem Chorlied, »er möge den Unglauben strafen, der Gott die Ehre versagt«[53] – er scheint nicht zu merken, wie er selbst in den Ton des christlichen Gesangbuchs verfällt: »gebt unserm Gott die Ehre«, *soli deo gloria*; und bei seinem Zusatz »es ist sogar nicht undenkbar, daß ihm Frauen wie Aspasia [...] bei der Zeichnung Iokastes vorschwebten« sind wir geneigt mokant zu fragen, was einem aus dem 19. Jahrhundert stammenden Professor in Gestalt der freigeistigen Hetäre wohl vorschweben mag. Ernsthaft aber bleibt das Problem gestellt, ob wir, was Sophokles in der Aktion des Chor-

[53] M. Pohlenz, Die griechische Tragödie, Göttingen ²1954, 219. – Zu der Schwierigkeit, die Wilamowitz gegenüber der Frömmigkeit des Sophokles empfand, siehe A. Henrichs, in: Wilamowitz nach 50 Jahren, Darmstadt 1985, 298-301.

lieds darstellt, eigentlich verstehen können. Seher und Orakel sind uns fern – auch wenn manche irrationale Strömungen der Gegenwart durchaus Äquivalente anbieten. Müssen Orakel wahr sein, gar diese konstruierten Orakel der unmöglichen Oedipus-Geschichte? Das Drama scheint in vollem Ernste ›Ja‹ zu sagen.

Nun, wir mögen als Religionshistoriker immerhin feststellen, daß die griechische Religion keine eigentliche Offenbarung kannte; es gibt keine heiligen Schriften, keine Stifter, keine organisierte Priesterschaft, keine Theologie; was die Sänger von der Art des Homer erzählten, war schön zu erzählen, aber doch durchaus unverbindlich. Es blieben die *manteis* und die institutionalisierten Orakel, die sich bewährt hatten: Dies war der einzige Kanal, durch den Kommunikation mit dem Göttlichen praktiziert wurde, um das heillose Ineinander und Gegeneinander der Realität zu durchbrechen. Das lateinische Wort *divinatio* ist bezeichnend. Aber auch auf Griechisch ist die Tätigkeit des Sehers ein θειάζειν.[54] Das Göttliche manifestiert sich in der Mantik; ohne Mantik keine Religion: »Dahin ist das Göttliche.«

Griechische Religion, gerade bei Sophokles, stellt sich nicht im ›Gefühl‹ dar, wie Faust viel später es haben möchte, sondern im Wissen. »Schreckliches, Schreckliches rührt der weise Vogelschauer auf«, hat der Chor gesungen (483), »aber« – dies steht dem in der Gegenstrophe entgegen – »Zeus und Apollon sind einsichtsvoll, sie wissen die Sachen der Menschen. Von Menschen aber – daß da ein Seher weiter kommt als ich, darüber gibt es kein wahres Urteil« (498-501). Am realen Seher also läßt sich zweifeln. Die Götter aber sind die ›Wissenden‹, συνετοί, εἰδότες. Ist solches Wissen manifest?

Die Gegenthese wird von Iokaste formuliert, als der Bote von Korinth gekommen ist: »Was soll ein Mensch fürchten, für den das Wirken des Zufalls (*Tyche*) herrscht, Voraussicht aber, klare, für nichts besteht?« (977f.). »Das beste ist's aufs Geratewohl zu leben, wie einer kann.« Es gibt kein Wissen, das die Wirklichkeit in übersehbarer Ordnung hält, kein ›Voraus-wissen‹ von irgend etwas; dann gibt es auch keine Götter.

Wir verstehen diese Situation, meine ich, sogar deutlicher als die Zeitgenossen des Sophokles; und Aspasia kann nichts dafür. Dafür sollen hier einige Zitate aus Umberto Ecos Bestseller *Der Name der Rose* zeugen.[55]

---

[54] Thuk. 8,1; vgl. W. Burkert, From epiphany to cult statue, in: A.B. Lloyd (Hg.), What is a God? Studies in the nature of Greek divinity, London 1997, 15-34.

[55] Zitate nach der deutschen Ausgabe, München 1982.

Umberto Eco war als Philosoph in seinem Fach längst vor seinen Romanen bekannt und angesehen. Seine Publikationen galten der Semiologie, und vom Umgang mit Zeichen kündet Eco auch in seinem Roman in spielerischer Weise. Mit Zeichen hatte es auch Teiresias, hatten es alle griechischen Seher zu tun; nur hat sich der Hintergrund für den Umgang mit diesen gewandelt. Voraussetzung der modernen Semiologie, so hat man formuliert, ist Nietzsches Feststellung, daß ›Gott tot‹ ist, Gott als der universale Bedeutungsgeber.[56] So läßt Umberto Eco seinen William von Baskerville gegen Ende zu sagen: »Ich bin wie ein Besessener hinter einem Anschein von Ordnung hergelaufen, während ich doch hätte wissen müssen, daß es in der Welt keine Ordnung gibt« (625). »Das Wirken des Zufalls (*Tyche*) herrscht, Voraussicht aber, klare, besteht für nichts,« hatte Iokaste ausgerufen. William: »Es gab keine Intrige [...] und ich habe sie aus Versehen aufgedeckt« (624), »es gab gar keinen Plan.« »Es gab »eine Verkettung von Ursachen [...], von Haupt- und Neben- und Gegenursachen, die sich auf eigene Rechnung weiterentwickelten, indem sie Wechselbeziehungen eingingen, denen keinerlei Plan unterlag.« »Ich habe nie an der Wahrheit der Zeichen gezweifelt, sie sind das einzige, was der Mensch hat, um sich in der Welt zurechtzufinden. Was ich nicht verstanden habe, war die Wechselbeziehung zwischen den Zeichen.« Der Schüler, Adson, sagt: »Aber indem ihr Euch falsche Ordnungen vorgestellt habt, habt Ihr schließlich etwas gefunden.« Die Antwort ist:

> Da hast du etwas sehr Schönes gesagt, Adson, ich danke dir. Die Ordnung, die unser Geist sich vorstellt, ist wie ein Netz oder eine Leiter, die er sich zusammenbastelt, um irgendwo hinaufzugelangen. Aber wenn er dann hinaufgelangt ist, muß er sie wegwerfen, denn es zeigt sich, daß sie zwar nützlich, aber unsinnig war« (625).

In seinem folgenden Roman, *Das Foucaultsche Pendel*, macht sich Eco den Spaß, eine allumfassende, zeitüberdauernde Geheimorganisation zu entwerfen, die alles plant und alles manipuliert; doch das entscheidende Dokument für ihr Vorhandensein kann ebenso wohl eine banale Wäscheliste sein ...

Eine Welt der Zufälle ohne Plan, ohne Voraussagbarkeit, ohne Wahrheit, in der es das beste ist, »aufs Geratewohl zu leben«, als »Sohn der Tyche«, wie Oedipus vorübergehend meint – das ist eben die Perspektive, die im *König Oedipus* des Sophokles sich auftut und die so emphatisch und so grausam

---

[56] Siehe M. Casalis, Semiotica 17 (1976) 35f.

widerlegt wird. »Apollon war dies, Apollon ihr Freunde, der schlimm, schlimm zum Ende führte dieses Leiden – mein, mein Leiden« (1330). Oedipus steht als vereinzelter, »mit Fingern gezeigt«, und doch bestätigt in der von Göttern vorausgewußten und darum bedeutungssicheren Welt. Dies steht in einem zeitgeschichtlichen Horizont, den wir skizzieren können. Jenes zentrale Chorlied greift in die Dimension des Kosmos aus: Hoch im Aither sind die göttlichen Gesetze gezeugt; der große Gott, der nicht altert, ist ein Weltgott; danach bemißt sich menschliche ›Reinheit‹. Anaxagoras hatte eben damals die These vom *Nous* vorgetragen, dem allumfassenden ›Erkennen‹, *Nous*, der die Welt in Bewegung gesetzt, differenziert und erkennbar gemacht und zu ihrer Ordnung geführt hat, der »alles weiß, was sein wird, ebenso wie das, was war und was ist«.[57] Gegen Anaxagoras ist, etliche Zeit nach der Aufführung des *König Oedipus*, Demokrit angetreten, der Philosoph der Atomtheorie, der die Welt aus zufälligen Interaktionen der planlos wirbelnden Atome herzuleiten unternahm und sich über den *Nous* des Anaxagoras ausdrücklich lustig machte.[58] Doch schon ein Zeitgenosse des Sophokles hatte die Frage nach der Wahrheit des Wissens grundsätzlich aufgeworfen und relativiert, Protagoras: Für ihn gilt alles, was ›ist‹, jeweils nur für einen betroffenen Menschen, der ›mißt‹, was ihn trifft: »Das Maß aller Dinge ist der Mensch.«[59] Dies hat Konsequenzen für alle angeblich sicheren Urteile, besonders die über gut und schlecht, schön und häßlich. Wir kennen solche Diskussionen von Herodot und von der Schrift *Zweierlei Argumente, Dissoi Logoi.* Wie groß sind die Unterschiede der Beurteilung zwischen den Völkern und Kulturen! »Wenn man alle Menschen aufforderte, das, was sie jeweils für verabscheuenswürdig halten, auf einen Platz zusammenzubringen, und sie dann wiederum aufforderte, aus dem ganzen Haufen das Schöne herauszuholen, was sie jeweils bewundern – da würde nichts übrigbleiben«, schreibt der sophistische Autor,[60] Herodot vergröbernd. Alles Abscheuliche ist für irgendeinen anderen ›schön‹. So Euripides, in seinem Drama *Aiolos*, wo es um den Geschwisterinzest geht: »Was ist schimpflich, wenn es nicht denen, die damit umgehen, so erscheint?«[61] Haben die Liebenden die Kraft und das Recht, eine Welt

---

57 H. Diels/W. Kranz, Die Fragmente der Vorsokratiker II, Berlin ⁶1952, 59 B 12; D. Sider, The Fragments of Anaxagoras, Meisenheim 1981, 92 f.

58 Diels/Kranz (s. Anm. 57) 68 A 1 = Diog. Laert. 9,34 f.

59 Diels/Kranz (s. Anm. 57) 80 B 1. Vgl. G. Vlastos, Plato. Protagoras, New York 1956, vii-xxiv.

60 Diels/Kranz (s. Anm.57) 90, § 2,18 - Hdt. 3,38.

61 Eur. Fr. 19 TrGF.

aufzubauen, in der das, was sie tun, ganz und gar in Ordnung ist? Inzest – ein Phänomen der Beurteilung? Darauf könnte sich der sophokleische Oedipus als Zeitgenosse seiner Aufklärung damals schon berufen; er könnte, noch einleuchtender, auch sagen: »Meine Mutter und ich, wir wußten nicht, was wir taten: Für uns also war dies kein Inzest.« Er sagt dies nicht. In seiner Welt, in der Welt des Sophokles, wo die Götter wissen, was geschieht und was es bedeutet, hat solches Diskutieren keinen Platz. *Nomoi* sind im voraus gesetzt, gewirkt im Universum, sie entscheiden über ›Reinheit‹, und sie veralten nicht. Niemand disputiert à la Protagoras angesichts des blutüberströmten, blinden Mannes. Eine Generation später hat Platon die Existenz von ›Ideen‹ postuliert, von absoluten Bedeutungen, ungeworden, unvergänglich, wißbar, ja durch präexistentes Wissen im menschlichen Geist verankert; sie gipfeln in den Ideen des Guten, des Wahren und des Schönen. ›Das Maß aller Dinge ist Gott‹, schreibt Platon, in ausdrücklicher Wendung gegen Protagoras.[62] Die Zufallstheorie vom Kosmos gilt als widerlegt durch den Fortschritt der Astronomie, die die ewigen Gesetze erkennen lehrt; dem Atheisten droht schließlich, in Platons Gesetzen, die Todesstrafe.

Dies der allgemeine Rahmen, in dem das zentrale Chorlied von Sophokles *Oidipous Tyrannos* seinen Platz hat, in dem die Bestätigung der Mantik so fundamental geworden ist. Dies ist ein Aspekt, in den Sophokles, und er allein, den Oedipus-Mythos gerückt hat. Sophokles hat dem traditionellen Mythos damit etwas ganz besonderes abgewonnen. Gewiß, auch diese Interpretation wird nur einen Aspekt erfassen; vielleicht führt sie irgendwohin, bevor man besser tut, sie wegzuwerfen. Immerhin wäre, im Gegensatz zu Freud, doch wohl festzuhalten, daß das Drama des Sophokles seinen Tiefgang nicht so sehr dem Unbewußten verdankt wie einem Problem des Bewußtseins, einem Postulat, das die Existenz des wissenden Menschen in der Welt begründet.

[62] Plat. Leg. 716c vgl. Resp. 504c; Tht. 161c; 178b.

BERNHARD ZIMMERMANN

Sein und Schein im *König Oidipus* des Sophokles

Eines der zentralen Themen der Tragödien des Sophokles, wenn nicht gar das zentralste Thema, ist das Problem der menschlichen Erkenntnisfähigkeit, die Frage danach, wie der Mensch die Welt sieht und versteht.[1] Die Thematik läßt sich bereits in der wohl frühesten der erhaltenen Tragödien, im *Aias*, nachweisen. Aias, einer der großen Helden des trojanischen Kriegs, hat, um sich für die ihm angetane Schmach an den griechischen Heerführern zu rächen, die nicht ihm, sondern Odysseus die Waffen des Achill zusprachen, ein Blutbad angerichtet – allerdings nicht, wie er es beabsichtigte, unter den Ersten des griechischen Heeres. Vielmehr hat er, von der Göttin Athena mit Wahn geschlagen, in der Meinung, er ermorde die verhaßten Heerführer, Schafe niedergemetzelt. Nachdem er aus seiner Verblendung erwacht ist, gibt es für ihn, der in den traditionellen Adelsnormen verhaftet ist, keine Möglichkeit mehr weiterzuleben. Weder die beschwörenden Worte seiner Frau Tekmessa noch der Appell an sein Verantwortungsgefühl den alten Eltern oder seinem Sohn Eurysakes gegenüber, auch nicht die Fürsorgepflicht für seine Untertanen, Seeleute von der Insel Salamis, seiner Heimat, können ihn von seinem Entschluß abbringen, aus dem Leben zu scheiden. Monomanisch kreist sein ganzes Denken nur noch um den einzigen Punkt, wie er durch den Selbstmord die Schmach tilgen könne, die er durch die Tat auf sich geladen hat. Da er sich unverstanden fühlt, hält er eine lange Rede, in der er den Einsichtigen mimt (Verse 646ff.) – eine Trugrede,[2] wie sich herausstellen wird, die er nur hält, um endlich in Ruhe sterben zu können. Kaum hat er die Bühne verlassen, berichtet sein Halbbruder Teukros von einem Orakel des Sehers Kalchas:

---

[1] Einführend zu Sophokles vgl. A. Lesky, Die tragische Dichtung der Hellenen, Göttingen ³1972, 169-274; R.P. Winnington-Ingram, Sophocles. An Interpretation, Cambridge 1980; J. de Romilly (Hg.), Sophocle, Entretiens sur l'antiquité classique, Vandoeuvres/Genève 1983; J. Latacz, Einführung in die griechische Tragödie, Göttingen 1993, 161-249; zur Erkenntnisproblematik vgl. vor allem. K. Reinhardt, Sophokles, Frankfurt ⁴1976; B. Zimmermann, Die griechische Tragödie. Eine Einführung, Düsseldorf ³2005, 92f..; M. Vegetti, Forme di sapere nell'Edipo Re, in: U. Curi/M. Treu (Hgg.), L'enigma di Edipo, Padova 1997, 57-69.

[2] Vgl. E. Fuchs, Pseudologia. Formen und Funktionen fiktionaler Trugrede in der griechischen Literatur der Antike, Heidelberg 1993, 75-80.

Nur diesen einen Tag dürfe Aias sein Zelt nicht verlassen, denn nur heute werde er von dem Zorn der Göttin Athena verfolgt (Verse 719ff.). Das Orakel kommt zu spät – dieses ›zu spät‹ ist das Schlüsselwort, das wir auch in den *Trachinierinnen* und der *Antigone* wiederfinden werden. Trotzdem ordnet Tekmessa, Aias' Frau, an, unverzüglich nach ihrem Mann zu suchen. Obwohl das Schicksal des Helden besiegelt ist und der Wortlaut des Orakels eindeutig eine Rettung ausschließt, sieht sie noch einen Hoffnungsschimmer. Sie versteht von dem Orakel, das den Tod des Aias als feststehenden Sachverhalt verkündet, wenn er denn an diesem Tag das Zelt verlassen sollte, nur das, was sie verstehen will – nämlich, daß er zu retten sei, ohne die Voraussetzung, die das Orakel deutlich verkündet, wahrzunehmen.

Wir haben in diesem frühen Stück demnach schon das Muster einer Erklärung der menschlichen Erkenntnisfähigkeit, das wir in den anderen Tragödien wieder antreffen werden: Gott gibt den Menschen in aller Deutlichkeit in Orakeln oder Sprüchen der Seher seinen Willen kund. In der Natur des Menschen, der in seinem Denken von dem ›Prinzip Hoffnung‹ getrieben wird, liegt es allerdings begründet, daß der Mensch nur partiell die Wahrheit zur Kenntnis nimmt, nur das hört und versteht, was er hören und verstehen will oder hören und verstehen kann, ohne daran zugrunde zu gehen. Folge von dieser – wenn man so will – anthropologischen Grundkonstante ist, daß der Mensch daran geht, den Willen der Götter, das ihm geweissagte Schicksal nach seinem Hoffnungsdenken zu interpretieren, jedoch nicht nur zu interpretieren, sondern zurechtzubiegen – in der Meinung und Hoffnung, er könne durch sein Handeln und Denken das unabwendbare Schicksal abwenden.

Die Handlung der *Trachinierinnen*, die wie der *Aias* in der für das Frühwerk des Sophokles typischen Diptychonform gehalten sind,[3] ist mehr als die des *Aias* durch das Wechselspiel von Trug und Wahrheit, Verhüllung und Enthüllung der Wahrheit, Sein und Schein bestimmt. Deianeiras Freude über die bang erwartete Rückkehr ihres Mannes entspringt ebenso wie ihr Mitleid mit der kriegsgefangenen Iole, der Geliebten des Herakles, deretwillen er die Stadt Oichalia zerstörte, einem echten Gefühl. Der Botenbericht von Herakles treuem Gefolgsmann Lichas über die Taten seines Herren, vor allem über seinen Rachefeldzug gegen die Stadt Oichalia, scheint wahr zu sein (Verse 248ff.). Doch der Bote, der kurz darauf erscheint

3 Zur Datierungsproblematik vgl. Zimmermann (s. Anm. 1) 65f.

(Vers 335), zwingt den Widerstrebenden, der mit allen Kräften bemüht ist, die Wahrheit nicht preiszugeben, Herakles Ehebruch mit Iole zuzugeben (Verse 391ff.). Nun dreht sich das Verhältnis von Trug und Wahrheit, nun spielt Deianeira die verständnisvolle Ehefrau und kommt paradoxerweise wie Aias in ihrer Trugrede, erst in der Verstellung zur richtigen, vernünftigen Einsicht in den Lauf der Welt. In der Hoffnung, die Liebe ihres Mannes zurückzugewinnen, nimmt sie das Blut des Kentauren Nessos, das er ihr vor Jahren, getroffen von den Pfeilen des Herakles, als Liebesmittel anvertraut hatte. Zu spät durchschaut Deianeira die über seinen Tod hinweg wirkende List des Kentauren, der sie, die liebende Frau, als Werkzeug seiner Rache an seinem Mörder mißbraucht, und erst jetzt, zu spät, durchschaut Herakles den Sinn von zwei an ihn vor Zeiten ergangenen Orakeln, die ihm ein Ende aller Leiden und den Tod durch einen Toten voraussagten.

Während im *Aias*, in den *Trachinierinnen* und noch weniger in der *Antigone*, in der Kreon derjenige ist, der in einem blinden Wahn gefangen ist und zu spät zur Erkenntnis seines Fehlverhaltens kommt (Verse 1270ff.), die Erkenntnisproblematik nicht ganz im Zentrum steht und nicht mit den Protagonisten verbunden ist, rückt sie Sophokles in seinem *König Oidipus* in den Mittelpunkt der Tragödie.[4] Exemplarisch führt er an der Person des Oidipus vor, wie ein Mensch, der klügste der Menschen wohlgemerkt, verfangen in seinem Hoffnungsdenken, nicht in der Lage ist, die Realität wahrzunehmen, wie sie ist und wie sie ihm die Orakel in deutlichen Worten verkündet haben, sondern sie nach seinem Gutdünken interpretiert und nach seinem Sinn zurechtbiegt.

Kurz einige Worte zu der Vorgeschichte, die die Tragödie des Sophokles voraussetzt: Der thebanische König Laios hat von dem Gott Apollon das warnende Orakel erhalten, keine Nachkommen zu zeugen, da er durch die Hand seines Sohnes sterben werde. Als er trotzdem gegen Apolls Warnung einen Sohn zeugt, läßt er ihn in der irrigen Meinung, seinem Schicksal entgehen zu können, mit durchbohrten Füßen im Gebirge aussetzen. Aus Mitleid vertraut jedoch der mit der Aussetzung beauftragte Hirte das Kind einem Korinther an, der es wiederum dem kinderlosen korinthischen Königspaar übergibt. Jahre später wird der junge Oidipus, der meint, Sohn der Königs von Korinth zu sein, von Freunden wegen seiner dubiosen

---

[4] Zum *König Oidipus* vgl. die in Anm. 1 genannten Arbeiten; außerdem B. Gentili/R. Pretagostini (Hgg.), Edipo. Il teatro greco e la cultura europea, Roma 1986; U. Curi/M. Treu (Hgg.), L'enigma di Edipo, Padova 1997.

Herkunft verspottet. Beunruhigt und gekränkt macht er sich unverzüglich nach Delphi auf, um das Orakel des Apoll zu befragen. Der Gott antwortet ihm, er werde seinen Vater umbringen und mit seiner eigenen Mutter Kinder zeugen. Bestürzt beschließt er darauf, nie mehr nach Korinth zurückzukehren, um die Taten, die ihm der Gott geweissagt hat, nicht begehen zu müssen. An einem Dreiweg trifft er auf den König Laios und einige Begleiter. Als der König ihn barsch anfährt, erschlägt ihn Oidipus in einem Zornesausbruch. Auf seiner Reise kommt er nach Theben, befreit dort durch seinen Scharfsinn die Stadt von dem Ungeheuer Sphinx und erhält zum Dank die Hand der Königin sowie die Herrschaft über Theben. Doch die Stadt wird, wiederum nach Jahren, von einer Seuche heimgesucht. Um der Stadt Rettung zu bringen, schickt Oidipus seinen Schwager Kreon nach Delphi, um ein Orakel einzuholen, wie die Stadt von der Seuche befreit werden könnte. In dieser Situation beginnt das Stück.
Die Tragödie des Sophokles zeichnet durchgängig den Weg des Oidipus zur Erkenntnis nach und ist gleichzeitig eine dramatische Analyse der menschlichen Erkenntnisfähigkeit überhaupt. Kreon bringt aus Delphi den Orakelspruch des Apollon mit, daß der Mörder des alten König Laios aus dem Land vertrieben werden müsse, da er eine unerträgliche Besudelung *(míasma)* [5] für Theben darstelle (Verse 95-98):[6]

> So sag ich denn, was von der Gottheit ich vernahm.
> Phoibos, der Herr, gebietet klar und deutlich uns,
> des Landes Schandfleck, der von dieser Erde sich
> nährt, zu vertreiben, nicht zu hegen ungesühnt.

Im folgenden betreibt Sophokles ein brillantes Spiel mit der tragischen Ironie, dem Wissensvorsprung der Zuschauer, die den Mythos kennen, und dem eingeschränkten, verblendeten Wissen des Protagonisten. Besonders deutlich wird dies zum Beispiel in den Versen 103-105: Kreon berichtet von Laios (»Uns war, mein Herr, vor Zeiten Laios Oberhaupt / des Landes, ehe du gebotest dieser Stadt.), und Oidipus antwortet darauf: »Vom Hören weiß ich dies; gesehen hab' ich ihn nie!«
Die Suche nach dem Mörder des Laios wird durch die bewußte Falschinformation des einzigen Überlebenden in eine andere Richtung gelenkt.

---

[5] Zu den mit diesem Begriff verbundenen religiösen Vorstellung vgl. R. Parker, Miasma. Pollution and purification in Early Greek Religion, Oxford 1983.

[6] Die Übersetzungen stammen von Wilhelm Willige (Sophokles. Dramen. Griechisch und deutsch, München [3]1995 [Sammlung Tusculum]).

Über die Identität dieses Augenzeugen fällt kein einziges Wort – erst später, am Höhepunkt des Dramas, wird sie enthüllt –, auch Oidipus denkt nicht daran, ihn zu befragen. Dieser Überlebende hatte, wie Kreon berichtet, über die Ermordung des Laios folgendes gemeldet (Verse 122f.):

> Er sagte: Räuber überfielen sie, ihn (den Laios) nicht
> mit einer Hand zu töten, nein, durch Übermacht.

In seiner Antwort wechselt Oidipus in den Singular und nähert sich damit, ohne es zu ahnen, zum ersten Mal der Wahrheit an (Verse 124f.):

> Wie konnte denn der Räuber, wenn er nicht mit Geld
> von hier (aus Theben) gedungen war, zu solcher Gewalttat sich versteigen?

Dieser zunächst nebenbei geäußerte Gedanke, ein einzelner Täter, der von einflußreichen Kreisen in Theben bestochen worden sei, von Kreon, von Teiresias zum Beispiel, setzt sich nun wie eine Wahnidee in Oidipus fest. So erhält auch seine Äußerung in den Versen 120f. eine ironische Färbung:

> Eines kann uns wohl zu vielem hinführen,
> wenn man ein kleinen Lichtschimmer der Hoffnung sehen kann.

Hoffnung, durch Hoffnungen blockiertes menschliches Denken, hindert letztendlich den Menschen daran, die offen zu Tage liegende Wahrheit zu erkennen.

Den Höhepunkt des Spiels mit der tragischen Ironie bilden die Schlußwort des Oidipus in den Versen 132-141, in denen er nichtsahnend sein eigenes Schicksal, seine Selbstblendung, voraussagt:

> So will ich denn dies Dunkel klären von Anfang an:
> Denn Phoibos (Apollon) hat ganz zu Recht, zu Recht auch du
> dem Toten (Laios) so viel Sorge zugewandt.
> Drum werdet ihr mich zu Recht – mit euch im Bund –
> dem Land und Gott zugleich Sühne schaffen sehen.
> Denn wahrlich für entfernte Anverwandte nicht,
> nein, von mir selbst aus tilg' ich diesen Greuel mit eigner Hand.
> Denn wer's auch war, der ihn erschlug, er wird vielleicht
> sich bald an mir vergreifen mit derselben Hand.
> Drum, wenn ich jenem diene, helfe ich mir selbst.

Das Umkreisen oder – besser gesagt – das systematische Einkreisen der Wahrheit wird im ersten Epeisodion mit tragischer Ironie weitergespielt. In der Proklamation (Verse 216ff.), in der Oidipus zur Suche nach dem Mörder des Laios aufruft, bleibt er beim Singular (Verse 230f.):

> Kennt jemand einen andren, und sei's aus fremden Land,
> als den Täter, so verschweige er mir's nicht.

Der Chorführer jedoch bringt eine neue Variante ins Spiel (Verse 292f.), die, ohne daß dies den Beteiligten klar wäre, wieder einen Schritt näher an die Wahrheit führt. Er schlägt vor, den Seher Teiresias zu befragen; nur von ihm könne man sichere Kunde erhalten. Alles andere seien doch nur vage Aussagen, wie es zum Mord an Laios gekommen sei. Doch Oidipus insistiert:

> Oidipus: Von welcher Art (sind diese Nachrichten)? Denn ich beachte jedes Wort!
> Chorführer: Es hieß, daß er durch irgendwelche Wandrer starb.

Es folgt eine im Verhältnis zur wohl einige Jahre früher entstandenen *Antigone* revolutionäre dramaturgische Neuerung.[7] In der *Antigone* war Kreon in seinem Scheinwissen, in seiner verhängnisvollen Verblendung befangen. Erst als es zu spät ist, wird er durch den Seher Teiresias auf die Wahrheit gestoßen. Im *König Oidipus* spricht Teiresias[8] bereits im ersten Epeisodion die schreckliche Wahrheit aus. Von Oidipus als Ratgeber gerufen, windet er sich zunächst, da er, der Seher, natürlich den Täter kennt. Erst als der König in seiner Wahnidee, daß der Mörder von thebanischen Aufrührern bestochen worden sei, auch den Seher der Komplizenschaft beschuldigt,[9] bricht Teiresias sein Schweigen (Verse 345-353):

> Oidipus: Gut, bin ich denn im Zorn, so unterdrück' ich nichts,
> was ich vermute. Wisse drum: mir scheint, du hast
> die Tat mit angestiftet, auch verübt, nur nicht
> mit Händen tötend; wär es dir vergönnt, zu sehn,

---

[7] Die *Antigone* dürfte, wenn man die antiken biographischen Notizen zu Sophokles ernst nehmen kann, um 442 v. Chr. entstanden sein, der *König Oidipus* ca. 10 Jahre später; zur Datierung des *König Oidipus* vgl. C.W. Müller, Zur Datierung des sophokleischen Ödipus, Abh. Ak. Wiss. u. Lit. Mainz, Geistes- u. Sozialwiss. Klasse, 1984, Nr. 5.

[8] Vgl. A. Moreau, Les prophéties de Tirésias: un divin trop humaine (Oed. Roi, 300-462), in: A. Machin/L. Pernée (Hgg.), Sophocle. Le texte, les personnages, Aix-en-Provence 1993, 219-232; außerdem G. Ugolini, Untersuchungen zur Figur des Sehers Teiresias, Tübingen 1995.

[9] Vgl. Zimmermann (s. Anm. 1) 74f.

so sag ich: diese Tat gehörte dir allein.
Teiresias: Wirklich? Ich fordre, daß du bei der Anordnung,
die du verkündest, bleibst und weder diese hier
noch mich anredest von dem heutigen Tage an,
da du des Landes frevelnder Beflecker bist!

Doch Oidipus ist noch nicht in der Lage, zur Erkenntnis der Wahrheit zu kommen, noch kann er nicht die Indizien und Fakten kombinieren, sondern beschuldigt den Seher aufs heftigste. Da schleudert ihm Teiresias die ganze Wahrheit ins Gesicht (vor allem Verse 447-462):

Vorm Weggehn sag' ich's noch, weshalb ich kam. Mich schreckt
dein Blick nicht; denn dir bleibt nicht Raum, zu töten mich.
Ich aber sage dir: der Mann, er, dem du lang
nachspürst, bedrohlich laut verkündigend den Mord
an Laios, der Mann ist hier, nach dem Gerücht
ein Fremder, zugewandert, zeigt sich aber bald
als eingeborener Thebaner, ohne sich
zu freun an dem Geschick; aus dem Sehenden wird dann
ein Blinder, bettelarm der Reiche; mit dem Stab
vortastend wandert er dahin in fremdes Land.
Dann zeigt es sich: mit den eignen Kindern lebt er als
ihr Bruder und auch Vater, ist der Frau, von der
er stammt, Sohn und Gemahl, Mitgatte und zugleich
Mörder des Vaters! Und nun geh hinein ins Haus
und denke nach! Und findest du, ich irrte, soll man
sagen, ich verstehe nichts von Weissagung!

Der Chor ist durch die Prophetie des Teiresias bestürzt. Er schwankt zwischen seiner Bewunderung vor Oidipus und seiner Ehrfurcht vor dem Seher (Verse 484-487):

Schreckliches, ja, Schreckliches wühlt
er auf, der Seher,
Dinge, die ich kaum glauben kann und doch glauben muß.
Was ich sagen soll, weiß ich nicht.
In Hoffnungen schwebe ich,
weder die Gegenwart noch die Zukunft durchschauend.

Im folgenden Zusammentreffen mit seinem Schwager Kreon gleitet Oidipus immer mehr in seine Wahnvorstellung, in sein Scheinwissen, das für ihn immer mehr zur Realität zu werden droht, ab (Verse 532ff.). Nicht die Verbannung, sogar den Tod droht er Kreon an, der für ihn hinter all den Machenschaften steckt (Vers 623). Am Höhepunkt der Auseinandersetzung tritt Iokaste aus dem Palast, um den Streit zwischen Mann und Bruder zu schlichten (Vers 634). Sie erreicht zunächst, daß Oidipus Kreon doch nur verbannt, bevor sie die Ursache des ganzen Streites erfährt. Oidipus wiederholt noch einmal seine Konstruktion des gegen ihn geschmiedeten Komplotts. Erleichtert antwortet Iokaste, dies sei ein erneuter Beweis für die Unzuverlässigkeit von Orakeln. Denn vor Jahren habe der Gott Apollon auch Laios geweissagt, er werde durch die Hand seines Sohnes umkommen. Aber den Sohn habe man doch drei Tage nach seiner Geburt mit durchbohrten Fersen im Gebirge ausgesetzt, und Laios sei von fremden, unbekannten Räubern an einem Dreiweg erschlagen worden (Verse 715f.):

> Und ihn (den Laios) erschlagen später fremde Räuber an
> einem Dreiweg, wie man sagt.

Diese, nur nebenbei gemachte Bemerkung ›an einem Dreiweg‹ stürzt Oidipus in höchste Beunruhigung. Wie Herakles in den *Trachinierinnen* durch ein einziges Wort, durch die Erwähnung des Kentauren ›Nessos‹ (Vers 1141) auf die Wahrheit gestoßen wurde, so zerreißt auch im *König Oidipus* das Stichwort ›Dreiweg‹ den Vorhang des Scheins, der das Denken des Oidipus verhüllte. In der Manier eines Untersuchungsrichters insistiert Oidipus auf dem Faktum ›Dreiweg‹ (Verse 726ff.) und kommt dabei immer näher an die Wahrheit. Als er hört, daß Laios von fünf Männern begleitet gewesen sei (Verse 752f.), bricht es aus ihm heraus (Vers 754): »Weh mir, nun ist all dies mir klar!«

Der überlebende Augenzeuge, der sich aufs Land zurückgezogen hat, soll die endgültige Aufklärung bringen. Der beunruhigten Iokaste legt Oidipus die Gründe für seine Sorge dar. Er erzählt ihr die korinthische Vorgeschichte und das an ihn ergangene delphische Orakel. Bleibe der Augenzeuge bei seiner früheren Aussage, daß Laios von einer Räuberschar umgebracht worden sei, sei er selbst gerettet (Verse 842ff.). Iokaste betont, selbst wenn der Hirte dies nicht bestätigen sollte, könne man ganz und gar beruhigt sein, da doch das Orakel vorausgesagt habe, daß Laios durch die Hand seines Sohnes hätte umgebracht werden müssen. Und der sei schon lange vor seinem Vater ums Leben gekommen.

Der Dialog zwischen Iokaste und Oidipus treibt das Thema der Erkenntnisfähigkeit des Menschen auf die Spitze. Oidipus entschwinden nach und nach sämtliche festen Stützen. Aufgrund der Beschreibung des Laios, die Iokaste ihm gibt, und wegen der Zahl der Begleiter des alten Königs hat Oidipus sich bereits in Vers 754 als Schuldigen erkannt, doch nur für einen Augenblick. Nun klammert er sich an die letzte Hoffnung, an die bevorstehende Aussage des Überlebenden und an den Plural ›Räuber‹. Iokaste ihrerseits führt eine wahre Argumentationsakrobatik vor, um die schreckliche Wahrheit nicht akzeptieren zu müssen. Zunächst versucht sie durch den Hinweis auf die hinlänglich bewiesene Unzuverlässigkeit der Orakel, die Prophetie des Teiresias zu entkräften und Oidipus zu beruhigen: Alle Fakten würden gegen die Orakel sprechen. Am Ende des Dialogs jedoch verwendet sie die Orakel plötzlich als positives Argument, um die Aussagekraft der Fakten zu widerlegen.

Die folgende kurze Szene (Verse 911ff.) stellt eine Retardierung vor der Katastrophe dar. Ein Bote aus Korinth meldet den Tod des Königs Polybos. Oidipus wendet skeptisch ein, noch immer könne der zweite Teil des Orakels, die angedrohte Ehe mit der Mutter, in Erfüllung gehen. Doch diesen Einwand zerstreut der Bote mit dem Hinweis darauf, daß Oidipus gar nicht der Sohn des korinthischen Königspaares sei, sondern ein Findelkind. Der Hirte, der damals Oidipus dem korinthischen Hirten übergeben habe und der zugleich der überlebende Augenzeuge ist, wie sich jetzt erst herausstellt, könne dies bestätigen. Iokaste hat die Wahrheit erkannt, sie kann jedoch Oidipus nicht von der Suche nach seiner Herkunft, die sein Denken befallen hat, abhalten (Verse 1076f.). Schweigend geht sie ab, um sich selbst umzubringen (Vers 1075).[10]

Der Höhepunkt der Tragödie ist auf eine kurze Szene komprimiert (Verse 1110-1185). Oidipus beginnt das Verhör des Hirten und Augenzeugen mit einer Gegenüberstellung mit dem korinthischen Boten. Denselben Szenentyp setzt Sophokles schon im Zusammentreffen von Lichas und dem Boten in den *Trachinierinnen* ein. Der thebanische Augenzeuge – im vollen Wissen von der schrecklichen Wahrheit – ist darauf bedacht, sie zu verschleiern, der Korinther, nichts ahnend, will sie mit aller Gewalt aufdecken, was ihm schließlich auch gelingt (Vers 1182). Oidipus bricht mit Worten, die ein Echo auf die erste blitzartige Erkenntnis seiner Schuld in Vers 754 darstellen, in eine verzweifelte Klage aus (Verse 1182ff.). Die Suche nach dem Mörder und die Suche nach seiner eigenen Herkunft laufen in einer einzigen schrecklichen Wahrheit zusammen.

> O weh, o weh! So wär' es alles klar heraus.
> O Licht! Zum letzten Mal will jetzt dich schaun,
> der ich entsproß, wem ich nicht durfte, lebte mit
> wem ich nicht durfte, und wen ich nicht sollt', erschlug.

[10] Auch darin ist wieder die *Antigone* vergleichbar, in der Kreons Frau schweigend abgeht, um Selbstmord zu begehen (Vers 1243).

Das zentrale Thema des *König Oidipus* ist, wie der Durchgang durch die Tragödie klar gemacht haben dürfte, das Problem der menschlichen Erkenntnisfähigkeit. Ich verweise nur am Rande darauf, daß in der zweiten Hälfte des 5. Jahrhunderts v. Chr. die Frage, wie und was der Mensch erkennt und wie er das Erkannte den anderen Menschen mitteilen kann, die philosophische Diskussion bestimmte. Man denke nur an den Rhetoriklehrer und Sophisten Gorgias[11], der in seiner Schrift *Über das Nichtseiende* diese Problematik in spielerischer Weise, so meine ich jedenfalls, auf die Spitze treibt:[12] Zunächst einmal, so beginnt er sein Hypothesengebäude, gibt es nichts; zweitens könnten wir, selbst wenn es etwas gäbe, dies anderen nicht mitteilen; und drittens könnten die anderen, selbst wenn wir ihnen etwas mitteilen könnten, dies nicht verstehen. Die kurze, in verschiedenen Versionen indirekt überlieferte Schrift steckt voller philosophischer und philologischer Probleme, auf die in diesem Zusammenhang nicht eingegangen werden kann. Wichtig für unsere Fragestellung ist, daß die philosophische Akrobatik, die Gorgias wohl mit Blick auf die Schule der eleatischen Philosophen unternimmt, zum Ziel hat, den Zusammenhang von menschlicher Erkenntnisfähigkeit und zwischenmenschlicher Kommunikation zu diskutieren. Sophokles' Zeitgenosse Euripides, der in weit höherem Maße durch die rhetorische und philosophische Diskussion der Sophisten geprägt ist, bringt die Erkenntnis- und Kommunikationsproblematik vor allem in seinem Spätwerk, in den letzten zwei Jahrzehnten des 5. Jahrhunderts, auf die Bühne. In den Tragödien, die man als *Anagnorisis*-Stücke bezeichnen könnte,[13] als Stücke also, die durch die Wiedererkennung von Personen nach Jahren der Trennung mithilfe von unveränderlichen Merkmalen und Zeichen *(Gnorísmata)* in ihrer Struktur bestimmt sind – man denke nur an Orest und Elektra oder an Iphigenie und Orest –, lotet Euripides die Grenzen und Möglichkeiten menschlicher Erkenntnis aus. Die wohl interessanteste, sicherlich die verwirrendste Spielart wagt Euripides in der *Helena*. Er folgt in diesem Stück einer auf den Chorlyriker Stesichoros zurückgehenden Variante des Mythos, nach der Helena nicht tatsächlich von Paris nach Troja entführt, sondern von ihrem Vater Zeus nach Ägypten entrückt worden sei, der trojanische Krieg also um ein bloßes Schattengebilde, ein *Eídolon*, ein Phantom, geführt worden ist. Nach dem

---

[11] Vgl. W.K.C. Guthrie, The Sophists, Cambridge 1971, 262-274.

[12] Vgl. dazu H.-J. Newiger, Untersuchungen zu Gorgias Schrift *Über das Nichtseiende*, Berlin/New York 1973.

[13] Vgl. Zimmermann (s. Anm. 1) 125ff.

zehnjährigen Krieg verschlägt es Menelaos auf der Rückfahrt nach Ägypten, das Helena-Phantom an Bord. Als er in Ägypten auf die echte Helena trifft, schenkt er dieser keinen Glauben, sondern ist der festen Meinung, von einem bösen Spuk genarrt zu werden. Er kann nicht zwischen Realität und Trug unterscheiden; die Wiedererkennung scheint zu scheitern. Erst als ein Matrose – gerade noch rechtzeitig – ihm meldet, daß sich die Helena auf dem Schiff in Luft aufgelöst habe, akzeptiert Menelaos die ägyptische Helena als die echte.

Kehren wir nach diesem kurzen Blick auf andere literarische Bearbeitungen des Problems der menschlichen Erkenntnis zu Sophokles' Zeiten zum *König Oidipus* zurück: Sophokles fächert die Erkenntnisproblematik in zwei Bereiche auf: in den Gegensatz zwischen dem absoluten göttlichen Wissen, das durch die Orakel und durch die Prophetie des Teiresias repräsentiert wird,[14] auf der einen Seite und den Gegensatz zwischen der Evidenz der Fakten und dem Hoffnungsdenken, der Flucht in den Schein, auf der anderen Seite. Die Handlung der Tragödie macht klar, daß Hoffnung für das menschliche Denken verhängnisvoll ist. Die Suche des Oidipus nach dem Mörder des Laios ist von Anfang an unter dieses Stichwort gestellt. Noch deutlicher wird dies dadurch, daß der Chor in seinem Einzugslied die Hoffnung in den Rang einer Gottheit erhebt, sie auf eine Stufe mit Zeus und den anderen olympischen Göttern stellt (Vers 158). Hoffnung war es, die Laios verleitete, seinen neugeborenen Sohn im Gebirge auszusetzen, um dem sicheren Tod durch die Hand des Sohnes zu entgehen. Hoffnung war es, die Oidipus zu dem Glauben brachte, er könne dem ihm geweissagten Schicksal entgehen. Das dritte, an Kreon ergangene Orakel wirkt gleichsam als Katalysator, da es die verhängnisvolle Suche nach dem Mörder des Laios und damit nach der Herkunft des Oidipus in Gang setzt. Wie diese beiden Handlungsabläufe sich schließlich zu einem einzigen verknoten, so enthalten auch die drei Orakel eine einzige schreckliche Wahrheit: Je weiter Oidipus auf Geheiß des dritten Orakels auf der Suche nach dem Mörder voranschreitet, desto tiefer dringt er in die Vergangenheit ein, und desto näher kommt er der Wahrheit der beiden ersten Orakel. Und je mehr

---

[14] Zur Funktion der Orakel im *König Oidipus* vgl. W. Burkert, Oedipus, Oracles, and Meaning. From Sophocles to Umberto Eco, The Samuel James Stubbs Lecture Series, University Collge, The University of Toronto 1991; außerdem G. Paduano, Edipo Re: gli oracoli e logica del tempo, in: B. Gentili/R. Pretagostini (s. Anm. 5) 99-111; G. Serra, Edipo, gli oracoli e Tiresia, in: Curi/Treu (s. Anm. 1) 107-119.

er sich der vermeintlichen Rettung und dem, was er für die Wahrheit hält, annähert, desto näher steht er am Abgrund der Selbsterkenntnis.
Die Problematik der menschlichen Erkenntnis führt auch auf die Besonderheit der Theologie des Sophokles hin. Auf die Frage des Chores in den Versen 1327f., wie Oidipus es über sich bringen konnte, sich selbst zu blenden, antwortet er (Verse 1329ff.):[15]

> Apollon, Freunde, Apollon war es,
> der dies Schlimme, dies Schlimme vollbracht hat, diese meine Leiden.
> Geschlagen aber hat sie kein anderer, sondern ich selbst, ich Unglücklicher.
> Denn weshalb sollte ich sehen,
> für den es sehend ja nichts Süßes zu sehen gab?

Die pathetische Anklage des Gottes zielt nicht darauf ab, Apollon die ganze Schuld an dem Vergehen des Oidipus zuzuweisen;[16] vielmehr verweist sie darauf, daß der Gott durch sein Orakel den Erkenntnisdrang, das Streben des Oidipus, sich selbst zu erkennen, erst auslöste. Die Verantwortung für die Taten jedoch liegen allein beim Menschen. In diesem Punkt läßt sich auch ganz klar die Sophokleische Konzeption des Verhältnisses von Gott und Mensch von der des Aischylos unterscheiden. Bei Aischylos, wie dies vor allem der Zeus-Hymnos des *Agamemnon* zeigt (Verse 176-183),[17] existiert eine Theodizee.[18] Der Mensch leidet, er leidet wie bei Sophokles, aber er kann durch das Leid nach der Maxime *páthei máthos* (durch Leiden lernen) zur Einsicht, zur Selbsterkenntnis kommen, so daß sich das Leid, das die Götter über die Menschen schicken, letztlich als Gnade erweist.[19]

---

[15] Vgl. auch die Klage Kreons in der *Antigone* (Verse 1271ff.): »O Leid! / Im Jammer mußt' ich's lernen. Ja, es hat aufs Haupt / dort mich ein Gott, ja mich dort mit gewaltiger Wucht / geschlagen und auf irre Wege mich gedrängt«.

[16] Die Frage nach der Schuld des Oidipus bewegt momentan die philologische Diskussion, vgl. E. Lefèvre, Die Unfähigkeit, sich zu erkennen. Unzeitgemäße Bemerkungen zu Sophokles Oidipus Tyrannos, Würzburger Jahrbücher 13 (1987) 37ff.; vgl. auch J. Schmidt, Sophokles, König Ödipus. Das Scheitern des Aufklärers an der alten Religion, in: ders., Aufklärung und Gegenaufklärung in der europäischen Literatur, Philosophie und Politik von der Antike bis zur Gegenwart, Darmstadt 1989, 33ff.

[17] Vgl. dazu Zimmermann (s. Anm. 1) 46f.

[18] Zur Aischyleischen Theologie vgl. K. Reinhardt, Aischylos als Regisseur und Theologe, Bern 1949.

[19] Übersetzung nach Oskar Werner (Aischylos. Tragödien, Düsseldorf ^{5}1996 [Sammlung Tusculum]).

> Zeus, der die Menschen dazu bringt, vernünftig zu denken,
> er, der der Maxime »Durch Leid Erkenntnis« völlige Geltung verliehen hat.
> [...]
> Selbst zu sich Sträubenden kommt Besonnenheit.
> Es gibt wohl eine Gunst der Götter, die mit Gewalt das erhabne Weltenschiff steuern.

Eckpfeiler der Aischyleischen Theologie sind das Leid *(páthos)*, das die Menschen zur Einsicht *(sophrosyne, máthos)* bringt, und die Gnade der Götter, die hinter all dem steht und bisweilen sogar gewaltsam erscheinen mag. Zu dieser Gnade, zu der Aussöhnung von Gott und Mensch und zur Erlösung des Menschen, läßt es Sophokles erst viel später kommen, in seinem postum aufgeführten *Oidipus auf Kolonos*, in dem er die Frage, die der *König Oidipus* offen ließ, nämlich das Verhältnis von Gott und Mensch, einer versöhnlichen Klärung entgegenführt. Zwar ist auch in diesem Stück von Anfang an das Göttliche durch ein Orakel des Apollon präsent. Doch im Gegensatz zum *König Oidipus* enthält dieses Orakel kein drohendes, unumgängliches Unheil, sondern eine Verheißung, die Aussicht einer göttlichen Gnade. Oidipus hat von Apollon das Orakel erhalten, er werde in Athen, im heiligen Bezirk der Eumeniden im attischen Demos Kolonos, dem Geburtsort des Sophokles, endlich Ruhe finden. Mit diesem Ort, dem Hain der Eumeniden, verweist Sophokles gleich zu Beginn seiner Tragödie (Verse 84ff.) auf die aischyleischen *Eumeniden*, das die *Orestie* abschließende Stück, und damit auf die aischyleische Theologie und Theodizee, vor allem auf das diese Theologie seines großen Vorgängers prägende Element der göttlichen Gunst *(cháris)*, die dem Menschen nach viel Leid zuteil werden kann. Ich kann in diesem Zusammenhang die Handlung des langen Stücks nicht nachzeichnen, sondern will nur auf das Ende eingehen. Nachdem äußere Gefahren, die das Oidipus vorausgesagte Ende nicht vereiteln, sondern nur verzögern können, durch Theseus, den König von Athen, und die Bürger von Kolonos erfolgreich abgewehrt sind, verkündet ein Donnerschlag das nahe Ende des Oidipus (Verse 1547ff.). Nun, da sein sehnlichst herbeigesehnter Tod naht, bedarf der blinde Greis keiner fremden Hilfe mehr. Sicher führt er den athenischen König Theseus in den Hain, an den Ort seines Todes (Verse 1588ff.). Und dort habe ihn, so berichtet ein Bote dem wartenden Chor, die Gottheit zu sich heimgeholt, ihn zu sich gerufen (Verse 1627f.):

> O du, o du, du Oidipus, was zögern wir
> zu gehn? Du hast nun allzu lange schon gesäumt!

Wie Oidipus gestorben ist, bleibt ein Mysterium (Verse 1661ff.):

> Ein Götterbote vielleicht war's, vielleicht auch
> tat wohlwollend sich das dunkle Tor der Untern auf.
> Denn ohne Seufzer, auch von Krankheit nicht geplagt,
> ward dieser Mann hinweggenommen, wunderbar
> wie sonst kein Mensch. Wem meine Rede töricht scheint:
> ich hindre keinen, der mich einen Narren nennt.

So bietet das Ende des *Oidipus auf Kolonos* die Lösung der Problematik, die der *König Oidipus* ungefähr 30 Jahre früher offen ließ.[20] Endete das frühere Oidipus-Drama mit der Selbstblendung, mit der Anklage der Götter durch Oidipus, mit der Erkenntnis, daß die Götter den Menschen undurchschaubar bleiben, führt der *Oidipus auf Kolonos* in dem brüderlichen ›wir‹, mit dem die Gottheit den Greis zu sich ruft, die Aufhebung des Gegensatzes Gott – Mensch vor. Es gibt auch eine gütige Gottheit, die sich des Menschen in seinem Leid erbarmt und den Tod nicht als hartes Schicksal, sondern als Erlösung, als Gnade zuteil werden läßt. Nun ist Oidipus in der Lage, und zwar nur er, der Gottheit entgegenzugehen, Theseus, der allein bei Oidipus bleiben darf, kann die Anwesenheit des Gottes nicht ertragen; er verhüllt sein Antlitz, als sei ihm ›ein Bild des Schreckens, unerträglich anzusehn, erschienen‹ berichtet der Bote (Verse 1651f.) – Verse, zu denen man den Beginn von Rilkes erster Duineser Elegie gleichsam als Kommentar lesen könnte:

> Denn das Schöne ist nichts
> als des Schrecklichen Anfang, den wir noch grade ertragen,
> und wir bewundern es so, weil es gelassen verschmäht,
> uns zu zerstören. Ein jeder Engel ist schrecklich.

Zwar haben auch andere Tragödien des Sophokles, insbesondere *Antigone* und *Elektra*, in der Folgezeit bis in die jüngste Gegenwart hinein zu immer neuen poetischen Auseinandersetzungen herausgefordert; kein anderes Stück jedoch wurde in dem Maße sowohl von der Literaturtheorie und philosophischen Diskussion, ja, auch von anderen Disziplinen wie der Psychologie als auch von den Dramatikern und Literaten zur Kenntnis

---

[20] Überspitzt könnte man sagen, daß Sophokles nicht nur thematisch, sondern auch formal zur Tragödienkonzeption des Aischylos zurückkehrt, der die Lösung des tragischen Konflikts im Endstück der Trilogie herbeizuführen pflegte, während man die frühen Stück des Sophokles beinahe als Dramen mit einem offenen Ende bezeichnen könnte (vor allem die *Elektra*).

genommen wie der *König Oidipus*. Bereits für Aristoteles ist in der *Poetik* der *König Oidipus* in vielerlei Hinsicht der Musterfall einer Tragödie, vor allem unter dem Gesichtspunkt der Handlungsführung, des Umschlags des Geschehens von Glück zum Unglück *(Peripetie)*, von Verblendung zur Selbsterkenntnis. Immer wieder, insbesondere in der deutschen Klassik, bei Schelling und Schiller,[21] bis hin zur modernen Literaturtheorie – zu nennen sind hier vor allem Emil Staiger[22] und Peter Szondi[23] –, dient der *König Oidipus* des Sophokles als ideale Tragödie, als Modellfall einer einzigartigen tragischen Analyse, die durch eine dialektische Spannung, durch die Einheit von Gegensätzen und vor allem durch den ›Umschlag des Einen in sein Gegenteil‹[24] gekennzeichnet ist.[25]
Auf der anderen Seite regten die Tragödien des Sophokles die nachfolgenden Tragikergenerationen zu immer neuen Auseinandersetzungen, zu immer neuen Deutungen an.[26] Wie die griechischen Dramatiker des 5. Jahrhunderts gegeneinander im Agon anzutreten hatten, trat man nun in einen Agon mit den klassischen Werken des attischen Tragikers ein, wobei Akzentverschiebungen, die in der Ausgestaltung des traditionellen Stoffes vorgenommen wurden, immer neue Dimensionen des Sophokleischen Werks eröffnen.
So spielt das Problem der menschlichen Erkenntnisfähigkeit, das die Handlung und Struktur von Sophokles Tragödie prägt, im *Oedipus* des Seneca überhaupt keine Rolle.[27] Der römische Dichterphilosoph nimmt gegenüber dem sophokleischen Stück eine kleine, für die Dramaturgie jedoch entscheidende Akzentverschiebung vor. Bereits im Prolog, in den Versen 32-

---

21 Vgl. B. Zimmermann, Theorie und Praxis des Tragischen bei Friedrich Schiller, Lexis 15 (1997) 9ff.

22 Grundbegriffe der Poetik, München 1971, 132.

23 Versuch über das Tragische, in: Schriften I, Frankfurt 1978, 151ff.

24 Szondi (s. Anm. 20) 159 Anm. 8.

25 Zum aktuellen Diskussionsstand vgl. M. Silk (Hg.), Tragedy and the tragic. Greek Theatre and beyond, Oxford 1996; H. Flashar (Hg.), Tragödie. Idee und Transformation, Stuttgart/Weimar 1997; allgemein H.-D. Gelfert, Die Tragödie. Theorie und Geschichte, Göttingen 1995; zur Tragödientheorie vgl. B. Zimmermann (Hg.), Antike Dramentheorien und ihre Rezeption, Stuttgart 1992.

26 Vgl. K. Heinemann, Die tragischen Gestalten der Griechen in der Weltliteratur, Bd. 2, Leipzig 1920 (1968), 29ff. Th. Halter, König Oedipus. Von Sophokles zu Cocteau, Stuttgart 1998.

27 Vgl. E. Lefèvre, Die politische Bedeutung der römischen Tragödie und Senecas ›Oedipus‹, in: Aufstieg und Niederganng der römischen Welt, II 32, 2, Berlin/New York 1985, 1242ff.

36, spricht es Oedipus mit Bestimmtheit aus, daß er selbst die Schuld an der Seuche trage, die in Theben wütet. Die Tatsache, daß er inmitten all des Leids und Todes allein unversehrt dastehe, mache ihn zum Angeklagten Apolls, da er trotz aller Gegenmaßnahmen, um seinem ihm vorhergesagten Schicksal zu entgehen, gescheitert sei und den Himmel befleckt habe. Thema der Tragödie des Seneca ist demnach nicht, wie ein Mensch, allein an der Hoffnung sich orientierend, sich immer mehr einer grausamen Wahrheit annähert, die er nicht wahrhaben will, ja, gar nicht wahrhaben kann, wenn er überleben will; vielmehr wird im Stück des Seneca vorgeführt, wie ein Tyrann, der von der ihm zugefallen Macht nicht lassen will, sich angesichts der Wahrheit und angesichts eines ungeheueren Verbrechens verhält, das er auf sich geladen hat und unter dem nicht nur er selbst und seine Familie, sondern die ganze Gemeinschaft zu leiden hat. Im Spiegel des griechischen Oidipus-Mythos – eines Mythos, der in Rom vor Seneca nur einmal, nämlich von dem jungen C. Julius Caesar, nachgedichtet worden war – zeichnet Seneca ein bitteres Bild entarteter Machtausübung, von Inzest und Vatermord, hinter dem sich unschwer Nero erkennen läßt.

Die Wertschätzung, die Aristoteles dem *König Oidipus* entgegenbrachte, machte diese Tragödie des Sophokles zu dem wohl bekanntesten griechischen Drama in der Zeit der italienischen Renaissance. Am 3. März 1585 wurde der *König Oidipus (Edipo Re)* in der Übersetzung von Orsatto Giustiniani und mit der Musik von Andrea Gabrieli in dem eigens für die Aufführung von Palladio erbauten Teatro Olimpico in Vicenza auf die Bühne gebracht.[28]

Das Motiv des Richters, der über sich selbst zu Gericht sitzt, sowie die Schein-Sein-Problematik stehen in Kleists *Der zerbrochene Krug* (Uraufführung 1808) im Mittelpunkt.[29] In der »Vorrede« bezieht sich Kleist ausdrücklich auf den Sophokleischen *König Oidipus*, ebenso verweist der Klumpfuß des Dorfrichters Adam auf Sophokles. Kleists Lustspiel stellt gleichsam eine Umkehrung des *König Oidipus* dar: Versuchte bei Sophokles Oidipus, ohne zu wissen, daß er der Gesuchte ist, mit allen Mitteln die Wahrheit herauszufinden, während Iokaste, die die Zusammenhänge ahnt, ihn davon abhalten will, verschleiert der Dorfrichter bei Kleist die Wahr-

---

[28] Vgl. H. Flashar, Inszenierung der Antike. Das griechische Drama auf der Bühne der Neuzeit, München 1991, 27ff.; G. Nogara, Cronache degli spettacoli nel teatro Olimpico di Vicenza dal 1585 al 1970, Vicenza 1972, 3ff.

[29] Vgl. zuletzt D.E. Wellbery, Der zerbrochene Krug, in: W. Hinderer (Hg.), Interpretationen: Kleists Dramen, Stuttgart 1997, 11ff.

heit, da er sich seiner Schuld bewußt ist, während Gerichtsrat Walter sie mit aller Gewalt aufdecken will. Der von Kleist bewußt angelegte Sophokleische Hintergrund des Zerbrochenen Krugs und das Verhalten des Protagonisten schaffen somit durchweg eine ironische Spannung, die durch die Reibung zwischen literarischer Vorlage und Kleists Deutung zustande kommt.

Die das Normalmaß überschreitende Größe der Sophokleischen Protagonisten, die damit verbundenen Probleme für ihre Mitmenschen und die psychologische Vielschichtigkeit der weiblichen Charaktere Elektra und Antigone regten vor allem im 20. Jahrhundert zur produktiven Auseinandersetzung mit den Tragödien des Sophokles an, die entscheidend durch Freuds *Traumdeutung* (1900) und der darin aus der Sophokleischen Tragödie entwickelten Theorie des ›Ödipus-Komplexes‹ geprägt ist. Hofmannsthal (*Elektra*, 1903, Oper 1909)[30] und O'Neill (*Mourning becomes Electra [Trauer muß Elektra tragen]* 1931) schöpfen die psychologischen Dimensionen der Elektra-Gestalt aus, die schon bei Sophokles angelegt sind. Hofmannsthal bringt eine Elektra auf die Bühne, deren einziger Lebenssinn der abgrundtiefe Haß auf die Mutter und deren Liebhaber Ägisth darstellt und die nach dem Vollzug der Rache zusammenbricht, da sie ihren einzigen Lebensinhalt verloren hat. O'Neill betont dagegen die starke Bindung Elektras an den ermordeten Vater Agamemnon. In Analogie zu Freuds Theorie des Ödipus-Komplexes könnte man geradezu von einem Elektra-Komplex sprechen. Die Unausweichbarkeit des Schicksals und die Undurchschaubarkeit der Götter sind das Leitmotiv von Jean Cocteaus Auseinandersetzung mit dem Oidipus-Stoff in *La machine infernale* (*Die Höllenmaschine*, 1932, Uraufführung 1934). Mit unerbitterlicher Präzision läuft die Maschinerie des Schicksals ab, aus der es kein Entrinnen geben kann, sondern durch die die Menschen gequält werden, ohne daß eine moderierende Kraft, eine strafende Gottheit, hinter dem Geschehen sichtbar würde. Marxistische Theorie und Freuds Psychologie bilden den ständig präsenten Hintergrund von Pasolinis Film *Edipo Re* (1967).[31] Gegenwart – Bologna in den 30er Jahren – und archaische Vergangenheit fließen ineinander über, das Geschehen scheint fern und zugleich doch nah und immer wiederholbar. Der antike Mythos dient als Deutungsmuster für die Gegenwart.

---

30 Vgl. H.-J. Newiger, Hofmannsthals *Elektra* und die griechische Tragödie, in: ders., Drama und Theater. Ausgewählte Schriften zum griechischen Drama, Stuttgart 1996, 137ff.

31 Vgl. M. Fusillo, La Grecia secondo Pasolini. Mito e cinema, Firenze 1996.

JOACHIM PFEIFFER

Arbeit am Mythos
Ödipus in der deutschsprachigen Literatur

1. Mythos und Mythosrezeption

In der Süddeutschen Zeitung erscheint seit längerem im Feuilletonteil eine Textspalte mit der Überschrift »Verblaßte Mythen«. Es geht darin um das schnelle Veralten von Mythen, die unsere Zeit geschaffen hat: um Mythen und mythische Gestalten der Popkultur, der Werbung, der Mode oder kurzlebiger intellektueller Strömungen. Diese »verblaßten« Mythen ähneln zum Teil den »Mythen des Alltags«, die Roland Barthes in seiner gleichnamigen Abhandlung beschrieben hat und deren Hauptkennzeichen in der Ideologisierung des Mythischen besteht.[1]

So schnell diese »jungen« Mythen entstehen und wieder verblassen, so beharrlich scheinen die »alten« Mythen zu sein, besonders die der griechischen und römischen Antike: auch nach über 2000 Jahren haben sie noch nichts von ihrer Wirkungskraft eingebüßt. Wiederholt wurde darauf hingewiesen, daß sich in den letzten Jahren eine regelrechte Renaissance des Mythos (jedenfalls in der Literatur) feststellen läßt: Botho Strauß inszeniert in seinem umstrittenen Stück *Ithaca* die Rückkehr des Odysseus, Christa Wolf macht mit *Kassandra* und *Medea* Figuren der griechischen Mythologie zu Titeln ihrer Werke, Christoph Ransmayr läßt in seinem Roman *Die letzte Welt* die *Metamorphosen* des Ovid wiederauferstehen. Diese Wiederkehr des Mythos hat ihren Grund nicht nur in der postmodernen Lust, mit Versatzstücken der Tradition zu spielen. Sie läßt sich insbesondere erklären mit den Sinnverlusten der Moderne, mit dem Verlust von Totalitäts- und Ganzheitsbezügen und mit dem Ungenügen an partiellen naturwissenschaftlichen Welterklärungsmodellen. Die *rationalen* Erklärungsmuster der Naturwissenschaft haben die *narrativen* Erklärungsmuster der Mythen offensichtlich nicht überflüssig gemacht.

---

[1] Bei dieser Indienstnahme des Mythischen durch Ideologien wird das primäre Zeichensystem der Sprache in ein (uneigentliches) sekundäres Zeichensystem überführt, in dem die Signifikate des ersten zu Signifikanten des zweiten geworden sind, so daß die ursprüngliche Bedeutung nur noch als Material für sekundäre (»mythische«) Bedeutungszuschreibungen fungiert. (R. Barthes, Mythen des Alltags, Frankfurt/M. 1964, 85ff.)

Insofern ist die Hoffnung auf eine Überwindung des Mythos, die in der Aufklärung virulent wurde, von Grund auf desavouiert worden. Bereits im Jahr 1724 wunderte sich der französische Aufklärer Fontenelle darüber, daß die alten Mythen der Griechen noch immer nicht aus der Welt verschwunden seien.[2] Schuld daran seien v.a. die Dichtung und die Malerei, die diesen Mythen ein letztes Refugium gewährt hätten. Die Vernunft aber und sogar die Religion hätten sich längst von diesen Mythen emanzipiert und sie aus ihrem System eliminiert. Nur die Kunst habe ihnen noch eine letzte Überlebensfrist gewährt (*De l'origine des fables*).

Die Ansicht, der Mythos könne prinzipiell überwunden werden, beruht auf der Überzeugung, daß die neuen Wissenschaften von der Natur das mythische Welterklärungsmodell nach und nach ersetzen würden. So feierte Fontenelle z.B. die wissenschaftliche Einsicht in die Natur des Donners als Triumph der Aufklärung über den mythischen Aberglauben, der noch Götter, Orakel und Seher zur Erklärung solcher Phänomene benötige. Fontenelles Denkfehler bestand vor allem darin, daß er im Mythos nur ein Erklärungsmodell für unerklärliche Phänomene erblickte – eine Funktion, die freilich die Wissenschaften besser erfüllen können. Daß der Mythos aber Erfahrungen in mythische Geschichten umschreibt, daß er Zusammenhänge narrativ erschließt und Widersprüche umkreist – diese Funktionen des mythischen Erzählens hat Fontenelle in seinem aufklärerischen Enthusiasmus unberücksichtigt gelassen. Auch wenn der Mond längst von Astronauten erforscht und betreten worden ist, kann er trotzdem in einer Liebesgeschichte mit Bedeutsamkeit aufgefüllt werden, die mit der wissenschaftlichen Erklärung der Fakten wenig zu tun hat. Darauf zielt auch das Entmythologisierungsprogramm, das der evangelische Theologe Rudolf Bultmann entworfen hat – »Entmythologisierung« ist dabei eine durchaus mißverständliche Bezeichnung: Es ging Bultmann nicht darum, die Mythen aus der Bibel zu eliminieren; sein Ziel bestand vielmehr darin, sie »existential« zu interpretieren, also sie auf ihre Bedeutsamkeit für uns zu befragen.

Die Funktionen des Mythos sind vielfältiger als Fontenelle, der Sekretär der Pariser Akademie der Wissenschaften, sich das in seiner Wissenschaftsbegeisterung vorstellte. Neuere Mythentheorien betonen besonders die Fähigkeit des Mythos, das Übermächtige, Schicksalhafte und Angsterregende zu depotenzieren: Blumenberg etwa betont die Leichtigkeit des Mythos im

---

2 Näheres hierzu findet sich bei H. Blumenberg, Arbeit am Mythos, Frankfurt/M. 1996, 292ff.

Umgang mit den Mächten und Göttern, die große Variabilität der mythischen Erzählungen und ihr unerschöpfliches imaginatives Potential. Den Polytheismus der Mythen begreift er in diesem Sinn als Aufspaltung und Depotenzierung des Übermächtigen, im Gegensatz zur monotheistischen Vereindeutigung, aus der Obligationen, Zwänge und Dogmen erwachsen.[3] Neben die Selbstermächtigung des Menschen stellt Lévi-Strauss, der französische Soziologe und Ethnologe, eine andere Funktion des Mythos: Der Mythos habe die Fähigkeit, Gegensätze und Aporien bewußt zu machen, er umkreise diese Aporien und strebe danach, sie (zumindest vorübergehend) aufzulösen. Und zwar durch die Einführung vermittelnder Figuren oder Begriffe, die diese Gegensätze ausgleichen können. Ein einfaches Beispiel hierfür wären der Ash-boy bzw. das Aschenbrödel, die zwischen den Gegensätzen häßlich/schön, ungeliebt/geliebt, arm/reich vermitteln.[4] Lévi-Strauss sieht in diesem mythischen Verfahren einen »Universalmodus«, mit dessen Hilfe die Gegebenheiten der (beunruhigenden) sinnlichen Erfahrung organisiert werden können. Zentrale Probleme des mythischen Systems sind nach Lévi-Strauss die Vermittlung der Gegensätze von Natur und Kultur, Himmel und Erde sowie die Mediation von Tod und Leben, die in ursprünglichen Kulturen besonders am Gegensatz von Landwirtschaft und Jagd virulent wird.[5] In immer neuen Anläufen arbeitet sich das mythische Denken an diesen Gegensätzen ab, bis die intellektuelle Triebkraft verbraucht ist, die den Gegensatz in die Welt gebracht hat.[6]
Aus dieser langwierigen und variationsreichen Fortschreibung mythischer Erzählungen, aus dieser »Arbeit am Mythos« ergibt sich für Lévi-Strauss eine wichtige Konsequenz: ein Mythologem definiert sich durch die Gesamtheit seiner Fassungen, alle Varianten sind konstitutive Bestandteile des einen Mythologems. Es gibt keine ursprüngliche, aber auch keine endgültige Fassung, keinen Ursprungs-Mythos, der »wahrer« oder »echter« wäre als die Folgefassungen. Man könnte sagen: Der Mythos ist immer schon in Rezeption übergegangen. Das heißt: alle Rezeptionen und Bearbeitungen eines Mythos schreiben auf ihre Art an dem einen Mythologem weiter. Sophokles' Tragödie *König Ödipus*, Freuds Ödipus-Rezeption und

---

[3] Vgl. H. Blumenberg, Wirklichkeitsbegriff und Wirkungspotential des Mythos, in: Terror und Spiel. Probleme der Mythenrezeption (= Poetik und Hermeneutik IV), hg. von M. Fuhrmann, München 1971, 31.

[4] C. Lévi-Strauss, Die Struktur der Mythen, in: ders., Strukturale Anthropologie, Frankfurt/M. 1967, 226-254; dort 249.

[5] Ebd., 248, 242.

[6] Ebd., 253.

seine Theorie des Ödipuskomplexes sind dann ebenso Varianten des Ödipus-Mythos wie Hofmannsthals *Ödipus und die Sphinx* oder Hubert Fichtes frühes Drama *Ödipus auf Håknäss*. Sie alle umkreisen den Widerspruch zwischen dem ursprünglichen Begehren gegenüber der Mutter und der verbietenden Instanz, die diesem Begehren entgegensteht. Sie stellen die Frage nach der Herkunft des Menschen aus einer (unwissentlichen) Schuld, die sich aus der Liebe zur Mutter herleitet. Sie thematisieren das schonungslose Bedürfnis des Menschen nach Selbstaufklärung und Selbsterkenntnis, das bis zur Selbstzergliederung und Selbstzerstörung reichen kann.

Insofern ist schon dem Ödipus-Drama des Sophokles jene Urgeschichte der Subjektivität eingeschrieben, die sich in der Moderne differenzieren und weiter entfalten wird. Der Ödipus-Mythos kann durchaus als Vorgeschichte des modernen Subjekts angesehen werden – als Geschichte, in der sich die Selbstbegründung des Menschen über die rationale Beherrschung des ursprünglichen Begehrens vollzieht. Horkheimer und Adorno haben diese »Urgeschichte der Subjektivität«[7] vor allem an den Mythen Homers aufgezeigt. Dort muß die Herrschaft über die mythischen Gewalten mit dem »Opfer des Selbst«, mit der Verleugnung der Natur im Menschen bezahlt werden.[8] Insofern ist der Mythos bereits Aufklärung, und er trägt schon jene Dialektik in sich, durch die die Aufklärung gekennzeichnet ist.

Die sophokleische Tradögie vom König Ödipus ist ein Musterbeispiel für eine solche Selbstaufklärung, mit der das aufklärerische Projekt immer beginnt. Zugleich enthält der Ödipus-Mythos jedoch auch das Gegengift, das gegen das Zerstörerische dieser Selbstergründung aufgeboten wird – der väterlichen Welt wird eine mütterliche kontrastiert, die allerdings am Ende unterliegt. Um diesen Gegensatz kreist der Mythos, und die Rezeptionen im Bereich der Literatur haben den einen oder anderen Pol akzentuiert: das Eintauchen in die Mutterwelt einerseits, und das Verbot, das der vaterrechtlichen Ordnung entstammt, andererseits. Der Mythenforscher Bachofen hat im Ödipus-Stoff die sich widersprechenden Spuren einer mutterrechtlichen und einer vaterrechtlichen Ordnung entdeckt;[9] es ist interessant, daß die literarischen Rezeptionen und Verarbeitungen des Mythos immer wieder diesen Gedanken umspielen.

---

[7] M. Horkheimer/Th.W. Adorno, Dialektik der Aufklärung, Frankfurt/M. 1971, 51.

[8] Ebd.

[9] J.J. Bachofen, Gesammelte Werke, Bd. 2, Basel 1948, 439-443.

2. *Freuds Mythologem vom Ödipuskomplex*

Der Prozeß der schonungslosen Selbstanalyse des Ödipus war es, der Freuds besondere Affinität zum sophokleischen Drama begründet hat. Die Idee des »Ödipus-Komplexes« geht bei Freud bereits auf das Jahr 1897 zurück (er ist zu diesem Zeitpunkt 31 Jahre alt); in diesem Jahr unterwirft er sich einer eingehenden Selbstanalyse, die er dauernd in Briefen an seinen Freund Fließ kommentiert, und zugleich erwähnt er in diesen Briefen zum ersten Mal seine grundlegende Entdeckung: den Ödipus-Komplex. Diese Entdeckung geht auf eine persönliche Erfahrung zurück und wird von Freud zugleich universalisiert; Medium dieser Universalisierung ist der Ödipus-Mythos. In einem Brief vom 15. Oktober 1897 schreibt Freud an Fließ:

> Ein einziger Gedanke von allgemeinem Wert ist mir aufgegangen. Ich habe die Verliebtheit in die Mutter und die Eifersucht gegen den Vater auch bei mir gefunden und halte sie jetzt für ein allgemeines Ereignis früher Kindheit [...]. Wenn das so ist, so versteht man die packende Macht des Königs Ödipus trotz aller Einwendungen, die der Verstand gegen die Fatumsvoraussetzung erhebt [...]. [...] die griechische Sage greift einen Zwang auf, den jeder anerkennt, weil er dessen Existenz in sich verspürt hat. Jeder der Hörer war einmal im Keime und in der Phantasie ein solcher Ödipus [...].[10]

Die »packende Macht« des sophokleischen Dramas erklärt Freud also mit der universellen Erfahrung, die sich in der Dramenfigur niedergeschlagen habe. Der Prozeß der Selbstanalyse, dem Freud sich für lange Zeit unterwirft, entspricht der analytischen Anlage des Ödipus-Dramas, in dem die Bühne zu einem Ort der Selbsterkenntnis umgestaltet wird.

Alles Entscheidende ist nämlich bereits geschehen, wenn das Drama beginnt: Ödipus ist aus Korinth von seinen vermeintlichen Eltern geflohen, um der prophezeiten Blutschande zu entgehen; er hat unwissentlich seinen Vater erschlagen und ist mit seiner Mutter Jokaste ins Ehebett gestiegen. Die *Handlung* des Stücks ist der Prozeß, den Ödipus sich selbst macht. Das Geschehen wird rückwärts aufgerollt, mit schonungsloser, fast selbstzerstörerischer Begierde nach Erkenntnis. Die Gegenkraft bei dieser Aufklärungsarbeit ist Jokaste: eine Figur, die nach Bachofens Analyse dem mutterrechtlichen Bereich entstammt. Sie widersteht dem analytischen Selbst-

---

[10] S. Freud, Briefe an Wilhelm Fließ 1887-1904, hg. von J.M. Masson, Frankfurt/M. 1986, 293.

erkennungsprozeß des Ödipus. Während der Sohn das Vergangene mit aggressiver Gewalt aufdeckt (und z.B. dem Seher Teiresias mit wüsten Drohungen begegnet), ist Jokaste ganz dem Augenblick verhaftet. Ihr »carpe diem« setzt die ewige Gegenwärtigkeit gegen den analytischen Blick des Sohnes, der auf die Vergangenheit und die drohende Zukunft gerichtet ist und darüber das Glück der Gegenwart zerstört:

> Jokaste: Was soll der Mensch sich fürchten, wo über ihn die Macht des Zufalls
> herrscht und verläßliche Voraussicht in nichts besteht?
> In den Tag hineinzuleben, ist das Beste, so wie einer kann!
> Du aber, was die Ehe betrifft mit deiner Mutter, habe keine Angst!
> So mancher Sterbliche hat auch im Traume schon
> geschlafen mit der Mutter. Doch wem derlei
> für nichts gilt, trägt am leichtesten das Leben! (V. 977ff.)[11]

Man bekommt an dieser Stelle den Eindruck, daß Jokaste die inzestuösen Wünsche als naturgegeben ansieht; der Wunsch nach Nähe zur Mutter scheint ihr nichts Verwerfliches zu sein – selbst wenn er erotisch besetzt ist. Im letzten Dialog zwischen Ödipus und seiner Mutter führt Jokaste einen fast verzweifelten Kampf gegen den Aufdeckungsdrang des Sohnes, der auch vor der Selbstbeschädigung nicht zurückschreckt. Als Ödipus versucht, nach dem Hirten zu forschen, der ihn vor dem Tod bewahrt hat, beschwört Jokaste ihn, dies nicht zu tun:

> Jokaste: Was schert es dich, von wem er sprach? Beacht es nicht! Und
> grüble nicht über das Gesagte sinnlos nach!
> Ödipus: Das kann nicht sein, daß ich, ergreifend
> solche Zeichen, nicht meine Herkunft bring ans Licht!
> Jokaste: Nicht, bei den Göttern, wenn du um dein eigen Leben irgend
> besorgt bist, erforsche dies! [...]
> [...] Ich flehe: tu es nicht!
> Ödipus: Umöglich! Ich muß es klar ergründen!
> Jokaste: Wirklich! Ich mein es gut und rate dir das Beste.
> Ödipus: Eben dieses »Beste« peinigt mich schon längst!
> Jokaste: Unglückseliger! Daß niemals du erkenntest, wer du bist! (V. 1056ff.)

[11] Der Text des sophokleischen *König Ödipus* wird nach der Übersetzung von Kurt Steinmann zitiert (Reclam UB 630, Stuttgart 1989).

Nach diesem Dialog wird sich Jokaste bewußt, daß der Erkenntnisdrang des Ödipus das letzte Wort haben und die Tragödie ihren Lauf nehmen wird. Sie stürzt in den Palast und erhängt sich.

Freud hat in diesem Selbsterforschungsdrang des Ödipus seine eigene Bemühung um Selbstanalyse wiedererkannt. Er hat allerdings den Kampf übersehen, der hier geführt wird: zwischen einem mutterrechtlich legitimierten Bedürfnis nach Nähe und Vereinigung und einer vaterrechtlich begründeten instrumentellen Vernunft, die auf Analyse, Trennung und Absonderung gerichtet ist.

Freud hat seinen »Kernkomplex« der analytischen Schärfe des Ödipus abgerungen – die besänftigende Position der Mutter blieb dabei unbeachtet. Freuds eigene Angst vor der verschlingenden Mutter kann dabei eine Rolle gespielt haben; daß die Anteile der bösen, bedrohlichen Mutter abgespalten und auf die Sphinx verschoben sind, übersieht Freud ebenso wie die Tatsache, daß der unwissentlichen Schuld des Sohnes die Schuld der Eltern vorausgeht: diese haben den Sohn ausgesetzt und dem Tod überantwortet. Die tiefe Verletzung des Kindes durch seine Abschiebung geht als narzißtische Wunde dem ödipalen Drama voraus und bildet die präödipale Folie, auf der das Ödipale sich abspielt.[12]

Für Freud hat die Theorie des Ödipuskomplexes[13] eine individualpsychologische und eine phylogenetische, kulturtheoretische Bedeutung. In *individualpsychologischer* Hinsicht ließe sich die Theorie folgendermaßen zusammenfassen: Die »normale« Sozialisation des Kindes bedingt, daß es durch eine verbietende Instanz aus der Liebe zur präödipalen Mutter getrieben wird; diese Instanz ist in der Regel der Vater. Das Mittel dazu ist die Sexualeinschüchterung und die Kastrationsdrohung. Durch diesen Vorgang wird das präödipale Ich strukturiert, vor allem durch das Schuldgefühl, das Gewissen und das Über-Ich, die bei diesem Strukturierungsvorgang in ihm errichtet werden. Dem Kind wird dabei versagt, in einer (im weitesten Sinn erotischen) Abhängigkeit von der Mutter zu verharren. Das »Gesetz des Vaters« richtet sich natürlich auch gegen die Tötungswünsche, die in dieser »phallischen Phase« (3. bis 5. Lebensjahr) im Kind

[12] Dieser Gedanke liegt dem Aufsatz von Helio Pellegrino zugrunde: Versuch einer Neu-Interpretierung der Ödipussage, Psyche 15 (1961/62) 475-485.

[13] Es gibt nur wenige Stellen, an denen Freud seine Theorie des Ödipuskomplexes systematisch enfaltet; dazu gehört die 21. Vorlesung der *Vorlesungen zur Einführung in die Psychoanalyse*, Studienausgabe Bd. 1, Frankfurt/M. 1982, 325ff.

erwachen. Die weiterhin bestehenden inzestuösen Wünsche sind nun mit Schuldgefühlen belegt und werden dadurch in Schranken gehalten; das gilt auch für die auf den Vater gerichteten Rivalitätsgefühle. Der inzestuöse Wunsch wird so untrennbar mit dem Verbot (dem Gesetz des Vaters) verknüpft. Insofern ist der Ödipuskomplex auch eine Chiffre für Schuld und Gewissen – diese sind sozusagen das Nadelöhr der familialen und gesellschaftlichen Sozialisation.

Freud hat diese Theorie retrospektiv auf die Menschheitsentwicklung projiziert und zu einer *Theorie über die Entstehung der Kultur* erweitert. Wie die individuelle Sozialisation beginnt auch die menschliche Kultur mit einer Triebversagung – am Anfang der Kultur stehen Schuldgefühle und ein schlechtes Gewissen. Die Menschheitsgeschichte beginnt nämlich nach Freuds fiktiver Konstruktion mit einer Urhorde (bzw. Brüderhorde), die mit dem Vater rivalisiert und diesen schließlich erschlägt. Am Ort dieses mythischen Mordes und der ihn begleitenden Schuldgefühle ist für Freud der Beginn der Menschheit und der Kultur angesiedelt.

Die Analogie der ontogenetischen und phylogenetischen Entwicklung wird von Freud durchweg postuliert. Er schreibt in den *Vorlesungen zur Einführung in die Psychoanalyse*:

> Es ist ganz unzweifelhaft, daß man in dem Ödipuskomplex eine der wichtigsten Quellen des Schuldbewußtseins sehen darf [...]. Aber noch mehr: in einer Studie über die Anfänge der menschlichen Religion und Sittlichkeit, die ich 1913 unter dem Titel *Totem und Tabu* veröffentlicht habe, ist mir die Vermutung nahe gekommen, daß vielleicht die Menschheit als Ganzes ihr Schuldbewußtsein, die letzte Quelle von Religion und Sittlichkeit, zu Beginn ihrer Geschichte am Ödipuskomplex erworben hat.[14]

Im Grund dient die Hypothese von der Urhorde und der Vatertötung dazu, die Universalität des Ödipuskomplexes zu begründen. Freud war irrtümlich von der Anschauung Lamarcks überzeugt, daß erworbene Eigenschaften weitervererbt werden könnten.

Abgesehen von solchen problematischen und irrtümlichen Einflüssen wird deutlich, wie sehr Freud dem patriarchalischen, aggressiv-gewaltsamen Aspekt des Ödipusmythos verhaftet war. Sein Blick richtete sich fast exklusiv auf die Figur des Ödipus und dessen unbewußte Schuld, während die anderen, vor allem die weiblichen Figuren, weitgehend unbeachtet blieben.

---

[14] Ebd., 326f.

Christine Olivier hat in ihrem Buch *Jokastes Kinder*[15] genau diesen Punkt kritisiert: die Blindheit der Psychoanalyse für die Position der Frauen. Deswegen hat sie mit ihrem Buch versucht, die Geschichte Jokastes, Antigones und Ismenes nachzutragen.

Daß die Ödipus-Mythe selbst von Anfang an den Gegensatz von weiblich-mütterlicher Position und analytischer, männlich-instrumenteller Vernunft umkreist, blieb bei Freud weitgehend unbeachtet, ebenso die Tatsache, daß der unwissentlichen Schuld des Sohnes die Schuld des Vaters vorausgeht: nämlich die gewaltsame Verstoßung des Kindes aus der Familie.

Freuds grundlegender Trugschluß aber besteht darin, daß er die historisch bedingte Psychostruktur, die für das 19. Jahrhundert und für seine Zeit typisch war, universalisiert und auf den Anfang der Menschheitsgeschichte zurückprojiziert.[16] Der Vatermord, den er der Urhorde andichtet, paßt weder zum Leibeigenen noch zum Feudalherrn, viel eher zur Phase des Bürgertums nach der Französischen Revolution: die Revolution hatte real die Väter ermordet. Die Urhorde Freuds trägt, nach Charakter und Triebstruktur, die Merkmale des frühen Bürgertums. Das abgegrenzte, leistungsstarke Ich, das sich nun entwickelt, taucht historisch erstmals in den Gedichten und Romanen dieser Zeit auf.

Die umsichtige Triebkontrolle, die bereitwillige Triebversagung, die damit verbundene Leistungsethik sind einer vorindustriellen Kulturstufe kaum gemäß. Das gilt noch mehr für das Strafbedürfnis der archaischen Brüderhorde. Es läßt auf eine Qualität des Über-Ich schließen, das es vor der bürgerlichen, nachrevolutionären Gesellschaft nicht gegeben hat. Das Realitätsprinzip, das mit der Überwindung des Ödipuskomplexes im Menschen errichtet wird, ist ein historisch gewordenes (bedingtes) Realitätsprinzip: ein Leistungsprinzip, das nur in warenproduzierenden Gesellschaften und im Konkurrenzkapitalismus möglich und nötig geworden ist.

Die These von der Universalität des Ödipuskomplexes ist inzwischen mehrfach widerlegt worden, u.a. von Malinowski, dem Begründer der modernen ethnographischen Feldforschung.[17] Malinowski entdeckte auf den Trobriand-Inseln ein matrilineares Familienleben, in dem es für die ambivalenten Gefühle, die das Kind in unserer Gesellschaftsstruktur dem Vater

---

[15] Jokastes Kinder. Die Psyche der Frau im Schatten der Mutter, München 1989. Die französische Originalausgabe erschien 1980.

[16] Hierzu und zum Folgenden vgl. R. Reiche, Ist der Ödipuskomplex universell?, Kursbuch 29 (1972) 159-176.

[17] B. Malinowski, Geschlecht und Verdrängung in primitiven Gesellschaften, Reinbek 1962.

entgegenbringt, keine Entsprechungen gab. Eine biologische Vaterschaft war den Trobriandern unbekannt. Malinowski zog aus seinen Untersuchungen den Schluß, daß der Ödipuskomplex in nicht-patriarchalischen, mutterrechtlich organisierten Kulturen nicht existiert.
Auch in individualpsychologischer Hinsicht ist Freuds Konstrukt problematisch: Freud identifiziert sich ganz mit dem männlichen Protagonisten. Die Position der Jokaste läßt er außer acht. Die Ödipus-Theorie wird aus dem Blick männlicher Identitätsbildung entwickelt. Die innere Spannung zwischen Individuation und Symbiosebedürfnis löst Freud auf im Sinn der Individuation, die in der ödipalen Phase mit einer eindeutigen Geschlechtsdefinition einherzugehen hat: das Kind muß männlich oder weiblich werden. Das bedeutet für den Knaben, daß von ihm eine radikale Umkehr im Verhältnis zum zentralen Bezugsobjekt, der Mutter, verlangt wird: Das Aktivitätspostulat der männlichen Identität kann sich mit der Mutterdominanz (die bis dahin vorherrschte) nicht abfinden. Der mutterzentrierten präödipalen Welt tritt eine Welt der väterlichen Ordnung schroff gegenüber; das Kind hat seine Identität »im Namen des Vaters« zu begründen. Die nachreformatorische bürgerliche Kultur hat diese Art der Subjektbegründung zum Eckpfeiler ihrer Identitätsbildung gemacht; kennzeichnend für diese Subjektbegründung ist eine Einstellung, die von der Frankfurter Schule als »instrumentelle Vernunft« bezeichnet wurde. Die Bindung an präödipale Positionen wird nun als unerträglich empfunden, der Ödipuskomplex, die (erotisch besetzte) Mutterbindung muß aufgelöst werden, jede andere Entwicklung führt in Neurose und Krankheit. Das bohrende, aggressive Streben nach männlicher Selbstgewißheit ist in der Ödipus-Mythe präfiguriert: Die Aggressivität, die »instrumentelle Vernunft« des Ödipus, die selbstzerstörerische Züge annimmt, hat Freud zum Vorwurf seines grundlegenden Theorems gemacht.
Es gibt wohl nur wenige Stellen, an denen Freud sich die Problematik und Einseitigkeit seiner Kulturtheorie bewußt machte: In seiner Abhandlung *Das Unbehagen in der Kultur* spricht er von den Beschädigungen, die von einer einseitig männlichen Identitätsbegründung ausgehen können:

> Von seiten der Kultur ist die Tendenz zur Einschränkung des Sexuallebens nicht minder deutlich als die andere zur Ausdehnung des Kulturkreises. Schon die erste Kulturphase, die des Totemismus, bringt das Verbot der inzestuösen Objektwahl mit sich, vielleicht die einschneidendste Verstümmelung, die das menschliche Liebesleben im Laufe der Zeiten erfahren hat.[18]

[18] Studienausgabe Bd. IX, Frankfurt/M. 1982, 233.

Wenn hier von »Verstümmelung« die Rede ist, so steht dies in deutlichem Gegensatz zu Freuds Grundtheorem, das die völlige Aufgabe des primären Liebesobjekts als die »normale« Entwicklung bezeichnet.

3. Der Ödipus-Mythos in der Dichtung

Die literarischen Gestaltungen des Ödipus-Mythos tragen auch den von Freud vernachlässigten Aspekten Rechnung. Sie umkreisen die beiden Widersprüche des Dramas, von denen Freud nur den ersten beachtet hat. Dieser erste Aspekt betrifft die *unwissentliche* Schuld, die durch die unerbittlichen Nachforschungen des Ödipus aufgedeckt wird; der zweite Widerspruch entsteht aus dem Gegensatz des mütterlichen und väterlichen Prinzips: Gegenwärtigkeit des Glücks, Vereinigung einerseits – Trennung, Individuation, strukturierende und analysierende Vernunft andererseits.

Die literarischen Produktionen schreiben den Mythos fort, sie entfalten seine Dichotomien, die, jedenfalls in der sophokleischen Version, angelegt sind. Bereits Hölderlin konstatiert die gegensätzliche Anlage des Stücks, die zur Auflösung strebt, wenn er in seinen *Anmerkungen zum Oedipus* schreibt: »Alles ist Rede gegen Rede, die sich gegenseitig aufhebt.«[19] Hölderlin problematisiert vor allem die aggressive Vernünftigkeit des Helden. Er spricht von dem »zornigen Unmaas« des Ödipus, der »zerstörungsfroh« seinem traurigen Geschäft nachgehe.[20] In der Gewalt der Selbstsuche erkennt Hölderlin aber auch die Modernität dieses Bewußtseins: nämlich »das verzweifelnde Ringen, zu sich selbst zu kommen, das niedertretende fast schaamlose Streben, seiner mächtig zu werden, das närrischwilde Nachsuchen nach einem Bewußtseyn«.[21] Das rücksichtslose Streben nach Selbsterkenntnis bezeichnet Hölderlin an anderer Stelle sogar als »geisteskranke[s] Fragen nach einem Bewußtseyn«.[22]

Scharfsichtig erkennt Hölderlin die dialektische Anlage des sophokleischen Dramas zwischen Vereinigung und Trennung, Strukturauflösung und Individuation, Unbewußtem und Bewußtem, oder, in Hölderlins eigenen

---

19 Anmerkungen zum Oedipus, in: Sämtliche Werke und Briefe Bd. 2, hg. von M. Knaupp, München 1992, 315.

20 Ebd., 312.

21 Ebd., 313.

22 Ebd., 314.

Worten: zwischen »gränzenlose[m] Eineswerden« und »grenzenlose[m] Scheiden«.[23]

3.1 *Hofmannsthal: Ödipus und die Sphinx (1905)*

Das »grenzenlose Eineswerden« steht im Zentrum von Hofmannsthals Drama *Ödipus und die Sphinx*, mehr als in jedem anderen Text. Die Ödipus-Dramen der französischen Aufklärung und Klassik (insbesondere Corneilles *Oedipe*, 1659, und Voltaires *Oedipe*, 1718) hatten vor allem die Frage der Schuld ins Zentrum gestellt und sie mit dem Postulat eines freien Willens verbunden. Da der nachchristliche Schuldbegriff mit der Vorstellung einer Erbschuld oder einer Schuld als unausweichlichem Schicksal nicht mehr kompatibel war, mußten die Autoren der Aufklärung und Klassik die unbewußte Schuld des Ödipus verwerfen. Bei Corneille etwa lehnt Ödipus jede persönliche Verantwortung ab und blendet sich nur, um den ungerechten Himmel nicht mehr sehen zu müssen.

Hofmannsthal gibt dem Ödipus-Stoff eine völlig andere Wendung. Er versetzt sein Drama, wohl angestoßen durch Bachofens Matriarchats-Thesen, in eine mütterliche Welt und entzieht die Ödipus-Figur selbst der väterlichen Macht des Gesetzes, der Bestrafung. Hofmannsthal konstruiert die Vorgeschichte zu Sophokles' Tragödie: Er inszeniert den Sieg des Ödipus über die Sphinx und macht die Liebes-Begegnung zwischen Ödipus und Jokaste zum Zentrum seines Dramas. Die Besiegung der Sphinx, die Ödipus wie eine Liebhaberin mit »grauenhafter Zärtlichkeit«[24] erwartet, wird im Kontext des Hofmannsthalschen Dramas als Überwindung einer bösen, verschlingenden Mutterrepräsentanz dargestellt; der Sieg über die böse Mutter öffnet den Weg für die – nun nicht mehr bedrohliche – Vereinigung mit der guten, ungebrochen zärtlichen Mutter Jokaste. Hofmannsthals Drama endet damit, daß beide, Mutter und Sohn, unter dem Jubel der Menge den Palast betreten, wo das Ehebett auf sie wartet.

Die Welt der Mütter erfährt in diesem Stück eine signifikante Aufwertung. Im zweiten Akt schiebt Hofmannsthal eine Szene ein, die aus einem langen Zwiegespräch zwischen Antiope, der Mutter des Laios, und Jokaste besteht. Es ist ein Gespräch zwischen Müttern, in dem es um Gebären und Sterben

[23] Ebd., 315.

[24] H. von Hofmannsthal, Dramen II (Gesammelte Werke in zehn Einzelbänden), Frankfurt/M. 1979, 476.

geht, um den Zyklus von Tod und neuer Geburt. Jokaste beklagt ausdrücklich die Aussetzung des eigenen Sohnes, die hier eindeutig dem Vater Laios angelastet wird; im selben Atemzug beklagt sie all die Mütter, deren Söhne von der Sphinx erschlagen und vernichtet wurden. Die Kultur des Krieges mit Kampf und Tod erfüllt sie mit Abscheu und Trauer. Während noch das Fest des Todes den Palast erfüllt, segnet Antiope den Leib der Jokaste für den Empfang des neuen Geliebten und der neuen Kinder:

> ich habe dich geweiht für Laïos' Bette,
> nun weih ich dich für ihn, dem Platz zu machen
> Laïos hat sterben müssen.[25]

Die Einsicht in den Kreislauf des Lebens erhält kosmische Dimensionen und erfolgt in einem Raum der Mütterlichkeit, die alle Bereiche der Welt zu durchdringen scheint. So sagt Jokaste: »die Mütter ziehen alles hinter sich, [...] die Welt hängt an den Müttern.«[26]
In dieser (gleichsam präödipalen) Welt, in der das mütterliche Prinzip regiert, sind am Ende die räumlichen und zeitlichen Grenzen durchbrochen; die Dichotomie von Tag und Nacht, Schlafen und Wachen, Tod und Leben ist aufgehoben. Diese Aufhebung wird bereits im ersten Akt in den Träumen des Ödipus präfiguriert. Er erzählt davon seinem Diener Phönix:

> [...] Da war Nacht und Tag
> mir abgetan und weggewischt die Grenze
> von Schlaf und Wachen, und bald auch die andre,
> die zwischen Tod und Leben.[27]

Und etwas später schildert Ödipus dem Diener von seinem »Lebenstraum«: »Weib und Mann kann sich / in eins verschränken.«[28] Der Diener Phönix, dem solche Einsichten ganz fremd sind, will Ödipus mit allen Überredungskünsten von dem Gang nach Theben abhalten. Aber Ödipus lehnt diese Bewahrungstaktik entschieden ab. Der Weg nach Theben führt zwar in Leid und Schuld, aber ihnen auszuweichen würde bedeuten, vor dem Leben auszuweichen. Es ist Jokaste, die diese Einsicht auf den Begriff bringt. Der Aussage des Ödipus »Vergessend leben wir!« hält sie folgendes entgegen:

---

25 Ebd., 448.
26 Ebd., 449.
27 Ebd., 394.
28 Ebd., 396.

> [...] nein, nicht blind!
> sehend wir beide! [...]
> arm sind sie gegen uns, die Götter, die
> nicht sterben können, arm! Doch du – und ich:
> dein Dastehn da auf diesem heiligen Berg,
> dein Blut, das dich getrieben hat, dein Leid,
> das dich gejagt hat – meine Tag und Nächte
> [...]
> das Dunkel, das wir wissen, und doch lachen wir –
> [...]
> Wo sind die Götter, wo ist denn der Tod,
> mit dem sie immer unser Herz zerdrücken?
> [...]
> er ist in meinen Leib hineingesunken,
> wie eine namenlose Lust, ein un-
> geheueres Versprechen: o mein König,
> [...] wir sind mehr als die Götter [...].[29]

Während bei Sophokles Ödipus alles mit seinem analytischen Verstand durchdringt und Jokaste ihn vergeblich von der Erkenntnis abhalten will, wird er im Hofmannsthalschen Drama durch Jokaste sehend gemacht, aber auf eine andere Weise. In der Welt des mütterlichen Prinzips wird ihm die Einsicht zuteil, daß im Urgrund die Gegensätze eins sind: Schmerz und Lust, Tod und Leben. Und gerade dies haben die Menschen den Göttern voraus, »die nicht sterben können«.[30]

Daß hier lebensphilosophische Anschauungen Schopenhauers und Nietzsches sich mit dem Ödipus-Stoff vermengt haben, ist unzweifelhaft; ebenso deutlich ist auch, daß sich das Drama Hofmannsthals zuweilen gefährlich auf einen irrationalen Lebenskult zubewegt. Aber es ist bemerkenswert, daß Hofmannsthal als einziger mit solcher Entschiedenheit die matriarchalische Schicht des Ödipus-Mythos offengelegt und fortentwickelt hat. Dabei scheute er sich nicht, die Tabugrenze des Inzests zu durchbrechen und ihn in positivem Licht darzustellen.

Zweifellos ist sein Drama als Kontrafaktur zu verstehen zu dem wissenschaftlich entzauberten Weltbild seiner Zeit, das mit den Gesetzen einer patriarchalisch strukturierten Gesellschaft legiert war. Während die Expressionisten wenig später den Vatermord propagieren werden, verteidigt Hofmannsthal die archaische Welt einer primären Mütterlichkeit.

---

29 Ebd. 484f.
30 Ebd. 484.

3.2 Franz Fühmann: König Ödipus (1966)

Der Widerspruch zwischen Mutter- und Vaterwelt, den der Mythos umkreist, kehrt auch in der Erzählung *König Ödipus* wieder, die Franz Fühmann 1966 veröffentlicht hat. Fühmann überträgt den Konflikt auf die Zeit, in der die Erzählung handelt: den Zweiten Weltkrieg. Zwei Soldaten wollen an der Front in Griechenland den *König Ödipus* des Sophokles inszenieren – ein Plan, der durch den erzwungenen Rückzug ihrer Einheit verhindert wird. Es gelingt ihnen, in einem ehemaligen heruntergekommenen Zoo ihr Quartier aufzuschlagen – eine Ortsymbolik, die implizit mit der Frage, was den Menschen vom Tier unterscheidet, verbunden ist. In langen Gesprächen versuchen die beiden Soldaten, zum Teil zusammen mit ihrem Hauptmann, einem Gräzistik-Professor im Zivilberuf, den Ödipus-Mythos zu deuten: »die Probleme der Ödipusdichtung hatten die beiden jungen Männer dermaßen fasziniert, daß sie sich selbst an den Tagen härtester Arbeit, die dem Ausbau des Quartiers gewidmet waren, zu Gesprächen über das Schicksal des griechischen Helden [...] zusammenfanden.«[31] Unterschiedliche Deutungsversuche werden durchexerziert, darunter auch abstruse nationalistische und rassistische Varianten, ohne daß die beiden zu einer schlüssigen Antwort gelangen würden.

Der Professor deutet den Konflikt des Ödipus als Zusammenstoß zweier Kulturepochen: »im Zusammenprall zweier Menschheitsepochen ward Ödipus zermahlen, im Zusammenstoß des Mutterrechts mit dem Vaterrecht, das waffenklirrend und grimmig emporkam«.[32] Erst gegen Ende wird ihm bewußt, daß er sich selbst wie Ödipus am Schnittpunkt zweier Epochen befindet: zwischen der vaterrechtlichen Gewaltherrschaft einer Kultur des Faschismus und des Krieges, und einer neuen, sanfteren Zeit der Menschenrechte, die sich am Horizont abzeichnet. Weil er es nicht wagt, diese Erkenntnis auszusprechen und ihr gemäß zu handeln, schießt er sich am Ende eine Kugel durch den Kopf, und »da seine Hand zitterte, schoß er sich durch beide Augen«.[33] Wie Ödipus der Welt des väterlichen Gesetzes und deren Grausamkeit erliegt, so kann sich der Hauptmann nicht von der kriegerischen Kultur des Faschismus ablösen, der er in seiner inneren Zerreißprobe verhaftet bleibt. Wie sehr diese patriarchalisch-kriegerische

---

[31] F. Fühmann, König Ödipus. Eine Idylle, Leipzig 1974, 12.
[32] Ebd., 80.
[33] Ebd., 81.

Welt eine Welt des Tötens und des Todes ist, kommt in seinem gewaltsamen Selbstmord bildhaft zum Ausdruck.
Der andere Widerspruch, der dem Ödipus-Mythos inhärent ist, wird von den beiden Soldaten in langen Gesprächen umkreist: der Widerspruch der unwissentlichen Schuld. Kann man schuldig werden, wenn man sich der Schuld des eigenen Handelns nicht bewußt ist? Oder umgekehrt: Kann man schuldig werden, wenn man den Befehlen des Gesetzes folgt? Gibt es eine Schuld ohne Gesetz? Diese Frage bekommt eine unerwartete Aktualität in dem Augenblick, wo die Soldaten zu einem militärischen Einsatz abgeordnet werden. Ein alter Bauer und seine 18-jährige Tochter werden dabei mißhandelt und schließlich hingerichtet, obwohl ihre Schuld nicht erwiesen ist. Die Reflexionen der Soldaten, ob man ohne Gesetz oder sogar gegen das Gesetz schuldig werden kann, werden am Ende von der Wirklichkeit eingeholt.
Für den Hauptmann und die Soldaten wird die antike Tragödie zu einem Anlaß der Selbstbefragung und der Selbsterkenntnis. Die Frage »Kann es ein Schuldig-Werden geben ohne die Existenz eines entsprechenden Gesetzes?«[34] bleibt ohne explizite Antwort, aber die Hinrichtung des Bauern und seiner Tochter trägt die Antwort in sich: Man kann schuldig werden, ohne gegen ein Gesetz zu verstoßen.

3.3 Hubert Fichte: Ödipus auf Håknäss (1960/61)

Selbstbefragung und Selbsterforschung werden ins Extrem getrieben in einem Stück von Hubert Fichte, das postum erschienen ist. Es trägt den Titel *Ödipus auf Håknäss.*[35] Das sophokleische Drama und Freuds Theorie des Ödipuskomplexes werden hier auf seltsame Weise zusammengeführt und zugleich überboten. In Fichtes Stück begibt sich ein junger homosexueller Lehrer namens Bernhardt nach Schweden, um in einem anthroposophischen Heim für »pathologische Jugendliche« zu arbeiten und dort den *König Ödipus* des Sophokles aufzuführen. Das Land und das Heim stehen für die lebensgeschichtlichen Ursprünge Bernhardts: Der Vater ist vor Jahren in Schweden untergetaucht, die Mutter ist tief im anthroposo-

---

[34] Ebd., 27.

[35] H. Fichte, Ödipus auf Håknäss. Schauspiel, Frankfurt/M. 1992. Vgl. darin auch das Nachwort von H. Böhme, Der junge Fichte. Auf den Spuren des Mythos (117-134), auf das ich dankbar verweise.

phischen Glauben verwurzelt. Auf diesem väterlich und mütterlich besetzten Boden des schwedischen Anthroposophenheimes begibt sich Bernhardt auf die Suche nach den verborgenen Ursprüngen seiner selbst. Die Arbeit an Sophokles' Drama wird von einer intensiven Freud-Lektüre begleitet: der sophokleische und der freudsche Ödipus sollen die Ätiologie des homosexuellen Begehrens und der Schuld enthüllen helfen, von denen Bernhardt erfüllt ist. Das homosexuelle Begehren ist für ihn eine offene Wunde und ein schmerzendes Geheimnis, das dem Gefühl unausweichlicher Schuld immer wieder neue Nahrung gibt. Durch die Freud-Lektüre kann er sich zwar von dem anthroposophischen Glauben seiner Mutter befreien; aber zugleich erkennt er die mythische Linie einer schicksalhaften Festlegung, die von der antiken Sage bis zu Freuds Theoremen reicht. Nach Freuds Theorie hat ja der Homosexuelle den Ödipuskomplex nicht bewältigt, er hat sich nicht oder nicht genügend mit dem Vater identifiziert und sich dessen »Gesetz« nicht untergeordnet. Diese Festlegung des Menschen auf ein unausweichliches Triebschicksal widerspricht Bernhardts Bedürfnis nach Freiheit; der Universalitätsanspruch des Ödipus-Komplexes scheint die Bannkraft des Tragischen ins Unendliche fortzusetzen.

Die Inszenierung des Ödipus-Dramas wird zu einem Befreiungsschlag: Sie betreibt nicht nur die Ergründung, sondern die Vivisektion des Ich. Während Sophokles wie Freud das Subjekt aus dem ödipalen Konflikt gereinigt hervorgehen lassen, setzt sich das Subjekt in Fichtes Drama selbst aufs Spiel: Es betreibt, ähnlich wie in der magisch-ekstatischen Initiation der Schamanen, inszenatorisch seine Auflösung, um sich neu zu erfinden. Dabei geht es um symbolisches Zerbrechen und um symbolische Wunden – das ist der Vorteil der Inszenierung, sowohl im schamanischen Ritual wie auf der Bühne. Die Versuchsanordnungen, in die Fichte seine Hauptfigur treibt, werden über die Inszenierung des Ödipus-Dramas realisiert. Das homosexuelle Subjekt, das sich aus den Repräsentationssystemen der Kultur ausgeschlossen weiß und sich an den Rand der symbolischen Ordnung gedrängt fühlt, strebt nicht Integration, Authentizität oder Identität an, sondern zelebriert sein Ausgeschlossensein: ein Ausgeschlossensein, das nicht in das Eingeständnis der Schuld oder in den Versuch der Emanzipation mündet, sondern in die blasphemische Überbietung und Zerstörung der Realität. Durch die ästhetische Subversion des Realen erobert sich das literarische Subjekt eine neue Freiheit: durch Rituale der Zerstörung entmächtigt es jene Realität, aus der es ausgeschlossen wurde. Es rettet sich nicht durch Integration, sondern zelebriert die Obdachlosigkeit, zu der es verdammt wurde. Die Inszenierung des Ödipus-Dramas nimmt kontraphobische und anarchische Formen an. Der anthroposophische Heimleiter empört sich von Anfang an über die Rituale, die sich in die Inszenierung des Ödipus einschleichen:

> Das ist also die Wahrheit für Sie: Zergliederung. Nicht Sammlung! Selbstzergliederung! [...] Die Schönheit ist für Sie die Zerstückung des Ödipus. [...] ich rate Ihnen, besinnen Sie sich, ehe Sie zerbrechen.[36]

Die Mutter eines Freundes scheint das rituelle Spiel zu begreifen, wenn sie zu Bernhardt sagt: »Sie suchen selbst die Zerstörung auf, um sich zu erneuern.« (91) Mit der kontraphobischen Überbietung und Zerstörung der Realität werden auch Sophokles und Freud überboten. Die Lösung des Dramas besteht bei Fichte darin, die alte Identität, die sich aus Schuld herleitet, zu zerstören, um eine neue, offene Identität an deren Stelle zu setzen.

Dieses zerstörerisch-produktive Verfahren kennzeichnet Fichtes gesamtes literarisches Werk, das mit dem Titel »Geschichte der Empfindlichkeit« überschrieben ist. Es handelt sich dabei um ein autobiographisches Großprojekt, um ein Programm der Anatomie des Selbst, bei dem in literarischen Initiationsritualen das Ich preisgegeben und literarisch im Medium des Anderen und Fremden neu erfunden wird.

4. Abschließende Überlegungen

Die drei Werke sind von höchst unterschiedlicher Art; was sie verbindet, ist die Fortschreibung des Ödipus-Mythos ins 20. Jahrhundert hinein: die Frage nach dem Ursprung der Schuld, aus der sich die menschliche Kultur herleitet. Wie unproduktiv das Verbot sein kann, das die vaterrechtliche Kultur begründet, zeigen alle drei Texte auf unterschiedliche Weise. Von ebenso unterschiedlicher Art sind die Lösungsversuche, die sie anbieten. Da wird (bei Hofmannsthal) der Sohn eingetaucht in die entstrukturierende Welt primärer Mütterlichkeit; da entsteht (bei Fühmann) die Vision, daß die Zeit des »waffenklirrenden grimmigen« Vaterrechts durch die neue Zeit eines sanften Gesetzes abgelöst werden könnte, in der Verantwortung sich nicht mehr von Verboten herleiten würde und Schuld nicht mehr von Gesetzen abhängig wäre; da wird (bei Fichte) die Ich-Struktur, die auf

---

[36] Ebd., 33, 35.

eindeutig männliche oder weibliche Einschreibungen festgelegt ist, durch initiationsähnliche symbolische Rituale zerstört, um durch eine offene Form der Identität ersetzt zu werden.

Alle drei Entwürfe suchen einen Ausweg aus den Wiederholungszwängen und den Fixierungen, denen das »ödipale« Ich ausgesetzt ist. Sie sind getragen von der Hoffnung, daß es möglich sein könnte, sich aus den Zwangssystemen der Konventionen, aus den starren Ordnungen geschlechtlicher Identität zu befreien. Aus den Festschreibungen, von denen der sophokleische wie der freudsche Mythos berichtet, weist das Mythische selbst einen Ausweg: denn der Mythos im ursprünglichen Sinn ist allen Festschreibungen und dogmatischen Erstarrungen feind; er trägt das Potential der Veränderung und der beständigen Metamorphose in sich. Sein Sinn konstituiert sich in der Vielzahl seiner Variationen. Die Arbeit am Mythos, die sich in den erwähnten Werken niedergeschlagen hat, ist von dieser imaginativen Energie und der Kraft der Veränderung erfüllt.

III. Medea

BERNHARD ZIMMERMANN

Seiner Zeit voraus – Euripides *Medea*

I.

»Man hat nicht das Gefühl, bei den Griechen und bei Euripides zu sein, und trotzdem ist man's. Es ist zwar ein Klischeesatz, aber ich finde es unglaublich, wie alt dieser Euripides ist – und doch so heutig. Da stehen Dimensionen drin, die einem so riesige Aufgaben geben, daß man denkt, man kann das gar nicht spielen. Das ist ein Geschenk.« Mit diesen Worten endet ein Interview, wiedergegeben in der Süddeutschen Zeitung vom 17./18.11.2001, Nr. 265, S. 20 mit der Schauspielerin Nina Kunzendorf, die an den Münchner Kammerspielen unter der Regie von Jossi Wieler die Alkestis in Euripides' gleichnamigem Drama spielte. Die Modernität, Aktualität, die Unmittelbarkeit des griechischen Tragikers: dies sind denn auch die positiven Epitheta, mit denen Euripides nicht nur in Theaterprogrammen, sondern auch in philologischen Arbeiten immer wieder geehrt wird. Es stellt sich die Frage, wie der jüngste der drei Tragödiendichter, der ganz im Gegensatz zu Aischylos, der 455 starb, und seinem älteren Zeitgenossen Sophokles Zeit seines Lebens nicht vom Erfolg verwöhnt war, bereits wenige Jahre nach seinem Tod zu dem Tragiker par excellence, zum »tragikótatos« werden konnte, wie ihn Aristoteles in der *Poetik* (c. 13, 1453a 29f.) nennt, und nicht nur den Spielplan des 4. und 3. Jahrhunderts dominierte, nachdem 386 Wiederaufführungen ›alter Tragödien‹ offiziell zugelassen worden waren,[1] sondern durch seine Themen, Inhalte und Handlungsstrukturen auch die anderen Gattungen maßgeblich beeinflussen sollte. Man kann die Erklärung auf einen einfachen Nenner bringen: Euripides war mit seinen Dramen seiner Zeit voraus. Er schrieb nicht für den Geschmack des 5. Jahrhunderts, der durch die radikale attische Demokratie geprägt war, sondern für das bürgerliche 4. und 3. Jahrhundert, die Zeit des sog. Hellenismus. Daß dies nicht moderne philologische oder literaturwis-

---

[1] Bis zu diesem Jahr durften in Athen im Rahmen der Dionysosfeste, der Großen oder Städtischen Dionysien und der Lenäen, Dramen als gleichsam geistige Opfergaben der Stadt nur einmal aufgeführt werden; vgl. dazu B. Zimmermann, Europa und die griechische Tragödie. Vom kultischen Spiel zum Theater der Gegenwart, Frankfurt a.M. 2000, 40.

senschaftliche Interpretation ist, belegt ein Blick in die Komödien des Aristophanes, eines jüngeren Zeitgenossen des Euripides, der sich in seinen Stücken von den *Acharnern* (425 v. Chr.) über die *Thesmophoriazusen* (411 v. Chr.) bis zu den *Fröschen* (405 v. Chr.) immer wieder mit dem Tragiker kritisch-analytisch und parodistisch auseinandersetzt und damit die zutreffendsten Interpretationen des Euripides bietet.[2]

Als Hauptvorwurf hält Aristophanes dem Tragiker vor, daß er ständig das *prépon*, das *decorum* der Gattung Tragödie verletze, die durch die Gattungsnorm gebotene Erhabenheit in Stil und Inhalt nicht berücksichtige. Besonders klar kommen die Vorbehalte des Aristophanes gegen Euripides im Agon der *Frösche*, in der Auseinandersetzung zwischen Aischylos und Euripides, zum Ausdruck: Euripides habe von schändlichen Leidenschaften getriebene Frauen auf die Bühne gebracht wie Phädra und Stheneboia und habe damit den weiblichen Teil des Publikums verdorben (1049ff., 1078ff.). Wie später der Philosoph Platon im *Staat* (*Politeia*) nimmt auch Aristophanes bzw. der aristophanische Aischylos, der in den *Fröschen* mit Euripides diskutiert, eine direkte didaktische Wirkung des auf der Bühne Dargestellten an. Deshalb, so seine Schlußfolgerung, dürfe ein rechter Dichter nichts Schändliches darstellen, um das Publikum nicht zu verderben und ihm Falsches beizubringen. »Denn für die kleinen Kinder ist es der Lehrer, der sie belehrt, für die Erwachsenen sind dies die Dichter. Deshalb dürfen wir Dichter nur Rechtes vorbringen« (*Frösche* 1054f.).

Die Verletzung des tragischen *decorum* kommt nach Aristophanes auch in anderen Bereichen der euripideischen Dramenkunst zum Ausdruck. Er lasse Könige und Heroen (wie im berühmt-berüchtigten *Telephos* des Jahres 438) in Lumpen auftreten (*Frösche* 1063f. und vor allem *Acharner* 393ff.). Ferner siedle er seine Stücke im Milieu von einfachen Leuten an und lasse sie über Allerweltsdinge wie Haushaltsführung rhetorisch perfekt räsonieren (*Frösche* 954ff.). Schließlich komme es ihm mehr auf die Form als auf den Inhalt an, da er banale Inhalte in hochlyrische, hochpathetische Form kleide.[3]

---

[2] Vgl. B. Zimmermann, Aristophanes als Interpret der euripideischen Tragödie, in: U. Criscuolo/R. Maisano (Hgg.), Synodia (Festschrift A. Garzya), Napoli 1997, 1001-1005; B. Zimmermann, Die griechische Komödie, Frankfurt a.M. 2006, 128-141.

[3] Dies wird vor allem in der Parodie der euripideischen Chorlieder und Monodien in den *Fröschen* (1309ff.) deutlich; vgl. dazu B. Zimmermann, Untersuchungen zur Form und dramatischen Technik der Aristophanischen Komödien, Bd. II, Königstein 1985, 13ff.; ders., Parodia metrica nelle Rane di Aristofane, Studi Italiani di Filologia Classica 81 (1988) 35-47.

Mit diesen Kritikpunkten trifft Aristophanes in der Tat vier Bereiche, die für die euripideische Tragödie bezeichnend sind: die Dominanz der weiblichen Rollen, die ›Verbürgerlichung‹ der Gattung der Tragödie, die von der Sophistik beeinflußte Rhetorik und – vor allem im Spätwerk – die formalen Spielereien. Ich will im folgenden versuchen, diese Aspekte der euripideischen Tragödie, die Aristophanes herausstreicht, näher zu beleuchten, und mich dann vor diesem Hintergrund der *Medea* zuwenden.

II.

Man findet im Werk des Euripides verschiedene Frauengestalten,[4] die die männlichen Charaktere oft blaß erscheinen lassen und sie zu bloßen Nebenrollen degradieren: die liebende Alkestis, die sich für ihren Gatten opfert und freiwillig für ihn in den Tod geht, Phaidra, die von Liebe zu ihrem Stiefsohn Hippolytos gepackt ist und die als Spielball göttlicher Mächte einen aussichtslosen Kampf gegen die schamlosen Gefühle ausficht, die vom maßlosen Haß auf den treulosen Gatten getriebene Medea, die die Ermordung der eigenen Kinder als letztes Mittel sieht, um sich an Jason zu rächen, die unter dem Krieg leidenden Kassandra, Polyxena und Iphigenie (in Aulis), die ihr Schicksal akzeptieren, ja, ihm sogar einen Sinn abgewinnen, die verzweifelte Mutter Hekabe, die an ihrem Leid zerbricht und durch die Grausamkeit der anderen selbst zur grausamen Bestie wird, schließlich die arrogante Helena und ihre naive Tochter Hermione im *Orestes* und die von abgrundtiefem Haß auf ihre Mutter Klytaimestra getriebene Elektra. Friedrich Schlegel[5] hat hinter der Verschiedenheit der weiblichen Charaktere des Euripides eine gemeinsame Triebfeder des Handelns erkannt: die Leidenschaft. »Zur Charakter-Schönheit hat er sich nie erhoben, in der Leidenschaft ist er aber immer unübertrefflich.« Schle-

4 Die Rolle der Frau in der griechischen Literatur und insbesondere in der Tragödie ist ein gerade in den letzten Jahren häufig traktiertes Thema; vgl. zusammenfassend – unter Einbeziehung der Sekundärliteratur – R.E. Harder, Die Frauenrollen bei Euripides, Stuttgart 1993.

5 Abhandlung über die weiblichen Charaktere in den griechischen Dichtern, 1794; zitiert nach F. Schlegel, Studien des Klassischen Altertums. Eingeleitet und herausgegeben von E. Behler, Paderborn/München/Wien 1979, 63.

gels Diktum leuchtet im Falle von Medea und Phaidra von selbst ein. Aber auch die positiven Frauengestalten wie Alkestis, Kassandra in den *Troerinnen*, Hermione im *Orestes* und Iphigenie in der *Iphigenie in Aulis* sind letzten Endes von einem leidenschaftlichen Impuls getragen: von dem Drang, sich für andere aufzuopfern. Gerade die Auslotung der Möglichkeiten der weiblichen Psyche und die Darstellung der weiblichen Leidenschaft machten Euripides zu dem Autor, der für den an der Pathologie des Affekts besonders interessierten Seneca – vor allem in seiner *Phaedra* und *Medea* – das geeignete Vorbild war.

III.

Voller Stolz läßt Aristophanes Euripides in den *Fröschen* von sich sagen (959-961):

> Allerweltsdinge habe ich auf die Bühne gebracht, mit denen wir täglich umgehen, mit denen wir jeden Tag konfrontiert werden und durch die ich sogleich widerlegt werden könnte, wenn ich einen Fehler machte. Denn diese da, das Publikum, hätten mich in meiner Kunst widerlegen können, da sie ja mit all diesen Dingen vertraut sind.

Die Verbürgerlichung[6] der erhabenen Gattung Tragödie, die Aristophanes in diesen Versen Euripides zum Vorwurf macht, läßt sich vor allem im Spätwerk nachweisen. Das auffallendste Beispiel ist die *Elektra*, auf eine auffallende Passage in der *Medea* komme ich nachher noch zu sprechen. Elektra, die Tochter des Königs und Heerführers Agamemnon, ist in der Tragödie des Euripides mit einem verarmten Adligen verheiratet, der auf dem Land von seiner eigenen Hände Arbeit leben muß (vgl. vor allem die Verse 77-81). Sie wird im Eröffnungsteil des Stücks als treusorgende Hausfrau dargestellt, die die Arbeiten einer Magd verrichten muß. Ganz in dieser Rolle aufgehend, ist es ihr Hauptanliegen, den beiden Fremden – Orestes und Pylades, die sich noch nicht zu erkennen gegeben haben – trotz ihrer Armut ein anständiges Begrüßungsmahl vorzusetzen. Um so größer ist der Kontrast zur zweiten Hälfte der Tragödie, in der Elektra zur haß-

[6] Vgl. dazu B. Zimmermann, Die griechische Tragödie. Eine Einführung, Düsseldorf ^{3}2005, 111-113.

erfüllten, unerbittlichen Rächerin wird und den zögernden Orest, der angesichts seiner Mutter an der Richtigkeit des Mordplanes zweifelt (962ff.), zur Tat anstachelt. Die Grausamkeit der Rachetat wird dadurch unterstrichen, daß Aigisthos geradezu jovial gezeichnet ist und Klytaimestra als eine Frau erscheint, die das Verfehlte ihrer Tat, der Ermordung Agamemnons, längst eingesehen hat und sich mit ihrer Tochter versöhnen will (1105ff.). Dazu paßt, daß am Schluß der Tragödie Kastor und Polydeukes, die vergöttlichten Brüder Klytaimestras und Helenas, also die Onkel Elektras und Orests, die als dei ex machina erscheinen, um die verworrenen Verhältnisse zu ordnen, Apollons Auftrag an Orest, seine Mutter umzubringen, kritisieren (1245f., 1302).

IV.

Der dritte Vorwurf, den Aristophanes dem Tragiker macht, richtet sich gegen den rhetorischen Charakter seiner Stücke, der durch die zeitgenössische Rhetorikdiskussion und den Rhetorikunterricht der Sophisten beeinflußt worden ist. Er habe sein Publikum, so Euripides in den *Fröschen* (954-958), reden gelehrt, er habe ihm feinsinnig zu denken beigebracht, ihm nahegebracht, einen wachen Verstand zu haben, alles von mehreren Seiten zu umdenken und bisweilen auch Intrigen einzufädeln. Damit habe Euripides, so das Schlußwort des Chores (1491-1499), die höchsten Werte der tragischen Kunst verraten. Anstatt die Bürger zu erziehen, wie das Aischylos mit seinen Tragödien getan habe, habe er ihnen eine kurzweilige Unterhaltung geboten, die vor allem auf der Bühnenwirksamkeit seiner Stücke aufbaue. Nur um beim Publikum Eindruck zu machen, habe er in Lumpen gehüllte Könige auf die Bühne gebracht wie im *Telephos* des Jahres 438 (*Frösche* 1063f.) und der Musik in seinen Tragödien eine immer größere Bedeutung zugeteilt.

Einige wenige Worte zum Hintergrund dieser Kritik seien gestattet: Die Entwicklung der griechischen Musik nach den Perserkriegen lief auf eine immer größere Beliebtheit der Solomusik und des Sologesangs hinaus. Solisten waren eher dazu in der Lage als der aus 15 Sängern bestehende Chor einer Tragödie, durch ihren Gesang und ihren Tanz Emotionen wiederzugeben und damit musikalische Glanzpunkte in einer Aufführung zu setzen. Diese Entwicklung führte dazu, daß der Klang wichtiger als der Inhalt wurde. Besonders das Singen von Koloraturen (*Frösche* 1314) wird von Aristophanes als symptomatisch für den Niedergang in der tragischen

Musik angeführt. Diese Entwicklung in der Tragödie, die auf eine immer größere Bedeutung der Solisten hinausläuft, spiegelt das Verhältnis zwischen einzelnem und Kollektiv in der Polis wider. Gegen Ende des 5. Jahrhunderts drängen sich immer mehr große einzelne wie Alkibiades in den Vordergrund, während das Volk, der souveräne Demos, mehr und mehr in den Hintergrund tritt. Der Komiker Aristophanes wie der Philosoph Platon, die beide den unmittelbaren Zusammenhang zwischen Tragödie, Komödie und Polis erkannt haben, weisen denn auch übereinstimmend auf die Wurzel des Übels hin: auf die Sophistik, jene aufklärerische Bewegung des 5. Jahrhunderts also, die an den bestehenden Traditionen und Normen rüttelte, sie hinterfragte und schließlich zum Einsturz brachte.[7]

Besonders deutlich werden die Besonderheiten der durch die Neue Musik beeinflußten euripideischen Monodien in der Parodie der *Frösche* 1331-1363:[8] Im Gegensatz zur Mnesilochos-Arie der *Thesmophoriazusen* (1015-1054), in der Aristophanes mit Zitaten aus euripideischen Stücken arbeitet, geht es ihm in der Parodie der *Frösche* um die euripideische Monodie an sich (vgl. V. 1330).[9] Er nimmt sich einen bestimmten Typus vor: die Reaktion auf einen unheimlichen Traum[10] und die damit verbundenen Klagen und Reflexionen. Die komische Basis der aristophanischen Parodie ist der denkbar triviale Anlaß, der Diebstahl eines Hahnes, und die übersteigerte Reaktion der Frau.[11] Banaler Inhalt und hochpoetische Diktion, die von der hohen Form einer polymetrischen Komposition getragen wird, stehen in einem unüberwindbaren Gegensatz und unterstreichen das Mißverhältnis von Form und Inhalt, das den späten euripideischen lyrischen Partien häufig innewohnt.

Aristophanes trifft sich in seiner Kritik mit einem anderen Kenner und Kritiker der späten Tragödie und Musik, mit dem Philosophen Platon, der

[7] Vgl. dazu B. Zimmermann, Dichtung und Musik. Überlegungen zur Bühnenmusik im 5. und 4. Jahrhundert v. Chr., Lexis 11 (1993) 23-35.

[8] Vgl. Zimmermann, Griechische Tragödie (s. Anm. 6) 13ff.

[9] Vgl. P. Rau, Paratragodia. Untersuchungen zu einer komischen Form des Aristophanes, München 1967, 131.

[10] Vgl. Euripides, *Hekabe* 68ff., *Iphigenie bei den Taurern* 42ff. 143ff.; vgl. Chr. Walde, Die Traumdarstellung in der griechisch-römischen Dichtung, München/Leipzig 2001, 145-174.

[11] Rau, Paratragodia (s. Anm. 9) 131.

im *Staat* (397 a1-b 2) die mimetischen Tendenzen der Neuen Musik tadelt und in den *Gesetzen* (701 a) bissig die musikalischen Innovationen als Reverenz der Dichter-Komponisten vor dem modernen, degenerierten Publikumsgeschmack hinstellt: die Aristokratie des guten Geschmacks der wenigen Gebildeten habe im Theater der Theatrokratia, der Pöbelherrschaft der Ungebildeten, Platz gemacht. Nicht mehr Bildung, Paideia, sei Ziel der Dichter, sondern Unterhaltung des Publikums. Damit werden zum ersten Mal in der europäischen Theatergeschichte und der kritischen Auseinandersetzung mit dem Theater zwei entgegengesetzte Positionen deutlich, die die Diskussion bis heute bestimmen: Soll das Theater unterhalten oder soll es bilden und erziehen, soll es eine ›moralische Anstalt‹ sein, um Friedrich Schiller zu zitieren.[12]

Die aristophanische und platonische Kritik beleuchtet in der Tat in aller Deutlichkeit den Umbruch, der in der griechischen Literatur gegen Ende des 5. Jahrhunderts einsetzte. Die literarischen Gattungen, vor allem die dionysischen Genres Drama (Komödie, Tragödie und Satyrspiel) und Dithyrambos,[13] verlieren ihre Wurzeln im Kult und in der Polis, die im Jahre 404 v. Chr. nach dem 27 Jahre währenden Peloponnesischen Krieg (431-404) ihren Zusammenbruch erlebte. Aus der politischen, d.h. in der Polis verankerten Dichtung des 5. Jahrhunderts, wird die unpolitische, private Dichtung der Zeit des Hellenismus. Man denke nur an Menanders Komödien, in denen nicht mehr die Polis und die Probleme ihrer Bürger im Mittelpunkt stehen, sondern die bürgerliche Familie, deren Kosmos durch die Eskapaden eines Mitglieds, meist des jungen Mannes, aus den Fugen zu geraten droht. Daß Euripides im 4. Jahrhundert zum beliebtesten Tragiker wurde, zum Tragiker par excellence (Aristoteles, *Poetik* c. 13, 1453 a29f.), ist mit den Charakteristika vor Augen, die Aristophanes für die euripideische Tragödie zusammenstellt, nicht erstaunlich.

12 Die Schaubühne als moralische Anstalt betrachtet (1802, überarbeitete Fassung seiner Antrittsrede in der Kurfürstlichen Deutschen Gesellschaft Mannheim vom 26.6.1784 mit dem Titel *Vom Wirken der Schaubühne auf das Volk*).

13 Zu diesem Kultlied zu Ehren des Dionysos vgl. B. Zimmermann, Dithyrambos. Geschichte einer Gattung, Berlin 2008.

V.

Wenden wir uns nach diesen allgemeinen Vorüberlegungen der 431 v. Chr. aufgeführten *Medea* zu,[14] die zusammen mit den Tragödien *Philoktetes* und *Diktys* und dem abschließenden Satyrspiel *Die Schnitter* (*Theristai*) aufgeführt wurde.[15] Die Tragödie gehört zu den Dramen, mit denen Euripides zu Lebzeiten keinen Erfolg hatte.[16] 431 belegte er hinter Aischylos' Sohn Euphorion und Sophokles mit seiner Tetralogie den letzten Platz,[17] seit dem 4. Jahrhundert über die hellenistische und römische Dichtung bis in die Gegenwart gehört die *Medea* zu Euripides' bekanntesten Dramen.

Zunächst einige wenige Worte zu den mythologischen Voraussetzungen des euripideischen Stücks:[18] Jason, der Sohn des Königs Aison, wird nach dem Tod oder – nach einer anderen Variante des Mythos – nach der Vertreibung seines Vaters von seinem Onkel Pelias aus der Heimat Jolkos vertrieben und wächst bei dem weisen Kentauren Chiron auf. Pelias, von einem Orakel vor seinem Neffen gewarnt, versucht den jungen Mann loszuwerden, indem er ihm den seiner Meinung nach unerfüllbaren Auf-

---

14 Kommentiert von D.J. Mastronarde, Euripides, Medea, Oxford 2002. Basisinformationen zum Stück finden sich bei A. Lesky, Die tragische Dichtung der Hellenen, Göttingen ³1972, 300-313; J. Latacz, Einführung in die griechische Tragödie, Göttingen 1993, 280-293; Zimmermann, Griechische Tragödie (s. Anm. 6) 101-105.

15 Zum *Philoktet* vgl. C.W. Müller, Philoktet. Beiträge zur Wiedergewinnung einer Tragödie des Euripides, Stuttgart/Leipzig 1997; C.W. Müller, Euripides, Philoktet, Berlin/New York 2000; zu den *Theristai* vgl. R. Krumeich/N. Pechstein/B. Seidensticker, Das griechische Satyrspiel, Darmstadt 1999, 476.

16 Vgl. zuletzt C.W. Müller, Der Sieg des Euphorion, die Zurücksetzung des Sophokles und die Niederlage des Euripides im Tragödienagon des Jahres 431, Rheinisches Museum 145 (2002) 61-67.

17 Nach welchen Kriterien die Jury entschied, ist nicht bekannt. Es ist jedoch zu vermuten, daß häufig politische über ästhetische Gesichtspunkte siegten. Das Gremium, das aus zehn Richtern bestand, wurde in einem ausgeklügelten Verfahren bestellt. Um Bestechungen zu vermeiden, wurde die Zusammensetzung des Gremiums bis zuletzt geheim gehalten; für die Entscheidung wurden von den zehn Stimmen nur fünf, die ausgelost wurden, herangezogen. Vgl. A.W. Pickard-Cambridge, The dramatic festivals of Athens, Oxford ²1968 (1988), 95-99.

18 Zu Euripides' Umgang mit der mythischen Tradition vgl. Th.K. Stephanopoulos, Umgestaltung des Mythos durch Euripides, Athen 1980; R. Aélion, Quelques grands mythes héroïques dans l'œuvre d'Euripide, Paris 1986, 119-149 (zur Argonauten- und Jason-Medea-Sage); A.N. Michelini, Euripides and the tragic tradition, Wisconsin 1987; B. Effe, Die Grenzen der Aufklärung. Zur Funktion des Mythos bei Euripides, in: G. Binder/B. Effe (Hgg.), Mythos. Erzählende Weltdeutung im Spannungsfeld von Ritual, Geschichte und Rationalität, Trier 1990, 56-74.

trag überträgt, das Goldene Vlies aus Kolchis am Schwarzen Meer herbeizuschaffen. Jason rüstet das erste Schiff der Menschheit, die Argo, aus und sticht mit einer auserwählten Mannschaft, den Argonauten, in See. Mit Hilfe der zauberkräftigen Tochter des Königs von Kolchis, Medea, kann er sich des Goldenen Vlieses bemächtigen. Nach Jolkos zurückgekehrt, nimmt er wiederum mit Medeas Hilfe, die nach einer Version des Mythos auf der Flucht zur See ihren Bruder Apsyrtos zerstückelt und ins Meer geworfen haben soll, um die Verfolger aufzuhalten, grausame Rache an seinem Onkel. Medea beweist ihre Zauberkräfte den Töchtern des Pelias, die ihrem Vater die Jugend wieder schenken wollen, indem sie einen Widder zerstückelt und wieder jung kocht. Zu spät erkennen die Peliaden die List Medeas. In Korinth finden Medea und Jason Zuflucht. Jason verläßt jedoch Medea, um die Tochter des korinthischen Königs zu heiraten. In dieser Situation setzt die Tragödie des Euripides ein.

Zentrale Motive des Mythos, die auch in anderen Bearbeitungen des Medea-Jason-Stoffes bis hin zu Pasolinis Medea-Film[19] anklingen, sind

1. die Zauberkraft Medeas, die sie wie alle dem Stamm des Sonnengottes Helios entstammenden Frauen besitzt. Medea ist Tochter des Helios-Sohnes Aietes und der Okeanos-Tochter Idyia (Hesiod, *Theogonie* 958ff.);[20]
2. Medea die Heimatlose, die trotz allem, was sie für Jason getan hat, der ihr für ihre Hilfe in Kolchis das Eheversprechen gab (Pindar, *Pythie* 4, 222f.), wegen der korinthischen Königstochter von ihm verlassen wird.[21] Damit verbunden ist das Motiv von Medea als der Fremden, die in einer ihr fremden Umgebung als Asylantin leben muß und der diese Umgebung die Fremdheit, das Barbarentum auch vorhält.

---

19 Vgl. M. Fusillo, La Grecia secondo Pasolini. Mito e cinema, Firenze 1996; B. Zimmermann, Fremde Antike ? – P.P. Pasolinis Medea, in: U. Eigler (Hgg.), Bewegte Antike. Antike Themen im modernen Film, Stuttgart/Weimar 2002, 55-66.

20 Vgl. M.L. West, Hesiod. Theogony, Oxford 1966, 420. Apollonios Rhodios in seinem Argonautenepos (3, 243, 269) nennt sie Eidyia, d.h die »Wissende« ist Mutter der »Sinnenden«, »Denkenden«. Der Medea-Jason-Mythos wird von Hesiod in der *Theogonie* 992ff. gestreift. Medeas Erwähnung in diesem Zusammenhang (als Tochter des Aietes) belegt, daß sie als Heroine gedacht war, vgl. West, a.a.O. 429.

21 Zu Medeas Beziehungen zu Korinth, die von dem Epiker Eumelos in seinen *Korinthiaka* behandelt wurden, vgl. D.L. Page, Euripides, Medea, Oxford 1938, XXI-XXV. Nach dieser Version des Mythos war Medea die rechtmäßige Erbin der Stadt Korinth, die von den Einwohnern aus Jolkos nach Korinth als Königin gerufen wurde, so daß Jason durch Medea korinthischer König wurde.

3. Medea als Mörderin, die ihren Bruder Apsyrtos selbst (*Medea* 167, 1334f.) und Jasons Onkel Pelias durch seine Töchter zerstückeln läßt (*Medea* 486f.);[22]
4. die Ermordung bzw. Zerstückelung der Kinder. Dieses Motiv beschäftigte schon die antiken Philologen. Es gibt bis heute eine ausführliche Diskussion darüber, ob Euripides den Kindermord in dieser Form erfunden habe. Denn nach anderen mythologischen Varianten, wie sie bei Pausanias überliefert sind, tötete Medea ihre Kinder unabsichtlich (Pausanias 2, 3, 11), oder aber die Korinther ermordeten die Kinder aus Rache für den Tod Kreons und seiner Tochter (Pausanias 2, 3, 6). Die Frage, wer denn das Motiv des Kindermordes in den Medea-Stoff eingeführt habe, beschäftigte schon die antike, hellenistische Philologie. Anekdotisch zu verstehen ist sicherlich die Erklärung, Euripides sei von den Korinthern bestochen worden, Medea zur Mörderin zu machen. Bedeutend mehr Kontroversen löste die Variante aus, Euripides habe den Schluß nicht selbst erfunden, sondern von einem anderen Tragiker namens Neophron entlehnt bzw. er habe gar eine »Medea« des Neophron umgeschrieben und dann als sein eigenes Stück ausgegeben. All diese Erklärungsversuche dokumentieren, daß schon die Antike Schwierigkeiten mit dem Schluß der Tragödie hatte, zumal der Kindermord eine Neuerung im Medea-Mythos darstellte und deshalb erklärungsbedürftig war. Wie gesagt, gibt es bis heute keine einhellige Meinung in der Sache Neophron und Euripides.[23] Ich bin der Meinung, daß der Schluß, der Kindermord, auf Euripides zurückgehen muß, und zwar aus folgenden Gründen: Es paßt hervorragend zur Dramaturgie des Euripides, gerade am Ende des Dramas ein überraschendes Moment einzuführen, das vom traditionellen Mythos, vom traditionellen Handlungsgerüst, abweicht. Insbesondere paßt die Schlußszene – sowohl der Kindermord als auch die Entrückung Medeas auf dem Zauberwagen – exzellent in den Zusammenhang des gesamten Stücks, zumal die Ermordung der Kinder Schritt für Schritt von den ersten Versen an vorbereitet wird. Außerdem betont der hellenistische Philologe Aristophanes von Byzanz, der ein zuverlässiger Gewährsmann für das Drama des 5. Jahrhunderts

[22] Dieses Motiv des Mythos hatte Euripides bereits bei seinem Debüt als Tragiker in den *Peliaden* (Pelias-Töchtern) behandelt.

[23] Vgl. dazu Mastronarde, Medea (s. Anm. 14) 57-64; B. Manuwald, Der Mord an den Kindern. Bemerkungen zu den Medea-Tragödien des Euripides und Neophron, Wiener Studien 17 (1983) 27-61.

ist, daß im 5. Jahrhundert nur Euripides, aber nicht Sophokles oder Aischylos eine *Medea* verfaßt hätten. Alle Medea-Stücke, die wir in Fragmenten haben oder deren Autoren wir wenigstens namentlich kennen, stammen aus nacheuripideischer Zeit[24] und stehen somit unter dem Einfluß der euripideischen Tragödie – also wohl auch der mysteriöse Neophron.

---

[24] Neben Neophron (B. Snell/R. Kannicht, Tragicorum Graecorum Fragmenta, Vol. I, Göttingen 1986, 92-94 [TrGF I 15]) ist der Titel »Medea« bezeugt für einen sonst unbekannten Biotos (TrGF I 205, Zeit unbekannt), für Euripides II (TrGF I 17), Melanthios (5. Jh., TrGF I 23 F 1, vielleicht auch Melanthios aus Rhodos, 2. Jh., zuzuweisen [TrGF I 131 F 1]), aus dem 4. Jh. v. Chr. sind Medeen belegt für Karkinos den Jüngeren (TrGF I 70 F 1e), Dikaiogenes (TrGF I 52 F 1a), den Kyniker Diogenes von Sinope (TrGF I 88 F 1e) und Theodorides (TrGF I 78 IA). – Wie nicht anders zu erwarten, eroberte Medea auch die Komödie, und zwar nicht nur die Mittlere Komödie des 4. Jahrhunderts, bei der man Mythentravestie bzw. -parodie erwarten würde, vielmehr sind bereits bei Autoren der Alten Komödie des 5. Jahrhunderts Medea-Stücke nachweisbar: für Kantharos (5. Jh., Fr. 1-4 Poetae Comici Graeci, edd. R. Kassel/C. Austin, Berlin/New York 1983ff. [PCG]) und Strattis (5./4. Jh., Fr. 34-36 PCG), aus der Mese sind eine *Medea* des Antiphanes (Fr. 151 und 239 PCG [inc. fab.]) und Eubulos (Fr. 64 PCG) belegt. Die Beliebtheit und wohl auch Bühnenpräsenz der euripideischen *Medea* wird durch ein parodisches Zitat bei Philemon (Fr. 82, 1f. PCG = Euripides, *Medea* 57) sowie bei Machon Fr. 173, 407 Gow unterstrichen. Gerne wüßte man mehr über die der sizilischen Komödie zuzurechnenden Medea-Stücke des Epicharm (T 35 PCG), Deinolochos (T 3, 5 PCG) sowie über Rhinthons (4./3. Jh.) Stück (Fr. 7 PCG). – Ähnlich stark vertreten ist Medea im römischen Drama, bei Ennius (205-241 Ribbeck = O. Ribbeck, Scaenicae Romanorum poesis fragmenta, Vol. I: Tragicorum fragmenta, Leipzig 1871) und Accius (391-423 R.), dazu kommt Pacuvius' *Medus* (218-243 Ribbeck). Bezeugt sind Medea-Dramen für Ovid (1-2 Ribbeck), Lucan und Curiatius Maternus (vgl. Tacitus, *Dialogus* 3), als rhetorische Fingerübung kann man wohl die sechs bei Stobaios (4, 24, 52) zitierten Verse aus einer griechischen *Medea* des Cn. Pompeius Macer, eines Freundes Ovids, ansehen (TrGF I 180 F1), die der Entscheidungsszene der euripideischen *Medea* nachgebildet sind. Den zweiten Eckpfeiler in der Antike neben Euripides' Stück stellt schließlich Senecas *Medea* dar (vgl. dazu den Beitrag von Chr. Walde in diesem Band). – Eine herausragende Stellung nimmt Medea auch in der nicht-dramatischen lateinischen Literatur des 1. Jahrhunderts v. Chr. ein, insbesondere, wie nicht anders zu erwarten, in der Elegie. Medea, die bedingungslos Liebende, findet sich in den *Dirae* 153, bei Properz 2, 24, 45f., die *impietas* der Kindermörderin wird in *Culex* 249 betont. Als *venefica* wird Medea in *Eleg. ad Maecenatem* 109-112 erwähnt, ebenso bei Tibull 1, 2, 53f. und 2, 4, 55 und vor allem bei Horaz, *Epoden* 3, 9-14 und 5, 61-66. Ovid widmet ihr eine große Partie des 7. Buchs der *Metamorphosen* (1-424) und den 12. Brief der *Heroides*. Gerade ihre Fremdheit, ihre Wildheit und *impietas*, ihr unbezwingbarer Charakter scheinen die dominanten Elemente geworden zu sein, die die augusteische Literatur mit Medea verband, wie es prägnant Horaz in der *Ars poetica* 123 ausdrückt: *Sit Medea ferox invictaque.*

Auf alle Fälle, und damit kommen wir zu Euripides zurück, stellt die *Medea* im 5. Jahrhundert ein Ausnahmestück dar. Eine Durchsicht der bezeugten Titel des 5. Jahrhunderts belegt, daß von der Vielzahl der Mythen, die vor allem in den epischen Dichtungen erzählt wurden, einige Mythen-Komplexe bei den attischen Tragikern eine besondere Vorliebe genossen:[25] Es sind vor allem die mit dem trojanischen Kriege verbundenen Ereignisse, die Einnahme der Stadt, das Schicksal der Sieger und Besiegten, aber auch die dem großen Krieg vorausgehenden Episoden. Genauso zentral war der thebanische Sagenkreis, das Schicksal der Nachkommen des Labdakos, zu denen nicht nur Oidipus und seine Kinder zählten, sondern auch der Gott des Theaters, Dionysos, und der große griechische Heros Herakles. Die Konzentration auf wenige mythologische Bereiche, die auch Aristoteles im 13. Kapitel der *Poetik* betont, dürfte darin begründet sein, daß die Tragiker nicht nur den Wettstreit im Rahmen des aktuellen Festes suchten, sondern sich auch über Jahre hinweg mit ihren Vorgängern messen wollten, insbesondere mit dem Altmeister der tragischen Kunst, Aischylos,[26] und im 4. Jahrhundert vor allem mit Euripides. Welche neuen Akzente nun die anderen Autoren, von denen Medea-Dramen bezeugt sind, gesetzt haben, können wir nicht nachvollziehen. Wir können jedoch durch einen Vergleich der drei Elektra-Dramen der drei großen griechischen Tragiker deutlich sehen, welche gestalterischen Möglichkeiten ein Tragiker des 5. Jahrhunderts besaß. Zwar darf der Kern eines Mythos, wie wiederum Aristoteles im 14. Kapitel (1453b 22-26) der *Poetik* herausstreicht, nicht verändert werden, also muß zum Beispiel Klytaimestra durch die Hand ihres Sohnes Orest sterben. Innerhalb dieses mythologischen Rahmens hat der Dichter jedoch alle Freiheit, sein Stück frei auszugestalten. Dies kann er zum Beispiel dadurch erreichen, indem er neue Personen in die Handlung einführt (Aigeus in der *Medea*) oder neue Handlungselemente entwickelt (Kindermord), indem er im Mythos latent angelegte Fakten stärker akzentuiert, insbesondere die *deinótes*, die gefährliche, geistige Fähigkeit der Medea, die ja auch durch die Etymologie ihres Namens, die Ableitung von *médesthai*,

[25] Vgl. Zimmermann, Europa und die griechische Tragödie (s. Anm. 1) 113-124.

[26] Dies hängt vor allem damit zusammen, daß Aischylos als Ausnahme und als besondere Ehrung nach seinem Tod von der athenischen Volksversammlung das Recht der Wiederaufführung seiner Stücke verliehen wurde. Aischylos war also wie ein lebender Dichter auf der Bühne in der zweiten Hälfte des 5. Jahrhunderts präsent. Vgl. H.-J. Newiger, Elektra in Aristophanes' Wolken, in: ders., Drama und Theater. Ausgewählte Schriften zum griechischen Drama, Stuttgart 1996, 109-116.

»ausdenken«, »planen«, nahelag,[27] besonders jedoch dadurch, daß er die handelnden Personen anders charakterisiert und ihre Entscheidungen und Handlungen in ein anderes Licht rückt, sie aus anderen Perspektiven betrachten läßt und damit eine andere, häufig theologische Gesamtdeutung eines Mythos entwirft.

Daß wir in der *Medea* das auffallendste Beispiel für die von dem Komödiendichter Aristophanes kritisierte Dominanz der Frauenrollen vor uns haben, belegt schon ein Blick auf die Struktur der Tragödie. Die Handlung ist ganz auf Medea konzipiert, von Anfang bis Ende beherrscht sie das Geschehen. Auch im Prolog, in dem sie nicht direkt anwesend ist, ist sie das Gesprächsthema und ist ab Versen 96ff. aus dem hinter-szenischen Raum zu hören. Eine kurze Aufbauskizze mag zur Verdeutlichung dienen:[28]

Prolog (1-130): Amme, Pädagoge, ab Vv. 95ff. Anapäste Medeas aus dem hinterszenischen Raum
Parodos 131-213 als Amoibaion (Wechselgesang): Chor, Medea, Amme: Mitgefühl für Medea
1. Epeisodion 214-409: Medea, Chor, ab 271 Kreon (Trugrede I, Hikesie I)
1. Stasimon 410-445: Tadel der Dichter, die nur Frauen als Beispiel für Treulosigkeit kennen.
2. Epeisodion 446-626: Medea – Jason
2. Stasimon 627-662: Hymnos auf die Macht der Liebe und die eheliche Treue
3. Epeisodion 663-823: Medea – Aigeus (Hikesie II)
3. Stasimon 824-865: Lobpreis Athens als künftiger Zufluchtsort Medeas
4. Epeisodion 866-975: Medea – Jason (Trugrede II)
4. Stasimon 976-1001: Vorwegnahme der Übergabe der todbringenden Geschenke
5. Epeisodion 1002-1250: Medea – Pädagoge, Anapäste des Chors 1081-1115 (Thema: Kinder), 1116-1250 Medea – Bote
5. Stasimon 1251-1292: Klage wegen der bevorstehenden Ermordung der Kinder
Exodos 1293-1419: Medea – Jason

---

[27] Solche etymologischen Ableitungen, die im Namen eine wesentliche Charaktereigenschaft einer Person sehen, überraschen bei Euripides nicht, der auch sonst seine Vertrautheit mit sophistischem Gedankengut und sophistischen Methoden zeigt, zu denen auch die Etymologie zählte. Man findet derartige Etymologien jedoch schon bei Homer, *Odyssee* 19, 406-409, Aischylos, *Sieben gegen Theben* 577f., 829f. und bei Sophokles im *Aias*, der seinen Namen vom Klageruf *aiai* ableitet (430f.); vgl. A.F. Garvie, Sophocles, Ajax, Warminster 1998, 165: »This is no frigid conceit, but springs from the common and provides a clue to his character or distiny«. Man vgl. vor allem auch Platon, *Kratylos* 435d.

[28] Die Termini technici der einzelnen Bauteile der Tragödie nach Aristoteles, *Poetik* c. 12, 1452 b14-27; vgl. W. Jens (Hg.), Die Bauformen der griechischen Tragödie, München 1971.

Werfen wir einen Blick auf die Entwicklung Medeas im Verlauf des Stücks. Im Prolog (20ff.) wird sie von der Amme als eine verzweifelte, heimatlose, apathische Frau geschildert. Daß Jason, der ihr in Kolchis die größten Treueversprechen gegeben hat, sie verlassen hat, bedeutet für sie, die Enkelin des Sonnengottes Helios und Tochter des Königs Aietes, einen Ehrverlust (33), zumal sie für ihn ein Verbrechen begangen hat (Pelias, V. 9f.). Mit diesem Hinweis auf die Ehre, *timé*, verbindet Euripides einen Begriff der Männerwelt mit Medea – wohl als eine erste Verunsicherung des zeitgenössischen Zuschauers. Ich möchte nur am Rande darauf hinweisen, daß der wohl einige Jahre vor der *Medea* aufgeführte *Aias* des Sophokles denselben Ausgangspunkt hat: den Verlust der persönlichen Ehre, den Aias durch die Ermordung der griechischen Heerführer wettzumachen versucht und, als dies durch göttlichen Eingriff scheitert, nur durch den Selbstmord tilgen kann. Da zahlreiche Bezüge inhaltlicher wie struktureller Art zwischen den beiden Tragödien vorliegen, liegt die Annahme nahe, daß Euripides das sophokleische Stück evozieren und auf seine völlig andere Lösung der Ausgangssituation hinweisen wollte.[29]
Selbst an den Kindern, fährt die Amme fort, kann Medea sich nicht erfreuen, sondern sie haßt sie (36), so daß die Amme etwas Neues, Unerhörtes, Schreckliches befürchtet. Denn Medea werde es nicht ertragen, daß ihr Unrecht, daß ihr diese Schmach angetan werde (38f.). *deiné gar* (44) – denn diese Frau ist jedem überlegen, sie ist fürchterlich, und niemand, der sich mit ihr auf einen Streit einläßt, der sie zur Feindin hat, wird den Sieg davontragen können (44f.).
Die von der Amme eingeführte Medea legt vor den korinthischen Frauen, die den Chor bilden, zunächst ihre eigene Lage dar, bevor sie von ihrem speziellen Fall abstrahiert und allgemeine Reflexionen über die Lage der Frau in der Gesellschaft anstellt (225ff.):

> Mich hat ein völlig unerwarteter Schlag, der mich im Innersten traf, vollkommen zerrüttet. Ich bin am Ende, ich habe keinen festen Boden mehr unter meinen Füßen, ich sehne mich nur noch danach zu sterben, Freundinnen. Denn er, der mein Alles war – ich sehe das jetzt ganz klar –, er hat sich als der größte Schuft erwiesen – er, mein Gatte!

Doch ihr Fall stelle keine Ausnahme dar, fährt Medea fort (230ff.), denn »von allem, was beseelt ist und Verstand hat, sind wir Frauen das allerunglücklichste Geschlecht auf Erden«. Zunächst müsse die Frau oder der

---

[29] Vgl. Zimmermann, Griechische Tragödie (s. Anm. 6) 103f.

Brautvater mit einer großen Mitgift einen Gatten als Herrscher über den weiblichen Körper kaufen. Medea deutet aus der Warte der Fremden das System der Mitgift. Denn vor allem in der Oberschicht ist die Mitgift eine Prestigeangelegenheit, ohne eine angemessene Mitgift besteht für eine Frau praktisch keine Ehefähigkeit. Die Frauen seien bloße Opfer (233f.), den Männern völlig ausgeliefert. Nie könnten sie wissen, als was sich ihr Mann in der Ehe entpuppen wird. Zudem sei die Frau allein auf den Mann fixiert, allein vom Mann abhängig, während der sich auch außerhalb des Hauses vergnügen könne (244-247). Und auch der Einwand der Männer, die Frauen führten ein ungefährliches Leben zu Hause, sei leicht zu entkräften: Lieber würde sie drei- oder viermal in den Krieg ziehen als einmal gebären. Die lange Rede Medeas stellt einen der von Aristophanes in den *Fröschen* kritisierten Fälle der Aktualisierung, ja sogar der Verbürgerlichung dar: Medea spricht über die Lage der Frau in Athen in der zweiten Hälfte des 5. Jahrhunderts v. Chr. Indem Euripides in dieser Rede Medeas die Gegenwart in sein Stück einblendet – eine dramatische Technik, die er öfter anwendet –, holt er die in einer mythischen Vergangenheit spielende Handlung der Tragödie in die Gegenwart hinein und macht Medea aus einer Heroine zu einer zeitgenössischen Frau, deren Situation jedem verständlich sein sollte.

Das Zusammentreffen Medeas mit den drei Männern Jason, Kreon und Aigeus dient einerseits der Ausbildung ihres Racheplans, andererseits der Vorführung ihrer *deinótes*, wobei *deinótes* in beiden Bedeutungsnuancen zu verstehen ist, die das Wort besitzt: ihrer intellektuellen Überlegenheit und ihrer Furchtbarkeit. Keiner der drei Männer ist, ganz der Voraussage der Amme im Prolog entsprechend, Medea gewachsen.

Die Aigeus-Szene im Mittelteil der Tragödie wirkt gleichsam als Katalysator: Zunächst erreicht Medea, nachdem sie von Kreon den Aufschub ihrer Verbannung um einen Tag erwirkt hat, Risikofreiheit für die Durchführung ihrer Rachetat, indem sie sich von Aigeus prophylaktisch Asyl gewähren läßt. Wir haben hier sozusagen einen Akt von Asylmißbrauch. Aigeus verspricht Medea die Aufnahme in Athen, ohne die bei dem attischen Asylverfahren üblichen Fragen – insbesondere nach Blutschuld – zu stellen. Sodann führt die auf Aigeus lastende Kinderlosigkeit Medea drastisch vor Augen, welche Bedeutung Nachkommen für Männer haben. Durch die Ermordung der Kinder kann sie das Haus, den *Oikos*, des Jason zerstören (790-794). Damit könne sie ihren treulosen Mann, wie sie den bestürzten Frauen des Chores sagt, am meisten treffen (817). Der Plan scheint unumstößlich. Doch als der Pädagoge die Kinder, die die todbringenden Geschenke der Braut überbracht haben, zurückbringt (1002), bricht Medea in Klagen aus. Erstaunt erkundigt sich der Mann nach der Ursache ihres Schmerzes, habe doch Kreon den Kindern die Verbannung aus Korinth erlassen. Verzweifelt schickt Medea die Kinder ins Haus – und hält sie wieder zurück und setzt zu einem langen Monolog an (1019-1080), dessen Authentizität in der Forschung heftig umstritten ist. Teile davon, vor allem die Verse 1056ff., werden als Einfügungen des 4. Jahrhunderts, als sog. Schauspielerinterpolationen im Zusammenhang von Wiederaufführungen der Tragödie, angesehen, vor allem mit dem Argument, daß Medea zu viel zwischen Verzweiflung und Tatentschlossenheit hin- und herschwanke. Aber gerade dies, das Zögern und die Entschlossenheit zur Tat, sind meines Erachtens von Euripides ganz bewußt eingesetzt, um Medeas psychische Lage angesichts ihrer Kinder zu verdeutlichen, bis ihr *thymós*, ihre Leidenschaft, sich als stärker als all ihre Überlegungen erweist (1079).[30]

Die Kinder werden, den Konventionen des attischen Theaters entsprechend, im hinterszenischen Raum ermordet (1271ff.). Ihr Schreie sind jedoch zu hören. Dies ist eine bewußte Parallele zum Prolog und zur Parodos, wo Medea selbst klagend aus dem hinterszenischen Raum zu hören ist. Aus der passiven, ausgelieferten Frau ist eine grausame Täterin geworden. Gleichzeitig ruft Euripides mit dieser Szene den locus classicus des ›hinterszenischen Todes‹ ins Gedächtnis der Zuschauer, vor allem in der gewagten Formulierung in V. 1277 »Wie nahe sind wir schon am Netz des Schwertes!«, die Kopfschütteln unter den Philologen hervorgerufen hat. Euripides evoziert Aischylos' »Agamemnon« (1343, 1345) und stellt eine Parallele zwischen Klytaimestra und Medea her. Beide Frauen betonen, wegen des Ehrverlusts, der ihnen von den Männern angetan wurde, zu ihrer grausamen Tat getrieben worden zu sein, beide sind von einem unstillbaren Haß beseelt, und in beiden Fällen trifft es Unschuldige, Kassandra und die Kinder.

Der Schluß der Tragödie, Jason verhöhnend entzieht sich Medea auf dem Schlangenwagen des Helios der Rache, was Aristoteles in der *Poetik* (c. 15, 1454 b1f.) als aufgesetzt und unorganisch tadelt, da es sich nicht aus der Handlung heraus ergebe, ist der geeignete Ausdruck, das geeignete szeni-

---

[30] Ein Problem der Interpretation stellt die Erklärung und Übersetzung von *thymós* und *bouleúmata* in diesem Vers dar; vgl. die Diskussion bei Lesky, Tragische Dichtung (s. Anm. 14) 312f. *thymós* bedeutet sicher den irrationalen Affekt, die *bouleúmata* sind wohl nicht allgemein die Ratio, sondern das Überlegen, das Pläneschmieden. Zum Zusammenhang mit dem Namen Medea vgl. Anm. 27.

sche Symbol, um die Entwicklung Medeas abzuschließen. Zunächst ist der Wagen natürlich ein Symbol für die übernatürlichen, magischen Kräfte der Helios-Enkelin. Wichtiger ist jedoch, daß Medea in der Exodos selbst in die Rolle der dea ex machina schlüpft; sie führt selbst die Lysis, die Auflösung des Handlungsknotens herbei, was sonst bei Euripides häufig von einem deus ex machina geleistet wird.[31] Von diesem Ende her betrachtet wird erst deutlich, welch raffiniertes Spiel Euripides mit den Erwartungen seines Publikums treibt. Zunächst kann der Zuschauer durchaus Mitleid und Sympathie mit der verlassenen, heimatlosen Medea empfinden. Doch bereits am Anfang klingt ein zweites Motiv an: Medea, die intelligente, aber auch furchtbare Frau (44 *deinê*). Wir haben demnach zwei divergierende Linien, eine fallende Linie der Sympathie und eine kontinuierlich zunehmende, steigende Linie der *deinótes*, des Unfaßbaren, Schrecklichen.[32]
Das Publikum des Jahres 431 und seine Repräsentanten, die Schiedsrichter, die über die Rangfolge der am tragischen Agon, am Wettkampf teilnehmenden Tragödiendichter zu entscheiden hatten, konnten mit dem Stück des Euripides nichts anfangen. 431 belegte Euripides nur den 3. Platz, war also Letzter im tragischen Agon, erst die folgenden Jahrhunderte sollten das Faszinierende der *Medea* erkennen.

---

[31] Zum deus ex machina vgl. zuletzt M. Di Marco, La tragedia greca, Roma 2000, 281-284.

[32] Es ist dies eine bei Euripides häufig anzutreffende Dramaturgie. Ich verweise nur auf die *Elektra* und den *Orestes*.

LUDGER LÜTKEHAUS

Der Medea-Komplex. Mutterliebe und Kindermord

Wenn ich im folgenden vom »Medea-Komplex« spreche,[1] so verwende ich diesen Begriff einmal in einem Sinn, der zunächst von der psychoanalytischen Literaturinterpretation, dann von einer analytisch orientierten Psychiatrie entwickelt worden ist. Ich werde das noch näher erläutern.
In einem harmloseren Sinn spreche ich von »Medea-Komplex«, um Zusammenhang, Vielfalt und Spannweite der Medea-Metamorphosen zu bezeichnen. Die Frage nach der Faktizität und Normativität der Mutterliebe gibt den Anstoß. Den literaturhistorischen Ausgangspunkt markiert die tragische Urszene in der *Medea* des Euripides. Die 2500jährige Stoffgeschichte von Euripides bis Christa Wolf und Ljudmila Ulitzkaja bildet den Rahmen.
Was liegt in einem Namen, »Medea«? In Jean Anouilhs »schwarzem Stück« *Medea* urteilt Jason: »Arme Medea, die nie über sich selbst hinauskann, arme Medea, die für die Welt auf immer nur Medea ist [...] niemals wird es eine zweite Medea geben. Nie mehr werden Mütter ihren Kindern diesen Namen geben.«
Ob dem tatsächlich so ist, können die Geburtsregister klären. Vermutlich hat die positive Umdeutung der Gestalt in der Gegenwartsliteratur, ihrerseits Ausdruck dessen, daß Medea in der neueren Frauenbewegung eine Identifikationsfigur geworden ist, auch in der Namengebung ein Echo gefunden. Zutreffend scheint aber, daß es Müttern bei einer auch nur vagen Vertrautheit mit dem Medea-Mythos lange Zeit schwer gefallen sein muß, »ihren Kindern diesen Namen« zu geben.
Freilich räumt Anouilhs Jason zugleich ein: »Medea, trotz allem ein schöner Name«. Und wenn er in unterstellter Übereinstimmung mit dem Urteil »aller andern Männer« den »Fall« Medeas »für alle Zeiten« festzuschreiben versucht, so zeigt sich auch und gerade an Anouilhs Stück das Gegenteil. Eine hartnäckige Arbeit am »Mythos Medea«, eine überaus eindrucksvolle, nie abgerissene Stoffgeschichte, deren Ende weniger denn je absehbar ist,

[1] Die Vortragsform wird hier beibehalten. Für die Nachweise und die Zusammenhänge, in denen meine Interpretationen stehen, vgl. L. Lütkehaus (Hg.), Mythos Medea. Leipzig 2001, besonders 11-24 und 290-332.

mit über dreihundert Medea-Metamorphosen in Literatur, bildender Kunst, Musik, dokumentiert, daß dieser »Fall« keineswegs feststeht. Noch nach Anouilhs Stück, nicht zuletzt seinetwegen, hat es eine Fülle weiterer Medeen gegeben. Die Mütter (und Väter), wenigstens soweit sie Dichterinnen (und Dichter) waren, haben ihre poetischen Kinder immer wieder mit diesem Namen genannt, in der jüngsten Literatur (Ljudmila Ulitzkaja) bis zur Gestalt einer unter demselben Namen firmierenden Anti-*Medea.*
Unter welchen Vorzeichen aber auch immer – Medea, mit Christa Wolf gesagt, ist die »Gestalt mit dem magischen Namen, in der die Zeiten sich treffen.« Die Magie der Gestalt ist so erstaunlich wie unwiderstehlich.
»Unter den vielen verführerischen, sündigen, ruchlosen Frauen, die der westlichen Vorstellungswelt keine Ruhe lassen, ist keine, die einen grausigeren Ruf hätte als Medea« – so die kanadische Schriftstellerin Margaret Atwood. Doch wer ist denn eigentlich »Medea«?
Die Frage ist nicht ganz so einfach zu beantworten, wie man es vielleicht gerne hätte. Denn bevor Medea eine Gestalt der Literatur wurde, war sie Mythos, Teil eines Mythos. Und noch in der Literatur ist sie der »Mythos Medea« geblieben. Mythen aber, zumal die der griechischen Antike, existieren nur in verschiedenen, zum Teil sehr divergierenden, manchmal gegensätzlichen Fassungen. Anders als bei den kanonisierten Figuren dogmatischer Religionen gibt es hier kein Richtig oder Falsch. Mythische Gestalten sind nichts anderes als die Varianten, die man von ihnen erzählt. Mit dem griechischen Mythos selber gesagt: Jede seiner Gestalten ist ein Proteus, eine »Protea«. Es gibt keine »Medea an sich«, kein *Wesen* namens »Medea«.
Der Reichtum der Varianten aber ist durch die literarischen Auseinandersetzungen mit dem »Mythos Medea« nicht geringer geworden, im Gegenteil: Die Literatur hat den ohnehin nicht definierbaren Mythos nie *nach*-, sondern immer wieder *um*erzählt. Jede Autorin, jeder Autor kreiert eine andere Medea. Und die Literatur hat das in diesem Fall besonders eindrucksvoll tun können, tun müssen, weil alles, was der Mythos von Medea erzählt, in sich tief zwiespältig, abgründig, vieldeutig ist.
Vergleichsweise eindeutig nur die lexikalische Weisheit. Benjamin Hederichs seinerzeit vielgelesenes *Gründliches mythologisches Lexicon* von 1724 handelt in nicht weniger als acht Paragraphen 1. den Namen, 2. die »Aeltern« , 3. die Eigenschaften, 4. »Thaten und Schicksal«, 5. Ehen und Kinder, 6. die »Verehrung«(!), 7. die »wahre Historie«, indes 8. die »anderweitige Deutung« ab.

Um so eindrucksvoller die Komplexitätsreduktion, die Medea in »50 Klassikern. Mythen« erfährt. Dort wird jeder Mythos nach einem hoch subtilen Wertungssystem klassiert. Der Gewinner ist natürlich König Ödipus. Im Falle von Medea: Bildungswert – vier Sterne von 5 möglichen. Unterhaltungswert: ebenfalls 4. Aktualität: desgleichen. Wirkung aber: glatte fünf Sterne. Und die verbalisierte Gesamtwertung dazu: »Die Gestalt der Medea steht bis heute für den Hass und die Wut einer schmählich verlassenen Frau. Sie wird zur Verbrecherin und kann doch unseres Mitgefühls sicher sein.« Zweifellos eine ausgewogene Wertung.
Etwas unausgewogener, aber auch informativer heißt es in Elisabeth Frenzels weitverbreitetem Handbuch »Stoffe der Weltliteratur«:

> Die Geschichte von Medea ist ein Teil der Argonautensage. Nach ihr verliebt sich die zauberkundige Medea, Tochter des Königs Aietes in Kolchis, in den Argonautenführer Jason und hilft ihm, das von ihrem Vater gehütete Goldene Vlies zu gewinnen; auf der gemeinsamen Flucht ermordet sie ihren Bruder Absyrtos und wirft die Leiche zerstückelt ins Meer. Auch ihr weiterer Weg nach und durch Griechenland ist von Verbrechen gekennzeichnet, durch die sie Jason den Weg zu ebnen sucht. In Korinth verstößt Jason Medea, um König Kreons Tochter zu heiraten. Medea schickt der Prinzessin ein vergiftetes Gewand, durch das sie und Kreon verbrennen; um Jason das Letzte zu nehmen, tötet sie ihre beiden Knaben und entflieht auf einem Drachenwagen, den ihr Großvater Helios ihr schickt.

Allem Anschein nach ist Medea also ein verbrecherisches, heimtückisches, grausames Scheusal. Ihre Geschichte ist gezeichnet von einer Blutspur. Wer in ihre Nähe gerät, lebt gefährlich. Sie ist Serienmörderin – und das vor allem am eigenen Fleisch und Blut: Aus Rache am treubrüchigen Mann tötet sie die gemeinsamen Kinder. Sie ist die *unmütterliche Mutter* schlechthin. Das hat sie für eine Kultur, die von den Müttern die zuverlässigste Liebe, den Hort der Humanität erwartete, zum Skandal gemacht. Die Gloriole der Mutterliebe ist die helle Folie, auf der sich die dunkle Gestalt Medeas konturiert. Erst beides zusammen läßt die Züge jener »großen Mutter« erkennen, deren Zwiegesichtigkeit als Gebärerin und Zerstörerin das Urbild der Ambivalenz ist.
Wer es zu bereinigen, die Gestalt auf die eine oder die andere Rolle festzulegen versucht, sucht dieser Ambivalenz zu entrinnen. Die in der gegenwärtigen Rezeption vorherrschende Positivierung nicht anders als die vorherige Negativierung deutet auf eine fortgesetzte Ambivalenzflucht. Und wer die zwiegesichtige Medea sieht, macht sie keineswegs notwendiger-

weise zum »Sündenbock«, wie Christa Wolf es gesehen hat. Weit wahrscheinlicher spricht er von der Intimgeschichte seiner Faszination.

Nicht weniger ambivalente andere Rollen Medeas kommen zu der der unmütterlichen Mutter hinzu:

1. die Göttin, Priesterin, Magierin, Zauberin, Hexe, die den lichten Helios und die dunkle Erd- und Mondgöttin Hekate zu ihren Ahnen hat, aber als Mensch unter Menschen leidet;
2. die Brudermörderin und Vaterverräterin, die die tragische Nemesis, die Vergeltung für den Verrat am eigenen Leibe erfährt;
3. die der Etymologie ihres Namens gemäß »Rat wissende«, indes nicht nur guten Rat wissende »weise Frau«, Heilerin, Pharmakologin, Giftmischerin, die zu allem verhelfen, alle verjüngen, aber sich selber nicht helfen, sich und die Liebe des Mannes nicht verjüngen kann – Allmacht und Ohnmacht gehen bei ihr Hand in Hand;
4. die Gastfreundin, die in Kolchis den Fremden beisteht, um selber in der Fremde und als Fremde, Barbarin, Ausländerin, Asylantin allein gelassen zu werden – das ist der gegenwärtig aktuellste Aspekt;
5. die bedingungslos Liebende, die ebenso bedingungslos Rache für die nur zu bedingte Liebe sucht;
6. die Frau, die den Geschlechterkampf austrägt und sich in ihrem Triumph selber vernichtet;
7. schließlich der schwarze Todesengel, die Führerin in den Tod, die zerstört und zerstört wird, ohne selber zu sterben.

Das alles ist Medea in der paradoxen Logik und extremen Spannweite ihres Geschicks. Aber zu allererst ist sie die Mutter, die ihre Kinder ermordet. Alles mag man, wenn nicht verzeihen, so doch verstehen, aber auch eine auf so grausame Weise unmütterliche Mutter?

Eine prekäre Frage, die um so prekärer wird, je mehr man die generellen Probleme, die mit ihr verbunden sind, einbezieht, Probleme der Geschlechter-Rollen, letzten Endes das Verhältnis von – angeblicher – »Natur« und Kultur. Ich versuche das, bevor ich auf die *Medea* des Euripides komme, wenigstens anzudeuten.

Die Frage nach der Überzeitlichkeit der Mutterliebe als Faktum und/oder als Norm ist in den letzten Jahrzehnten mit Leidenschaft debattiert worden. Historisch herausgeschält hat sich dabei, mit den Worten einer Studie von Renate Böschenstein über »Medea und die Frage nach der Überzeitlichkeit der Mutterliebe«, eine »*hohe Zeit der Mutterliebe*«, die seit dem letzten Drittel

des 18. Jahrhunderts über fast 200 Jahre hinweg eine, wenn nicht *die* bio- und psychopolitische Leitvorstellung gewesen ist.
Erst die neuere Frauenbewegung, nachdrücklich bei Simone de Beauvoir und Elisabeth Badinter, hat die angebliche »Natur« der Mutterliebe als Konstrukt eines spezifischen Rollenhaushalts relativiert, dessen Ausstattung im Zusammenhang der je-weiligen Geschlechterkämpfe zu sehen ist.
Indessen hat Renate Böschenstein auch darauf aufmerksam gemacht, daß, gerade im Spiegel des Medea-Mythos gesehen, von einer »Erfindung der Mutterliebe« erst im 18. Jahrhundert keine Rede sein kann. Die dem Mythos eingeschriebenen normativen Vorstellungen zwingen zu einer großräumigeren Inventarisierung der Rollenhaushalte auf dem Hintergrund weiter zurückreichender Geschlechterkämpfe.
Mit der Rückdatierung der Mutterliebe ist man aber wiederum keineswegs bei einer »Naturkonstante« angekommen, die die sprichwörtliche »Affenliebe« und die Mutterliebe demselben Naturgesetz zuschriebe. Unter Mängelwesen, die von Natur aus Kultur brauchen und haben, ist reine »Natur« ohnehin nur selten zu beobachten. Die tragisch-ironische Pointe der Debatte könnte gerade die sein, daß nicht die Mutterliebe selber, sehr wohl aber das Bedürfnis danach, als Negativ die Angst vor der unmütterlichen Mutter, mit den daraus resultierenden Normierungen und Idealisierungen eine Art von »Naturkonstante« ist. Plausibel genug wäre das jedenfalls unter nicht zu Ende geborenen Wesen, deren Überleben auf Gedeih und Verderb auf die Mutterliebe angewiesen ist. Es gibt zu denken, daß die »*hohe Zeit der Mutterliebe*« mit einer bürgerlichen Epoche zusammenfällt, die sonst immer mehr historisch, kultur-, gesellschafts- und psychohistorisch, dachte, freilich zugleich die Rollenhaushalte wie noch nie zuvor spezifizierte und festschrieb. Das Wesen der Mutter war es, mütterlich zu sein – nur scheinbar eine Tautologie.
Das Bild der Mutter, deren seelische und soziale Identität in der rückhaltlosen, zugleich naturalisierten wie idealisierten Mutterliebe liegt, blieb jedenfalls selbst in einer sonst alle Tabus brechenden Zeit ein letztes Tabu, wie neuerdings wieder die vom Fall Monika Weimar ausgegangenen Irritationen gezeigt haben. Bei aller Kälte wollte und will man sich die Mutterliebe als Keim- und Kernzelle symbiotisch verläßlicher Innigkeit und unerschütterliches Fundament der Legende vom »Urvertrauen« nicht gerne nehmen lassen – um so weniger, je mehr vielleicht das Mißtrauen nagt ...
Mit einer gewissen Verzögerung, dann aber um so intensiver hat auch die Psychoanalyse die lange Zeit durch den »triangulären« Ödipus-Komplex

verdeckte Mutter-Kind-Dyade, nach der nur allzu sehr geliebten und liebenden Mutter die »böse« Mutter und einen förmlichen »Medea-Komplex« entdeckt. Freud selber hatte ihn noch gemieden – so sehr, daß er sich mit einer seiner Patientinnen (Dora) im »Bruchstück einer Hysterie-Analyse« lieber eine Wunschphantasie gestattete: »Medea war ganz zufrieden damit, daß Kreousa die beiden Kinder an sich zog.«
Der Wiener Arzt Fritz Wittels, Freud-Schüler der ersten Generation, Mitglied der berühmten Mittwochsgesellschaft, hat dann das mythische Modell 1944 erstmals dezidiert psychoanalytisch gelesen, ihm allerdings auch eine eher überraschende Lesart abgewonnen:

> There is the mother, who is not aware that she hates her rapidly maturing daughter as a potential rival who represents the waning of her own attractiveness, and the hatred eventually manifests itself in same form of cruelty... We call this tendency the Medea complex after the grim heroine of Greek myth who, after seeing Jason, her husband, transfer his love from her to their children, deprives him of the children in revenge.

Der Medea-Komplex manifestiert sich für Wittels also, näher besehen, gleich doppelt:

1. in dem unbewußten Haß der Mutter gegen ihre heranreifende Tochter als potentielle Rivalin, die das Schwinden ihrer eigenen Anziehungskraft verkörpert. Damit ist vermutlich – Wittels führt das nicht aus – die Konkurrenzbeziehung Medeas zu der jungen und schönen Kreousa als Tochterrepräsentanz gemeint. Im mythischen Modell selber ist die Mutter-Tochter-Beziehung indes weit mehr in der Beziehung Medeas als Tochter zu ihrer dunklen und grausamen Mutter Hekate präsent.
2. Die zweite Deutung, die Wittels dem Medea-Komplex abgewinnt, deckt sich eher mit dem manifesten Mythos. Auch hier die Tragödie der vergehenden Schönheit, aber nun dergestalt, daß Jason, Medeas Mann, seine Liebe von Medea auf ihre gemeinsamen Kinder überträgt und sie ihn aus Rache dafür der Kinder beraubt. Hier sind die Kinder, die beiden Söhne, nicht eine attraktivere Tochter, das konkurrierende Liebesobjekt.

1948 hat dann der englische Psychiater Edward S. Stern den »Medea Complex« zum Titel einer klinischen, anthropologischen und literarischen Studie gemacht. An seinem Vorgänger Fritz Wittels läßt er nach besten akademischen Gewohnheiten kein gutes Haar – Konkurrenzbeziehungen offenbar auch hier. Wittels' Begriffsgebrauch für den Todeswunsch einer

Mutter gegen ihre Tochter sei ein »misnomer«, ein Fehlbegriff, »for Medea had no daughters« – was gewiß wortwörtlich, aber nicht unbedingt im psychoanalytischen Sinn stimmt. Aber mit Sterns mythosnäherer Definition des Medea-Komplexes läßt sich tatsächlich besser arbeiten, ohne daß man seine weiteren Deutungen teilen müßte: »The situation in which the mother harbours death wishes to her offspring, usually as a revenge against the father, is described and named the Medea-Komplex.«

Das Wort »harbours« signalisiert in diesem Zusammenhang eine fürwahr ironische Etymologie: Die Mutter als Hafen, in dem man sich nur zu gerne birgt, »beherbergt« hier die Todeswünsche gegen den eigenen Nachwuchs. Stern fügt aus seiner psychiatrischen Erfahrung hinzu, daß beträchtliche innere Widerstände der Bewußtwerdung des Medea-Komplexes entgegenstehen, sein Vorkommen aber generell sei. Zu den Symptomen rechnet er alle Akte von verdeckter oder offener Grausamkeit gegen Kinder, die Kindesaussetzung, die »Entsorgung« der Kinder durch gewerbsmäßige Formen der Kinderaufzucht, aber auch schon das Versagen – das Versiegen? – der Muttermilch sowie Abbrüche und die Prävention von Schwangerschaft – in der Tat ein weites, komplexes Feld!

Die heutige psychoanalytische Klinik spricht von einer »zentralen unbewußten Medea-*Phantasie*«, die »Grenzzustände« einer »*gegen das autonome Selbst*, den *Liebespartner* und vor allem gegen die *Produkte der Beziehung zu ihm*, gegen die eigenen *Kinder*« gerichteten »weiblichen Destruktivität« beinhalte und durch die »angsterweckenden und sozial tabuisierten Seiten der eigenen Weiblichkeit«, zumal der aggressiv-vitalen Komponenten der weiblichen Sexualität, motiviert sei: so Marianne Leuzinger-Bohleber.

Von der Psychoanalyse und Psychiatrie ist der »Medea-Komplex« dann in die Sozial- und Psychohistorie, nicht zuletzt in die psychiatrisch orientierte Kriminologie, eingewandert.

Daß die Psychoanalyse sich auf die Dauer den »Medea-Komplex« nicht entgehen lassen würde, konnte man erwarten. Sie ist generell, auch wenn man sich an der Trivialisierung bestimmter Komplexe stören mag, die bedeutendste Renaissance des griechischen Mythos im letzten Jahrhundert. Wie keine andere Disziplin hat sie seinen größten Vorzug erkannt: daß er rückhaltlos ausdrückt, was sich auf dem Boden der heilig-unheiligen Familie alles abspielen mag. In den unvergleichlich prägnanten, zugleich unerhörten wie realistischen Bildern des griechischen Mythos hat sie einer christlich stilisierten Zivilisation, deren Seelengeschichte, sehr frei nach Hegel, der Fortschritt im Unbewußtsein der Verdrängung war, einen getreueren Spiegel vorgehalten: einer auf eher sentimentale Familienromane fixierten Tradition, die im Sog der marianischen Mutter-Imago die Liebe nur als exkarnierte heiliggesprochen hatte, die inzestuös intensivierte Liebe; und mit den Abgründen des »Medea-Komplexes« auch den inzestuösen Haß. Ja, dieser inzestuöse Haß ist inzwischen, wo man von der Liebe längst so allerlei gewöhnt ist, zum wichtigsten Schau- und Schauderstück geworden. Fritz Wittels' Vermutung ist längst überholt, wenn sie je triftig war: »The hatred was less objectionable than love [...]. Hence a Medea could be shown in all her ruthlessness.« Gewiß, man konnte sie in all ihrer Unbarmherzigkeit und Grausamkeit zeigen, aber nur als Schrecken aller Schrecken, eben als – Medea.

Im übrigen können sich die inzestuöse Liebe und der inzestuöse Haß bis zur Ununterscheidbarkeit vermischen. Das ist vermutlich die größte Irritation. Der Mord nimmt dann das Gesicht der Liebe, die Liebe das des Mordes an. Wem in den verschiedenen Ausformungen des »Mythos Medea« freilich die Liebe wie der Haß zuzuschreiben ist, das ist die Frage. Insoweit es sich zumeist um die Darstellungen von Söhnen handelt, bis im 20. Jahrhundert die Mütter und Töchter ihre Medeen kreieren, wird mit dem Bild der mordenden Mütter auch so etwas wie ein psychischer Mord *an* den Müttern vollzogen. Literaturgeschichtlich gesehen, handelt es sich in Medea vorab um eine männliche Kopfgeburt. Die dahinterstehenden Impulse sind nicht weniger komplex und ambivalent als das Bild der Mütter selber. Angstabwehr kann darin sein, aber auch die Katharsis der Angst durch ihre tragische Artikulation. Lust wird darin sein und noch, gerade im Schrecken die Intimgeschichte der Faszination. Sonst nur schwer, wenn überhaupt lösbare Symbiosen streben zielsicher ihren »größten anzunehmenden Unfall« an, auf daß der Mord sie wenigstens im tragischen Bilde scheide.

Mythos und Tragödie kennen auch andere Namen der zerstörerischen, der »bösen«, der mordenden Mutter: Agaue, Ino, Althaia, Prokne ... Es geht durchaus um wiederkehrende Konstellationen. Doch allein Medea ist zum Synonym für den »Muttermord« , den Mord *der* Mutter, genitivus subjectivus, geworden.

Zu danken ist diese blutige Inthronisierung Medeas der eindrucksvollen Tragödie des Euripides, die im Dichterwettstreit des Jahres 431 v. u. Z. zwar nur den dritten Preis, von der Rezeptionsgeschichte aber, gleich ob in Anlehnung oder Abwehr, stets den ersten Preis erhalten hat. Wer heute »Medea« sagt, sagt immer auch »Euripides«. Ob es schon vor Euripides Varianten des Medea-Mythos gegeben hat, die sie als Mörderin ihrer

Kinder kannten, oder ob erst er sie dazu gemacht hat, so die opinio communis, ist nicht mit letzter Sicherheit geklärt.

Selbst die Basler Medea-Spezialistin Margot Schmidt, durch die Christa Wolf geradezu »triumphal« ihre Vermutung bestätigt gefunden hat, daß erst Euripides Medea den Kindermord angelastet habe, spricht nur von »großer Wahrscheinlichkeit«. Gewiß aber, daß Euripides mit der Tötung der Kinder durch Medea aus Rache an ihrem treubrüchigen Mann dem Stoff die prägende Fassung und die entscheidende Zuspitzung gegeben hat. Er konzentriert und radikalisiert den Mythos. Zugleich aber psychologisiert er ihn. Er macht die rasende Furie verständlich. Insofern ›humanisiert‹ er auch eine Tat, die die »Grenzen der Menschheit« zu überschreiten scheint. An Euripides mußte sich in der Folge abarbeiten, wer die Gestalt Medeas verändern, vielleicht vertiefen, vielleicht retten wollte. Das Letztere hat vor allem die feministisch inspirierte Literatur mit ihrem »Freispruch für Medea« versucht. Ein neuerdings wiederbelebtes Gerücht hat Euripides sogar unterstellt, auf Bestechung Korinths, das Entlastung von dem mythischen Mordvorwurf suchte, Medea mit dem Kindermord belastet zu haben. Auch hier hat freilich Margot Schmidt, die vermeintliche Zeugin der Anklage, zu bedenken gegeben, daß diese Version eines antiken Scholions zur *Medea* »von der Forschung einhellig für sowohl böswillig wie unsinnig gehalten« werde.

Aber zweifellos wird Medea bei Euripides zur Exponentin eines Geschlechterkampfes, in dem das Echo älterer Kämpfe zwischen Matriarchat und Patriarchat zu hören ist. Ich zitiere nach der Übertragung Herbert von Arnims:

> *Medea*: »Er, der mir Alles war – versteh' mich recht –
> Mein Ehgemahl, ist ein elender Schurke. –
> Von allem, was da Leben hat und Seele,
> Sind doch wir Frau'n das traurigste Gewächs.
> Erst müssen wir für teures Geld den Gatten
> Uns kaufen, dann verfügt er über uns
> Als Herr; ist das nicht schlimmer noch als schlimm? [...]
> *Wir* hangen ganz nur von dem Einen ab.
> Man sagt, wir leben friedlich, ungefährdet
> Im Hause, wenn *sie* gehn zum Lanzenkampf.
> Wie töricht! Lieber will ich dreimal stehn
> Im Schildgedräng' als einmal niederkommen.

Wenig später wird Medea sogar eine krasse Selbstbezichtigung in den Mund gelegt:

Auf denn, Medea, brauche deine Künste,
Auf! listiger Berechnung Meisterin!
Zeig', was du kannst. Jetzt gilt es Seelenkraft.
Fühlst du die Schmach? Soll *dich* verhöhnen dürfen,
Die Sisyphosbrut und solch ein Mann wie Jason,
Dich, edlen Stammes, Helios' Enkelin!
An Künsten fehlt dir's nicht. Auch bist du Weib.
Wir Weiber sind zum Guten nicht zu brauchen,
In allem Bösen sind wir Meisterinnen

Jason darf sich gar einer rechtschaffenen Stammtisch-Psychologie erfreuen:

So seid ihr Frau'n. Bleibt euer Ehebett
Euch unverkürzt, ist alles schön und gut.
Sobald man diesen Punkt in Frage stellt,
Seht ihr in unsrer besten Absicht nur
Feindseligkeit. O könnten doch die Menschen
Sonstwie sich Kinder schaffen. Gäb' es doch
Kein Weib! Vom Übel wären wir befreit.

So der Stoßseufzer des Macho Jason.

Daß aber bei Euripides selber der Frauenhaß von Anfang bis Ende Medea die Rolle geschrieben habe, wird man kaum behaupten können. Der Text zeugt auch von einem hohen Maß an Empathie – ganz von der Größe Medeas zu schweigen: Wer ist schon Jason!
Im Verhältnis zu dem von ihm vorgefundenen Mythos hat Euripides stark selektive Akzente gesetzt. Er beschränkt sich auf Medea in Korinth und ihre blutige Rache. *Wie* selektiv das ist, möchte ich noch einmal im Rückgriff auf die lexikalische Weisheit zeigen, diesmal auf den Artikel »Medea« in Brockhaus' »Bilder-Conversations-Lexikon für das deutsche Volk«, »ein Handbuch zur Verbreitung gemeinnütziger Kenntnisse und zur Unterhaltung«, Leipzig 1839, ergänzt um die Auskunft der »Realencyclopädien der classischen Altertumswissenschaft«:

Medeia, Enkelin des Helios und der Hekate, eine berühmte Zauberin des Alterthums, war die Tochter des Königs Äetes 1 von Kolchis, gegen den sie den *Argonauten* (s. d.) bei Gewinnung des goldenen Vließes beistand und dann mit ihnen als Jason's Gattin nach Jolkos in Thessalien zurückkam. Hier [...] übernahm jetzt Medea die Rache [an Pelias, der Jasons Eltern und Brüder hatte umbringen lassen, L. L.]. Nachdem Jason zehn Jahre glücklich mit M. gelebt, verstieß er sie, um sich mit einer Tochter des Königs Kreon von Korinth zu vermählen, und nach anfänglichem Widerstande schien auch M. in ihr Loos

> ergeben. Sie machte der Braut sogar ein kostbares Gewand zum Geschenk, allein kaum hatte diese sich damit bekleidet, so fing es an zu brennen, und als ihr Vater ihr zu Hülfe eilte, geriethen auch seine Kleider in Brand und der ganze Palast ging in Flammen auf, aus dem Jason nur mit Mühe sich rettete. M. tödtete noch ihre mit Jason gezeugten zwei Söhne und floh dann zum König Ägeus nach Athen, von wo sie aber nach einiger Zeit als Zauberin ebenfalls vertrieben wurde und sich nach Asien wendete, wo sie mit einem mächtigen König einen Sohn Medos erzeugt haben soll, nach dem sein Reich in der Folge Medien genannt wurde.

Diese lexikalische Auskunft folgt schon sehr stark der Prägung des Stoffes durch Euripides. Deutlich gleichwohl, in welchem Maße Euripides die anderen Stationen Medeas zurückgedrängt hat, um sich auf Medea in Korinth und den Kindermord zu konzentrieren. Szenisch präsent wird von den anderen Aspekten nur die göttliche Seite ihrer Abkunft, indem sie am Schluß mit dem drachengezogenen Zauberwagen ihres Ahnherrn Helios davonfliegt, und die Beziehung zu König Aigeus von Athen, die ihrerseits mit der Apotheose des »Kindersegens« auf das Kernthema – die Tragödie der unmütterlichen Mutter – bezogen wird.

Auf welche Weise aber, überhaupt in welchem Maße hat diese Tragödie mit dem »Medea-Komplex« im skizzierten psychoanalytischen Sinn zu tun – mit den Tötungswünschen einer Mutter gegen ihre Kinder aus Haß auf wen oder was auch immer, normalerweise, pathologischerweise unbewußt, mit dem radikalen Tabubruch der Tragödie durch Medea bewußt? Ein lange Zeit gepflegtes germanistisches Ressentiment gegen die Psychoanalyse hat einmal bei Heinz Politzer die hübsche Frage formuliert: »Hatte Ödipus einen Ödipus-Komplex?« Analog also: »Hatte Medea einen Medea-Komplex?«

Die Antwort sieht in der Tat ziemlich komplex aus. Sie setzt am besten bei einem gewissen Motivationsproblem der Euripides-Version an. Es liegt darin, daß es Medeas Beziehung zu ihren Kindern zwar keineswegs an Intensität, bei ihrer Rache aber an Direktheit gebricht.

Zweifellos liebt Euripides' Medea ihre Kinder. Von einem Haß auf sie kann insoweit keine Rede sein. Daher Medeas Widersprüche, ihr Schwanken, ihre Tränen, ihre Qual vor der Tat:

> (Sie liebkost die Kinder und spricht zu ihnen:) »Was schaut ihr so auf mich mit großen Augen?/ Und lacht mich an, zum allerletzten Mal?« (zum Chor): »Mir schwand der Mut,/ Als ich die Kinderaugen leuchten sah. Ich kann nicht. («...) O liebe Hände! liebe Lockenköpfe! (»...) Ich kann nicht mehr ertragen,/ Euch anzusehn. Mich übermannt der Schmerz.«

Aus Medeas primärer Liebe folgt auch ihre sekundäre Motivation, der vorhersehbaren Tötung der Kinder durch die Korinther nach der Ermordung Kreusas nur zuvorkommen zu wollen, die sonst bloß wie eine nachträgliche Rationalisierung wirken würde.
Daher schließlich auch Medeas Absicht, die Kinder eigenhändig im Heratempel zu bestatten und zur Sühne des Mordes ein Weihefest zu stiften. Die tragische Paradoxie, daß die Kindergebärerin zur Kindermörderin wird, *der* Widerspruch des Medea-Mythos par excellence, wird so gemildert. Zugleich sind freilich im Sinn des Medea-Komplexes Impulse eines Kinder- und Gebärhasses spürbar, die sich mit dem Selbsthaß verbinden:

> *Ihr*, Kinder, entstammt/ der abscheulichsten Mutter. Drum seid verflucht. [...] Umsonst hab' ich euch aufgezogen, Kinder/ Umsonst mit euch Mühsal gehabt und Nöte/ Und herbe Schmerzen, als ich Mutter ward [...]. Lieber will ich dreimal stehn/ im Schildgedräng' als einmal niederkommen [...].

Bei ihrer Tat aber will Medea wiederum *in* den Kindern nicht *die* Kinder, sondern *Jason* treffen: »Ermorden willst du deine beiden Söhne?«/ »So wird' ich ihm am meisten wehe tun.« Die Kinder spielen also letzten Endes nur die Rolle eines geeigneten Racheinstruments. Die mörderische Beziehung zu ihnen bleibt insofern indirekt.
Diese Indirektheit *ent*lastet die mordende Mutter einerseits, weil sich ihre Tat nicht eigentlich gegen die Kinder richtet, entlastet sie also auch zumindest teilweise von den Tötungswünschen, die der Medea-Komplex unterstellt. Sie *be*lastet sie allerdings zugleich in einem anderen Sinn, weil sie das Leben ihrer Kinder für ihre Rache funkionalisiert. Die Tragödie der zutiefst verletzten Geliebten, Gattin, Mutter, die sich erst im Furor zur Furie wandelt, wird insofern durch einen Kalkül, ein Moment von kühler Berechnung, gleichsam erkältet.
Eben hier setzt die weitere Stoffgeschichte an: Sie revidiert die Indirektheit und Instrumentalisierung in der Beziehung Medeas zu ihren Kindern. Sie treibt den Keil in die Beziehung zwischen Mutter und Kindern selber hinein. Sie macht im vollen Sinn aus dem Medea-Stoff eine Mutter-Kind-Tragödie. Psychoanalytisch gesprochen: Sie grundiert die »trianguläre« Konstellation Medea-Jason-Kinder mit einer »dyadischen«, in der aus einer zerbrechenden Symbiose der Mord resultiert, am brutalsten bei dem Muttersohn Grillparzer, der die Kinder vor den Augen der Mutter zur glücklicheren Konkurrentin Kreusa überlaufen läßt. Erst das tragische Zerbrechen einer stets prekären Symbiose in der »hohen Zeit der Mutterliebe« enthüllt vollends die Abgründe des Medea-Komplexes.

Euripides scheint etwas von dem Motivationsproblem seiner *Medea* gespürt zu haben. Die Darstellung des Kindsmordes in seiner späten Tragödie *Die Bakchen* ist nicht nur noch brutaler, noch blutiger, noch erschreckender – zum Extrem getriebenes Theater der Grausamkeit. Sie ist auch durch einen Bruch in der Beziehung zwischen Mutter und Sohn selber mitmotiviert. Gewiß, die fromme Mutter Agaue zerreißt den gottlosen Aufklärer-Sohn Pentheus, der ihren Gottesdienst, ihre Dionysien beobachtet und so entweiht, als Opfer des Dionysos. Aber sie höchstpersönlich identifiziert sich mit dem Gott: »Wäre doch mein Sohn ein Jäger, artete *der Mutter* nach ...« und wenn der Sohn ihr nicht nachartet, wenn er frevelt, indem er anders denkt, anders *ist*, wird er gejagt. In diesem Sinn trifft der »Agaue-Komplex« besser als der »Medea-Komplex« die Tragödie der zerbrechenden Symbiose zwischen Müttern und Kindern.

In den *Bakchen* ist freilich die Tragödie auch so weit getrieben, daß sie sich nur im dionysischen Rausch, ohne daß die Mutter den Sohn beim Mord erkennt, mit den Lizenzen des Unbewußten also, vollziehen kann.

Medea hingegen mordet bei vollem Bewußtsein. Daß sie die Fremde, die »Barbarin« ist, gestattet einem hellenischen Publikum, sich von ihr zu distanzieren. Diese Distanzierungsmöglichkeit ist ein gewisses Äquivalent für den Schleier des Unbewußten in den *Bakchen*. Den Schrecken und die Faszination, die von der mordenden, der zerstört-zerstörenden Mutter ausgeht, mindert das indessen nicht.

LUDGER LÜTKEHAUS

Medea und einige ihrer Kinder

Der entschlossene Wille zur Selbstwerdung und das trotzige Bekenntnis zu ihrer blutigen Selbstfindung scheinen Medea in ihrer Geschichte nach Euripides zu bestimmen. Doch die Metamorphosen der Gestalt zeigen auch, wie sie nicht wird, was sie nach den Vorgaben der Stoffgeschichte ist – und wie sie wird, was sie ihnen zufolge eigentlich nicht ist.

Ich werde versuchen, in einer Art von zeitraffender Zeitreise durch die 2.500jährige Stoffgeschichte von Euripides bis Christa Wolf einige signifikante Stationen zu umreißen. Die Auswahl ist nicht ganz einfach. Zwischen der riesigen Stofffülle und unzulässigen Vereinfachungen gilt es, für den begrenzten Rahmen eines Vortrags einen Mittelweg zu finden. Er sieht so aus, daß ich einerseits Vielfalt und Spannweite der Medea-Metamorphosen wenigstens anzudeuten versuche. Andererseits werde ich zur Erleichterung der Orientierung dem Leitmotiv des ersten Beitrags folgen: der Konfrontation von Mutterliebe und Kindermord. Die Ausgangs-These war, daß bei Euripides die Rache an Jason mittels der Kinder durch eine gewisse Indirektheit ihnen gegenüber gekennzeichnet ist: Sie werden funktionalisiert. Erst in der späten Tragödie *Die Bakchen* hat Euripides andeutungsweise das getan, was dann noch intensiver, im buchstäblichsten Sinn »tiefen«-psychologischer die Rezeptionsgeschichte tut: Der tragische Konflikt wird in die Beziehung zwischen Mutter und Kindern selber hineingetragen.

Das Argonauten-Epos des Apollonios von Rhodos geht um die Mitte des 3. Jahrhunderts v. Chr. wieder auf den Mythos vor Euripides zurück. Es beschränkt sich auf die Fahrt der »Argo« nach Kolchis, die Eroberung des Goldenen Vlieses und die Rückkehr nach Hellas, mit der es abbricht, ohne noch den Kindermord Medeas in Korinth einzubeziehen. Zugleich wird der dem »Sophisten«, dem Entmythologisierer Euripides immer wieder vorgeworfene Rationalismus von dem hellenistischen Epiker noch überboten: Die Zauberin Medea wird entdämonisiert; sie entpuppt sich als Heilerin, als Pharmakologin. Das Colchicum Autumnale, die Herbstzeitlose, ist ihre Blume.

Wichtiger: Sie ist das Opfer ihrer vom »schrecklichen Eros« entfesselten Liebesleidenschaft. Das mythische Bild vom pfeilschießenden Gott wird zur Metapher eines psychologischen Dramas, in dem Medea gar nicht anders kann, als rückhaltlos ihrer Liebe zu folgen. Für ihr verdüstertes Bild, das gleichwohl im Hintergrund des Argonauten-Epos präsent ist, hat das entlastende, apologetische Bedeutung. Die zart errötende, zwischen der Bindung an ihre Familie und der Liebe, auch dem Mitleid für Jason schwankende, von Scham und Schuld gepeinigte Jungfrau ist anfänglich alles andere als eine Hexe oder Furie. Deren Konturen zeichnen sich erst bei der Verfolgung durch ihren Bruder Apsyrtos und einem drohenden ersten Verrat Jasons und der Argonauten ab. Doch noch, als Medea den Bruder mit List und Tücke ans Messer liefert, bleibt sie von der Schuld der eigenhändigen grausamen Zerstückelung frei, die der Mythos ihr angelastet hatte.

Das Bild Medeas als einer leidenschaftlich und groß Liebenden bleibt auch für Ovids *Heroiden-Briefe* und seine *Metamorphosen* – sein Medea-Drama ist nicht erhalten – wesentlich. Bewegend, vor allem im Kontrast zu Jason, der mit seiner ausgeprägten Neigung zum Seriellen in der Liebe ein antiker Don Juan ist, welche Verwandlung Medea erleidet, indem sie aus Rache, Enttäuschung, Eifersucht zur Mörderin wird. Die Zauberin, die fast alles weiß und kann, die als Herrin über Jugend und Alter, Leben und Tod die Herrscherin über die Zeit zu sein scheint, ist ohnmächtig, so die heillose Paradoxie ihres Geschicks, wenn es um ihre Liebe geht. Das Vergehen der Liebe demonstriert die Allmacht der Zeit.

In der 50 n. Chr. entstandenen Tragödie des stoischen Philosophen und Dichters Seneca ist der Name Medea aber schon grausames Programm. In berühmt gewordenen Formeln schreibt Seneca die Rollenidentität fest: »Medea – fiam. Medea – will ich werden.« Und dann, vier tödliche Akte später, fürchterlich groß, die Bestätigung: »Medea nunc sum – Medea bin ich nun. Am Bösen wuchs mein Geist.« Medea ist jetzt die geworden, die sie werden wollte. Und sie weiß: Sie wird als »Medea« bleiben »Medea superest«. In ihrer mörderischen Rolle hat sie sich gefunden.

Auch Seneca billigt Medea noch mildernde Umstände, humane Regungen zu, wie der innere Konflikt zwischen Zorn und Mutterliebe, *furor* und *pietas* in der zweiten Szene des 5. Aktes zeigt. Doch schon vorher hat Medea sich in einem monströsen Monolog als Giftmischerin, als Zauberin und Hexe, als rasende Mänade wie Agaue, als blutige Opferpriesterin ihrer dunkel-chaotischen Göttin-Mutter Hekate geoffenbart.

In ungehemmter Rache-Raserei wird sie zum *monstrum horribile*, – zum schrecklichen Bild des Außermenschlichen und zum bösen Exempel für den Philosophen Seneca, dessen Moral genauestens weiß, was den Menschen frommt und wohin die Leidenschaft sie führen kann. In seinem

Traktat *De ira*, »Über den Zorn«, wahrscheinlich in derselben Zeit wie die Tragödie entstanden, zeichnet er das philosophische Bild – fraglich nur, wie denn der Autor frei von der Leidenschaft des Zornes sein kann, wenn er so zornig *über* eine Zornige, so beredt *aus* einer Zornigen spricht.

Der Kindermord wird von Seneca erstmals auf die offene Bühne verlegt. Diese Eskalation gegenüber der nur hörbaren, aber nicht sichtbaren Darstellung bei Euripides würde mit moralphilosophischer Brutalität das Theater der Grausamkeit auf die Spitze treiben, wenn Senecas Dramen nicht Rezitationsdramen gewesen wären. So kann man nur ahnen, wie es ist, wenn die mordende Mutter dem zurückbleibenden Vater die Leichen der Kinder zuschleudert. Medea triumphiert – und verliert bei Seneca am Ende jenes Mitgefühl, das die Tragödie neben dem Erschrecken einst versprach.

Auch im Mittelalter, um in unserer Tour d'horizon einen großen Sprung zu machen, bleibt der Medea-Mythos präsent. Die Vermutung, daß die Unverträglichkeit des Christentums mit der Tragödie oder die verstärkte Unterdrückung der Frauen, die im Marien- und Mutterkult ihren Heiligenschein fand, ausgereicht habe, den Mythos zu bannen, trifft nicht zu. Allerdings setzen das Hoch- und Spätmittelalter und die Frührenaissance sogleich charakteristische eigene Akzente. Aus tragischer *Schuld* wird *Sünde.* Und Sünde heißt vorab Untreue und Begehrlichkeit. Das konsolidierte Mißverhältnis der christlichen Tradition zum »Fleisch« geht auch am Medea-Mythos nicht spurlos vorüber.

Überraschenderweise aber rückt nicht eine verdorbene und verderbenbringende Eva in den Mittelpunkt, sondern der ungetreue Jason als negatives Exempel. Medea gewinnt als Verratene, die bedingungslos auf der Treue besteht, die sie selber hält, an Respekt.

Konrad von Würzburg etwa macht in seinem 1280 entstandenen Epos *Der trojanische Krieg* Jason zum Inbegriff der Unbeständigkeit gegenüber der Treue Medeas und bricht ihre Geschichte kurzerhand mit dem Flammentod Jasons ab.

Der achtzehnte Gesang von Dantes *Inferno* bringt Jason auch Medeas wegen in der Hölle unter.

Giovanni Boccaccio nimmt Medea in engem Anschluß an Ovid in seine Liebes-Fallsammlung *Von berühmten Frauen* auf. Die glänzende Berühmtheit der Frauen Boccaccios ist freilich nicht moralisch indifferent zu verstehen: Auch, gerade im Bösen können die Frauen excellieren. Die bei dem Autor des *Decamerone* eher überraschende Moral von der Geschicht', auf die alles hinausläuft, ist die christlich-sexualmoralische: »Öffne deine Augen nicht!« Das Lid als Organ der Begehrlichkeits-prävention ...

Geoffrey Chaucer hingegen gewährt der mit ihrer Liebe und Treue geschlagenen, von dem Verführer Jason schmählich verratenen Medea sogar Aufnahme in seine *Legende von guten Frauen.*

So ist die Umwertung fast aller Werte des Medea-Mythos nicht gar so überraschend mehr, wenn 1405 mit Christine de Pizans *Buch von der Stadt der Frauen*, der ersten prominenten Medea-Darstellung einer Frau, ein neuer Blick auf die Gestalt geworfen wird. Nun wird sie zur Identifikationsfigur in dem schon von Euripides thematisierten Geschlechterkampf. Mit Grund hat die neuere deutsche Frauenbewegung Christine de Pizan auch für den deutschen Sprachraum entdeckt.

Die Zauberin, Magierin der Tradition wird von Christine nicht verleugnet – kühn genug im Zeitalter der beginnenden Hexenverfolgungen –, aber nun im Zeichen der Vernunft, von »Frau Vernunft«, als Wissende verstanden. Sie ist kräuterkundig und durch ihr Wissen auch »Herrin« der Natur: Sie repräsentiert die sonst der männlichen Wissenschaft vorbehaltene Verbindung von Wissen und Macht. Ob sie freilich nur »wohltätige Zauberin« ist, wie es die bereinigte neuere Lesart will, steht dahin: Immerhin ist wie in der mythischen Tradition von Unwettern und Giften die Rede, die ihr zuzurechnen sind. Christines Medea ist nicht auf eine gehobene Art von Krankenschwester geschrumpft.

Nichtsdestoweniger kann wie »Frau Vernunft« auch »Frau Rechtschaffenheit« für eine neue Lesart des Mythos plädieren. Die liebende Medea ist zwar schon von den Dichtern der Antike her vertraut, neu aber, daß sie eines der zentralen Vorurteile der christlichen Patriarchen widerlegt: das von der schlangenhaft-trickreichen Untreue des Weibes. Wieder ist Jason der Verräter, Medea die Getreue, deren Glück auf immer zerstört wird. Sie kann in die ewige Stadt der Frauen aufgenommen werden.

Aus dem Königreich der Männer wird sie dafür nach zwei Jahrhunderten einer wieder konsolidierten Männerherrschaft um so rigoroser verbannt. Für Pierre Corneille ist ihre Geschichte im Anschluß an Seneca ein Exzeß an »Verbrechen« und »Boshaftigkeit«. Wohl hat sie ganz andere Statur als die kontrastierende höfische Welt des Ehrgeizes und der simulierten Liebe, wo ein flatterhafter griechischer Gockel sich mit einem kleidergeilen Flittchen trifft. Die Größe von Senecas »Medea superest« ist auch auf Corneilles Medea übergegangen: »In solchem großen Umsturz, was verbleibt euch da?« »Ich, Ich, sage ich, und das genügt.«

Aber Corneilles hohnvoll-triumphierende Medea ist alles andere als eine zerstört-zerstörende Mutter, die Mitleid gewinnen könnte. Dieses gilt allenfalls Jason, der sich am Schluß selber tötet – eine Innovation, mit der Corneille dieser sonst so leichtgewichtigen Rolle eine gewisse Vertiefung gibt und Medeas Rachetriumph ein Ende setzt.

Hat Corneille wie die mythologische Tradition keine Bedenken, Medea auf einem drachengezogenen Wagen durch die Luft davonfliegen zu lassen, so führt ein knappes Jahrhundert später Benjamin Hederichs *Gründliches mythologisches Lexicon* von 1724 mit entschlossenem frühaufklärerischem Rationalismus alles Wunderbare auf das Wahrscheinliche zurück. Die Zauberin Medea wird wieder zur Botanikerin und Pharmakologin, wie es aus unterschiedlichen Motiven schon für den hellenistischen Rationalismus des Apollonios von Rhodos oder die Frauenwissenschaft Christine de Pizans der Fall gewesen war.

Das hat entlastende Konsequenzen: Das Über- oder auch Untermenschliche nimmt immer mehr ab, um dem Menschlichen Platz zu machen. Die von Hederich betriebene Entmythologisierung – er ist eine Art Bultmann des griechischen Mythos – meint Humanisierung: »Man hat vieles zu ihrer Geschichte hinzu gesetzet, solche nur desto wunderbarer, und die Person desto verhaßter zu machen. Dahin soll die Ermordung ihrer Kinder gehören.« Von diesem Mord will Hederich nichts mehr wissen. Schon er vertritt den »Freispruch für Medea«.

Die »*hohe Zeit der Mutterliebe*« billigt dem Schreckbild der unmütterlichen Mutter indes immer weniger milderne Umstände zu – oder muß gerade den Mord zum Akt der Mütterlichkeit machen. In Lessings bürgerlichem Trauerspiel *Miss Sara Sampson*, erschienen 1755, bekommt »eine neue Medea« in der Gestalt des »rasenden Weibes« Marwood ihren Wiederauftritt – die Rolle ist längst in den gesicherten Zitatenschatz eingegangen. Doch es gibt auch eine Premiere. Erstmals hat die nun rücksichtslos brutalisierte Heldin eine Tochter. Die Grausamkeit als andere Seite bürgerlich-rührseliger Empfindsamkeit fügt dem Mythos »langsame Martern« hinzu, die aus der »neuen Medea« eine Folternde machen würden, wenn sie sich nicht noch beizeiten daran erinnerte, daß nicht ihre Tochter Arabella, sondern der treulose Vater Mellefont der eigentliche Adressat der Rache ist:

Marwood: Sieh in mir eine neue Medea!
Mellefont (erschrocken): Marwood – –
Marwood: Oder wenn du noch eine grausamere Mutter weißt, so sieh sie gedoppelt in mir! Gift und Dolch sollen mich rächen. Doch nein, Gift und Dolch sind zu barmherzige Werkzeuge! Sie würden dein und mein Kird zu bald töten. Ich will es nicht gestorben sehen; sterben will ich es sehen! Durch langsame Martern will ich in seinem Gesichte jeden ähnlichen Zug, den es von dir hat, sich verstellen, verzerren und verschwinden sehen.
Ich will mit begieriger Hand Glied von Glied, Ader von Ader, Nerve von Nerve lösen [...]
Mellefont: Sie rasen, Marwood – –
Marwood: Du erinnerst mich, daß ich nicht gegen den Rechten rase. Der Vater muß voran! [...] Drum stirb, Verräter!

Die Indirektheit der Euripideischen Tragödie, die Rache an Jason mittels der Instrumentalisierung der Kinder, wird hier korrigiert. Selbst eine Bluttat muß ihre Ordnung haben.
Voll »rührender Schwärmerey« scheint demgegenüber die *Medea* Friedrich Wilhelm Gotters, die sich zwanzig Jahre nach Lessings Trauerspiel selber als »Melodrama« annonciert. Ebenso kühn freilich die Konstruktion: die Verbindung von Rührstück und Kindermord. Nun ist das Bild der Mutterliebe so mächtig geworden, daß die Tat in bezug auf die Kinder einen Akt der Erlösung meint. Der Tod ist Gnade. Die Mutter versteht ihn als Geschenk. Dem tragischen Melodram obliegt die seelische Quadratur des Zirkels, Mord und Mutterliebe zu vereinen:

O, meine Kinder! Arme Verlassene!
Würdig eines bessern Vaters,
Einer mehr beglückten Mutter –
Welch ein Loos erwartet euch!
Nicht mildern kann ich euer Schicksal –
Doch endigen kann ich's – und wills!
Es ist Erbarmen, Liebe, Wohlthat –
Die letzte Wohlthat eurer Mutter.
Medea (erscheint am Eingang, bleich, athemlos,
betäubt, mit zerrissenem Haar):
Es ist geschehen – schlummert sanft, ihr Lieben! –
Euch – euch ist wohl – zerbrochen euer Kerker. –
Ach, wär' ich frey, wie ihr!

In Friedrich Maximilian Klingers Trauerspielen *Medea in Korinth* von 1786 und, vier Jahre später, *Medea auf dem Kaukasos* wird erstmals das dramatische Potential der Tatsache genutzt, daß es sich im Medea-Mythos meistens um *zwei* Kinder handelt. Der jüngere Muttersohn Feretos steht dem älteren Vatersohn Mermeros gegenüber. Konkurrenz um die Liebesanteile, auch um die größeren Rechte der Vater- und der Mutterliebe, prägt das Familientrauerspiel. »Mein« ist das Schlüsselwort. Doch noch einmal gelingt es, die Kinder erst auf die eine, dann auf die andere Seite zu ziehen, schließlich die ganze Familie zum schönen stehenden Bild, zum Tableau wieder zusammenzufügen.

> Medea: Meine Kinder! meine Söhne!
> Jason: Sind auch meine Söhne und folgen mir.
> Medea: Mein sind sie mehr! Mir sind sie näher! Ich gebar sie und unterlag dem Loos der schwachen Menschheit. Hier tranken sie den ersten Saft des Lebens! Unter meinen mütterlichen Augen gediehen sie! Meine Zunge plauderte ihnen die ersten Töne vor. Durch mich lernten sie erst den Vater kennen. Die Mutter ward ihnen beim ersten Blick ins Licht bekannt. Ich lehrte sie deinen Namen aussprechen – dich zärtlich rufen – deine Hand fassen – dich mit kindischen Spielen ergötzen! Sie sind mehr mein! Der Löwin folgt die junge Brut, das junge Reh der Spur der Mutter!
> Seyd ihr nicht mein? Du nicht mein, Mermeros? Du nicht mein, Feretos?
> Söhne: Dein, Mutter! Dein!
> Jason: Eures Vaters Söhne! der euch nicht mit wilden Blicken schreckt! der euch zärtlich liebt! menschlich mit euch fühlt!
> Medea: Ha, mütterich ist mehr!
> Jason: Kommt, meine Kinder; seyd ihr nicht mein?
> Söhne: Dein, und der Mutter auch!
> Medea: Vermagst du zu trennen, was der innigste Ruf der Natur, das heiligste Gefühl zusammenknüpft! (Ihn umfassend und die Kinder in die Gruppe ziehend.) Wir alle sind Eins! in Eins gebunden! von dir, von mir haben sie das Leben! Dein und mein Blut bewegt sich um ihr Herz. Dein und mein Bild ist ihrem Innersten eingeprägt. Ha, wir sind in Eins gekettet, wie die Sterne, die um die Sonne schweben!

Doch dann nimmt die Tragödie ihren Lauf. Die Tat selber wird psychologisiert, vor allem gleichsam familiarisiert. Medea mordet die Kinder weniger um der Rache der verratenen Frau willen denn als Tochter ihrer göttlichen Mutter Hekate, die Sühne für ihren von Medea einst ermordeten Sohn, den »Säugling« Absyrthos, verlangt. Wohin man also auch blickt, unter Menschen wie unter Göttern lauter Mütter und Töchter, deren innige Bindung sich blutig zeigt. Die Metapher von den familiären »Blutsbanden« erhält einen ungewohnten Sinn.

Am Ende freilich, nachdem Medea »auf dem Kaukasos« angekommen ist, kehrt sie mit dem von Klinger eingeführten Selbstmord zu ihrem für lichter gehaltenen »Urvater« Helios heim. Wenn die Mütter ambivalent bleiben, scheinen die Göttervater gerade für die sich zunächst mit den Müttern identifizierenden Töchter verläßlicher zu sein.

An Klingers Betonung der familiären Eigentumsverhältnisse an den Kindern schließt auch die *Medea*-Tragödie des Grafen Julius von Soden (1814) an. Er inszeniert in einer Art von juristischem Sorgerechtstermin zunächst eine Kollision mütterlicher und väterlicher Besitz- und Verfügungsansprüche. Das explizit so formulierte »Eigenthum« an den Kindern leitet sich für die Mutter aus der untrennbaren Mutter-Kind-Symbiose ab. Die Kinder aber, ironischerweise zur freien Wahl aufgerufen, erweisen sich unter dem doppelten elterlichen Druck als die praktizierenden Salomoniker, die jedem versöhnungsfreudigen Familienrichter den Rang ablaufen könnten: Sie laufen zu beiden, um »in höchster Rührung« für einen schönen Moment lang die zerrissene bürgerliche Familie wieder ganz zu machen, bevor das Gesetz der Tragödie seinen Gang geht.

Ungleich grausamer Franz Grillparzers großartige Trilogie *Die Argonauten*, 1821 uraufgeführt. Ihr dritter Teil *Medea* zeigt die »Barbarin« aus Kolchis, die Medea für die Griechen war, als eine von Grund auf Fremde in der Fremde. Sie, die im ersten Teil dem aus seiner Heimat geflohenen Griechen Phryxus gastfreundlich Asyl geben will, wird nun mit bitterster Ironie selber zum Inbegriff der Unzugehörigen, Landflüchtigen, Heimatlosen. Das Scheitern ihres Anpassungsversuches an die hellenische Leitkultur wird brutal deutlich in einer herzzerbrechenden Szene, in der sie voll guten Willens mit dem Erlernen eines griechischen Liedchens zum Singvogel zu werden versucht – vergeblich.

Der Kindermord rückt nun vollends ins Zentrum, und zwar mit jener entscheidenden Neuerung, die bei Klinger schon angedeutet worden war und jetzt größtes Gewicht erhält: Wie der Mann, so begehen auch die Kinder Liebesverrat. In einer der grausamsten, schmerzhaftesten Szenen der deutschen Literatur laufen sie zur »weißen« Ersatzmutter Kreusa über. Klinger hatte seiner tragischen Heldin noch den mildernden Umstand gewährt, daß er die Kinder salomonisch halbiert und nur den Vatersohn, den älteren Mermeros, zum Renegaten der Liebe zur Mutter gemacht hatte. Von Soden hatte noch salomonischer beide Kinder erst zur Mutter, dann zum Vater laufen lassen. Grillparzer tut ganz und gar unsalomonisch, in unversöhnter tragischer Dissonanz, das genaue Gegenteil: Sowohl der ältere »Liebling«, der nun Äson heißt, wie der jüngere »Schmerzenssohn« Absyrtus, der Namen und Antlitz des »beweinten«, bei Grillparzer aber nicht einem Mord, sondern dem Selbstmord zum Opfer gefallenen Bruders trägt, fallen von Medea ab:

Medea:	Nun kommt zu mir! – Zu mir! – Natterbrut! (Sie geht einige Schritte auf sie zu, die Kinder fliehen zu Kreusen.)
Medea:	Sie fliehn mich! Fliehn! .
König:	Du siehst, Medea, nun, Die Kinder wollen nicht und also geh!
Medea:	Sie wollen nicht? Die Kinder die Mutter nicht? Es ist nicht wahr, unmöglich! – Äson, mein Ältester, mein Liebling! Sieh, deine Mutter ruft dir, komm zu ihr! Ich will nicht mehr rauh sein und hart! Du sollst mein Kostbarstes sein, mein einziges Gut! Höre die Mutter! Komm! – Er wendet sich ab! Er kommt nicht! Undankbarer! Ebenbild des Vaters! Ihm ähnlich in den falschen Zügen und mir verhaßt wie er; Bleib zurück, ich kenne dich nicht! – Aber du, Absyrtus! Schmerzenssohn Mit dem Antlitz des beweinten Bruders, Mild und sanft wie er; Sieh, deine Mutter liegt hier knieend Und fleht zu dir. Laß sie nicht bitten umsonst! Komm zu mir, mein Absyrtus! Komm zur Mutter! – Er zögert! – Auch du nicht? – Wer gibt mir einen Dolch? Einen Dolch für mich und sie! (Sie springt auf.)
Jason:	Dir selber dank es, daß dein wildes Wesen Die Kleinen abgewandt zur Mitte hin. Der Kinder Ausspruch war der Götter Spruch! Und so geh hin, sie aber bleiben da.
Medea:	Ihr Kinder, hört mich!
Jason:	Sieh, sie hören nicht!
Medea:	Kinder!
König zu Kreusen:	Führ sie ins Haus zurück! Nicht h a s s e n sollen sie, die sie gebar. (Kreusa mit den Kindern zum Abgang gewendet.)

Medea:	Sie fliehn! Meine Kinder fliehn vor mir!
König zu Jason:	Komm! Das Notwendige beklagt man fruchtlos! (Sie gehen.)
Medea:	Meine Kinder! Kinder!
Gora:	(die hereingekommen ist) Bezwinge dich! Gönne nicht deinen Feinden ihres Sieges Anblick!
Medea:	(die sich zur Erde wirft): Ich bin besiegt, vernichtet, zertreten! Sie fliehn mich, fliehn! Meine Kinder fliehn!
Gora:	(über sie gebeugt): Stirb nicht!
Medea:	Laß mich sterben! Meine Kinder! (Der Vorhang fällt)

Mit den Kindern aber verliert Medea alles. Das provoziert den Doppelmord. Und es macht die Untat in gewissem Umfang plausibel. Seelengeschichtlich deutet das Bemühen um verstärkte Plausibilisierung allerdings darauf hin, daß der doppelte Kindermord um so mehr nach Motivation verlangt, je unverständlicher, »barbarischer« er für die »*hohe Zeit der Mutterliebe*« geworden ist. Grillparzer war das nur zu bewußt. In seinen Medea-Kommentaren spricht er von einer »für eine neuere Anschauungsweise abscheulichen Katastrophe«. Sie scheint dadurch gemildert zu werden, daß Medea wie im Melodram Gotters ihren Kindern durch den Tod ein Leidensleben, *das* Leidensleben ersparen will. Im Zeichen des neu eingeführten dunklen *und* freundlichen Todesgottes Heimdar versteht sie sich, so wie Lessing den Tod als »Zwillingsbruder des Schlafes« gefeiert hatte, als eine Art »Zwillingsschwester«, ja als nächtige »Mutter« von Schlaf und Tod. Die Nutzanwendung wird indes nur für das Leben der Kinder gezogen, und zwar gewaltsam: Der Doppelmord ist ein Akt des »*Pseudoaltruismus*« (Böschenstein). Medea wie Jason, die am Schluß wieder, anders als bei Klinger, unter dem christlichen Selbsttötungsverbot stehen – über das sich freilich während der Arbeit an *Medea* Grillparzers Mutter hinwegsetzte, der er symbiotisch zwiespältig verbunden war –, wird der Weg in den Tod versagt: Medea: »Der Traum ist aus, allein die Nacht noch nicht«.
Die Psychologie des neunzehnten Jahrhunderts drängt danach den Medea-Mythos immer mehr ins Pathologische ab, wie der Historismus ihn auf vermeintlich überholte Kulturstufen zurückdrängt. In der Rahmenerzählung von Paul Heyses später Novelle *Medea* von 1896 werden im Anschluß an eine erfolgreiche Inszenierung des Grillparzerschen Trauerspiels Fragen des Kulturfortschritts aufgeworfen. Medeas Kindermord erscheint dabei als Inbegriff des Archaisch-Unmenschlichen:

> Mag vor zehntausend Jahren eine Medea möglich gewesen sein, [...] in unserer heutigen Welt erscheint sie nur wie ein starres, steinernes Gespenst, dessen Anblick uns kein Mitgefühl, sondern nur ein lähmendes Entsetzen einflößt, als hätte eine leibhaftige Meduse uns angestarrt.

Die Binnenerzählung soll dann zwar die Fortdauer der nur zurückgedrängten elementaren Abgründe des Humanen belegen. Doch das tut sie nur um den Preis einer rassistischen Relativierung der Tragödie auf das Exotische, in dem sich angeblich die Schrecken des Archaischen erhalten haben. Eine Mischlings-Medea, ausgestattet mit der kindlichen Vorliebe der schwarzen Rasse für Billigschmuck und Affenliebe, fällt einem flatterhaften Edelweißen zum Opfer. Ein Vitriolattentat auf seine Kreusa kommt nicht zustande, wohl aber nach einem gescheiterten ersten Mord- und Selbstmordversuch der Mord an dem Sohn, der zwar wieder Mischling, aber ganz der Vater ist. Erst das Irrenhaus, dann der erlösende Tod können die Pathologie der Mischlings-Medea, die nicht eigentlich eine Zeitgenossin war, kurieren.
Drei Jahrzehnte später macht Hans Henny Jahnns Tragödie *Medea* aus dem Mischling gleich eine Negerin. Gezeigt wird eine häßlich gewordene alte Vettel, die wie ihre Vorgängerinnen verlassen wird, aber im Gegensatz zur traditionell selbstbewußten Frauenrolle Medeas nun gegen sich selber wütet. Dahinter die bittere Tragödie der Frau, die ihrem Geliebten ewige Jugend verliehen hat, während ihr eigener Leib durch ihre zweifache Mutterschaft »gebrechlich, fett und entstaltet« wurde.
Das Monster freilich, gegen das sie wütet, scheint sie tatsächlich in gewissem Umfang zu sein. Jahnn bringt eine Medea auf die Bühne, die die abstoßende Variante der »Großen Mutter«, eine brünstig-blutrünstige gestürzte Dämonin ist. Der Doppelmord an den beiden Söhnen, die ihrerseits in Geilheit und Blutdurst miteinander kopuliert sind, wird zum »doppelten Lustmord«: In der pansexuellen Welt dieses Stücks fallen Mord und Lust zusammen. Eine buchstäblich mordsgeile Sado-Maso-Medea, Abkömmling eines afrikanisierten Kolchis als schwarzen Triebreichs, opfert ihrer »Raserei«:

> Medea: Am Boden,
> Aufeinander sich wälzend, fand ich sie.
> Wie Hochzeit war's.
> Und Mord war in den Starken Händen.
> Sie krallten sich verzweifelt um
> Des Schwächern Hals. Lust, Todesröcheln
> Nicht mehr unterschieden. Die schwarze Galle
> Floß ab von meiner Leber. In meines

> Kindes Rücken einschlug ich spitzes Eisen.
> Den weichen Bauch durchdrang's, sank weiter;
> In den zweiten Rücken sprang's
> Und wollte halten, doch Medeas Faust
> Zwang's weiter und nagelte zusammen
> Das schöne Paar. Kaum stöhnend auf die Seite
> Wälzt es sich. Und sah mich an,
> Und sahn mich beide an und lächelten.
> Mein dickes Blut entblödete sich nicht,
> Zu glucksen in Raserei des Taumels,
> Weil meine Augen meines Leibes Frucht
> Gesehn.

Trotzdem ist es bei Jahnn nicht auf ein Monsterbild von Blut und Boden abgesehen, im Gegenteil. Gleich ob diesseits oder jenseits der Farben-, Rassen- und Artengrenzen – hier fallen alle, Vater, Mutter, Kinder, Tiere, übereinander her. Geilheit und Blutdurst, Lust und Gewalt sind die wahren Universalien. Für die weiße Welt allerdings wird nach den Gesetzen der Projektion zur Gestalt des schlechthin »Anderen«, des Fremden, was sie selber ist und tut. Ihr Exponent ist Jahnns König Kreon. Fest steht er auf dem Boden der griechischen Leitkultur:

> Kreon: Ausländer lieb ich nicht. Jason ist Grieche, [...]
> Kümmern seine
> Im Ausland eingegangne Ehe
> Und solchem Bund entsproßnen Söhne mich?
> Sie fanden ein Asyl in meinem Land.
> Das gibt zwar Pflichten ihnen gegen mich;
> Doch daß dem Fremden ich verpflichtet wär,
> ist neu.

Das ist noch moderat gesagt, denn eigentlich sind die »dunkelfarbgen Menschen« für Kreon »Tiere«, auf die Jagd gemacht werden darf. Der Nationalsozialismus wird mit Kreons Programm ernstmachen. Xenophobie eskaliert mit ihm zum Völkermord.

Wo aber bleibt Medea, wenn die Mütter nun zusammen *mit* ihren Kindern für den Mord selektiert werden? Medea ist die mythische Chiffre einer Rolle, die der geopferten, verlassenen und verfolgten Frau einerseits die Rückverwandlung in die Täterin gestattet, andererseits ihr eine gegen das eigene »Fleisch und Blut« gerichtete Gewalt zuschreibt. Solche Abgründe zeigen gerade die von drei jüdischen Autorinnen geschaffenen Medeen: Gertrud Kolmars Erzählung *Eine jüdische Mutter* (1930/1), die erste bedeu-

tende weibliche Medea-Darstellung seit Christine de Pizan; dazu die *Märkische Argonautenfahrt* der katholischen Halbjüdin Elisabeth Langgässer und schließlich die autobiographische Antwort auf sie bei Cordelia Edvardson, der Auschwitz überlebenden Tochter Langgässers, *Gebranntes Kind sucht das Feuer.* Kolmars dunkle jüdische Medea begeht an ihrer Tochter, die durch ein Sexualverbrechen heillos traumatisiert ist, unerhörterweise einen Akt der Euthanasie: aus Kindesliebe Kindesmord, um anschließend die Tochter und die Rache für sie zugunsten der Liebesleidenschaft für einen sehr deutschen Mann zu verraten. Langgässer, die Medea zum Symbol eines weiblichen Chronos, der ihre Kinder verschlingenden Zeit sublimiert, wird selber von ihrer Tochter unterschwellig und in die Nähe der Mörder gerückt. Die Mutter ist Maria und Medea, gute und böse Mutter in einem.
An Jahnns Asylantentragödie der »Ausländerin«, der Negerin Medea unter dem Zugriff einer »kreontischen« Diktatur schließt 1949 Max Zweigs Nachkriegsdrama *Medea in Prag* unter gewandelten historischen Umständen an. Das bis heute unaufgeführte Stück des kaum noch bekannten Autors – er war Cousin Stefan Zweigs – ist für das Theater noch zu entdekken, zumal in Zeiten, in denen die Rolle der zur Jagd freigegebenen »Fremden« nach dem Gesetz der Wiederkehr des schlechten Gleichen reaktualisiert wird.
Das Stück transplantiert die Berberin Leila, die den tschechischen Widerstandskämpfer und britischen Armeefreiwilligen Prokop vor den Deutschen gerettet hat, aus der lybischen Wüste in das gerade revolutionierte, aber auch schon bürokratisierte Prag. Die rassistisch zugespitzte Xenophobie setzt sich nach dem politischen Systemwechsel fort: blanker Hohn auf den sozialistischen Internationalismus.
In der Heimat Prokops, mit dem Leila zwei Kinder hat, »Mischlinge« nach seinem Wort, wird die zuvor latent gebliebene Spannung zwischen dem Exiltschechen und der Exilberberin manifest. Für die pseudorevolutionären Prager Bourgeois wird die Fürstentochter zur »Negerin«, zur »Fellachin«. Der Mann läuft zum Gegner über. Und als sich auch die zwangsweise umgeschulten, der Mutter entzogenen Kinder von ihr abwenden, kommt es zur Katastrophe. Die Eskalation vom Liebesverrat des Mannes zum Mutterverrat der Kinder, die von Klinger bis zu Grillparzer vorangetrieben worden war, nimmt der Entwurzelten auch den Rest an Zugehörigkeit.
»Verachtet, verjagt, heimatlos, obdachlos«, eine »Ausländerin« und »Orientalin« ist drei Jahre vor Max Zweigs *Medea in Prag* schon Jean Anouilhs Medea. Auf einem Zigeunerkarren, zu dem der einstige Sonnen-

wagen heruntergekommen ist, zieht sie mit Jason in der Welt umher. Und ein zum Dorfpotentaten degradierter Kreon droht sie von neuem zu vertreiben. Aber nun geht es nicht mehr um eine asylberaubte Migrantenexistenz als Opfer der Xenophobie und des Rassismus. Anouilh schreibt seine *Medea* vielmehr um zu einer existentialistischen Tragödie, die von der Spannung zwischen der Geworfenheit in eine Rolle, der Verurteilung *zu* ihr, und der Selbstfindung *in* ihr, zwischen Determination und Freiheit bestimmt ist. In keiner anderen *Medea* wird der Rollenname, den nach der Prognose Jasons keine Mutter ihren Kindern mehr guten Gewissens geben kann, während die Theaterväter ihn um so lieber vergeben, häufiger zitiert: Medea: »Ich bin Medea«.

Zutreffender freilich würde Anouilhs Stück *Medea und Jason* heißen. Das Drama eines alt gewordenen Paares, das eine Geschichte hat, die von der sexuellen Leidenschaft über die Kameradschaft bis zum Treubruch alles umfaßt, spitzt sich zu in den finalen Szenen einer Ehe: bis daß der Tod sie scheidet.

Weil Medea und Jason aber in der Tat fast alles füreinander waren, Geliebte, Kameraden, Geschwister, Vater, Mutter, Sohn, Tochter, tritt die Bedeutung der Kinder, durch deren Ermordung Medea erst wirklich wieder Medea wird, zurück. Die Kinder, die von der Stoffgeschichte zunehmend mit Namen und freier Wahl, auch der Möglichkeit des Verrats ausgestattet worden waren, schrumpfen nun auf die Rolle einer lebenden Reminiszenz von Mutterschaft und Familie. Dem Mord an ihnen folgt unverzüglich der Selbstmord, der gipfelt in der Selbstverewigung der »schrecklichen Medea«:

> Medea: Ah, ihr seid da? Habt ihr Angst? Bald wird alles still sein – die brüllenden Menschen und die Glocken – alles wird schweigen ... Ich werde euch nicht weh tun. [...] Ich will euch an mich pressen, ihr kleinen, warmen Körper. Es ist schön bei der Mutter, man braucht keine Angst mehr zu haben. [...] (Sie führt die Kinder zum Karren ... Die Szene bleibt einen Augenblick leer ...)
>
> Jason: Wo sind die Kinder?
>
> Medea: Sie sind tot, Jason, sie sind tot, ermordet alle beide, und bevor du nur einen Schritt tun kannst, durchbohrt mich der gleiche Dolch. Endlich bin ich Medea für immer. [...] Ich! Die schreckliche Medea.
> (Sie ersticht sich und stürzt in die Flammen ...)

Mit der Selbstverewigung der »schrecklichen Medea« bei Anouilh hätte die zeitgenössische Medea-Rezeption ihr Ende finden können. Doch das Gegenteil trat ein. In der Gegenwartsliteratur erlebt der Medea-Mythos eine beispiellose Renaissance. Zu danken ist das vor allem der neueren Frauenbewegung, die sich den Mythos aus ihrer Perspektive angeeignet hat. Dabei wird die Prägung des Stoffes durch Euripides weitgehend revidiert. Programmatisch steht dafür der Titel des Romans von Ursula Haas: *Freispruch für Medea*, dessen Echo in Rolf Liebermanns titelgleicher Oper zu hören ist. Der Prozeß gegen Medea wird transformiert in den Prozeß gegen Euripides. Die schon bei ihm artikulierten Geschlechterkämpfe toben nun um ihn selber und die von ihm kreierte Gestalt.
Helga Novaks furioser *Brief an Medea* von 1977 wird in Bezug auf Euripides am deutlichsten. Hier unterliegt es keinem Zweifel mehr, daß der »Lohnschreiber« Euripides von Korinth bestochen worden ist, Medea den Kindermord anzulasten:

> Medea du Schöne dreh dich nicht um
> vierzig Talente hat er dafür erhalten
> von der Stadt Korinth
> der Lohnschreiber der
> daß er dir den Kindermord unterjubelt
> ich rede von Euripides verstehst du
> seitdem jagen sie dich durch unsere Literaturen
> als Mörderin Furie Ungeheuer
> dabei hätte ich dich gut verstanden
> wer nichts am Bein hat
> kann besser laufen. [...]

Verständlich wäre es also gewesen, wenn Medea sich dessen entledigt hätte, was sie mit den Kindern »am Bein« hatte – und die Frauen »neuerdings« laut Novak wieder nur zu gerne »am Bein« haben. Doch ein anderer Anfang ist nun gemacht. Von Elfride Jelineks aussichtsloser Prognose in ihrem Stück *Krankheit oder moderne Frauen*, daß diese es nie von der »Hausfrau« zur Medea bringen werden – fälschlich, wie sich dann in Jelineks Roman *Lust* mit der Gestalt einer »Tiroler Medea« zeigt – weiß Helga Novak nichts. Ihr Brief ist ein feministisches Manifest. Die »neue Frau«, die Franca Rame zwölf Jahre später in ihrer Co-Produktion mit Dario Fo unter dem Titel *Nur Kinder, Küche, Kirche* proklamiert, »rappelt sich« in der alten auf. Nur »die Callas« ist bei Novak tot, die unvergleichliche Sängerin von Cherubinis *Medea*.

Den konsequentesten »Freispruch für Medea« verkündet schließlich Christa Wolfs 1996 erschienener Roman *Medea.* Dieses polyperspektivische halbdramatische Werk mit dem Untertitel *Stimmen* ist Christa Wolfs *Anti-Euripides.* Hoch befriedigt, ja geradezu triumphal hat sie bei aller Hochschätzung des griechischen Dichters die Vermutung, daß die Medea des Mythos vor Euripides keine Kindermörderin gewesen sei, durch die Basler Archäologin Margot Schmidt bestätigt gefunden. Aus dem »Dunkel der Verkennung« will sie die »Gestalt mit dem magischen Namen« befreien. Der Mord an Medeas Bruder Apsyrtos geht nicht zu ihren Lasten. In der Rolle der Heilerin kuriert sie die epileptische Konkurrentin Glauke, die vormalige Kreusa, statt sie zu ermorden. Die Beziehung zu Jason ist sekundär. Bei Christa Wolf wird Medea nach der von der Stoffgeschichte meist aufgenötigten Enthaltsamkeit zu einer Frau, die sexuell weiterhin aktiv ist. Sie geht wie Jason fremd. Und sie ist nicht zuletzt hier die »wilde«, die leidenschaftliche Frau, keine Maria-Medea fürs Frauenkloster.

Vor allem wird sie vom Mord an den Kindern freigesprochen. Hier sind es erstmals Zwillingskinder. Die Vaternähe des Blonden und Blauäugigen, die Mutternähe des Dunklen und Kraushaarigen ist zwar unübersehbar. Doch das wird nicht handlungsbestimmend. Kein Keil soll in die Beziehung getrieben werden – weder von Seiten der Kinder noch der Mutter. Der Kindermord, verbunden mit einer Menschenjagd auf alle Asylanten, alle »Fremden«, geht zu Lasten des seit je menschenopfernden Korinth, indirekt zu Lasten desjenigen, der es entlasten wollte: Euripides. Seit ihm war Medea der »Sündenbock«. Nun scheint Euripides selber der neue »Sündenbock« zu sein. Medea darf wieder zur guten Schwester, zur Liebenden und vor allem zur mütterlichen Mutter werden.

Soviel Gutmenschentum, Gutmuttertum, hat der Autorin sarkastische Verrisse eingetragen. Einem allzu friedlichen Bild steht freilich schon Medeas Rolle als Priesterin eines uralten blutigen Kults in Kolchis entgegen. Und Medea bleibt auch in Korinth eine »wilde« Frau. Nach der Darbringung der Kinder im Tempel wird sie wieder zu jener ebenso großartigen wie »maßlosen Furie«, die am Medea-Mythos seit je fasziniert. Der unbestechliche Astronom Leukon über sie:

> Maßlos ist sie am Ende gewesen, so, wie die Korinther sie brauchten, eine Furie. Wie sie, die bleichen verängstigten Knaben an der Hand, in den Tempel der Hera eindrang, die Priesterin beiseite schob, die ihr in den Weg trat; wie sie die Kinder zum Altar führte und zur Göttin aufschrie, was einer Drohung mehr ähnelte als einem Gebet: Sie solle diese Kinder schützen, da sie, die Mutter, es nicht mehr könne. [...] Sie muß es darauf angelegt haben, getötet zu werden.

Am Schluß steht keine humanpolitisch korrekte Versöhnung, sondern ein monströser Fluch. Ein Kindermord genügt nun nicht mehr; die Verfluchung einer ganzen Welt muß es nun sein:

> Was bleibt mir. Sie verfluchen. Fluch über euch alle. Ein gräßliches Leben komme über euch und ein elender Tod. Euer Geheul soll zum Himmel aufsteigen und soll ihn nicht rühren. Ich, Medea, verfluche euch.
> Wohin mit mir. Ist eine Welt zu denken, eine Zeit, in die ich passen würde. Niemand da, den ich fragen könnte. Das ist die Antwort.

Den Göttern, auch den Göttinnen, hat Medea schon vorher den Glauben aufgekündigt. Statt in Hekate »die liebe Mondgöttin« zu suchen; statt wie einst mit Helios' Hilfe gen Himmel aufzufahren, zeigt Medea in Christa Wolfs Roman mehr denn je, wie sehr sie Medea ist.

Ein gnädigeres Geschick hat indessen *Medea und ihren Kindern* neuerdings in dem wunderbaren Roman von Ljudmila Ulitzkaja eine fast utopisch schön anmutende, aber auch von einem humanen Realismus geprägte Wendung beschert. Ulitzkajas Medea, Nachfahrin »pontischer«, ans Schwarze Meer verschlagener Griechen, erfährt, daß sie von ihrem geliebten Mann und ihrer Schwester betrogen worden ist, die bitterste Pointe dabei, daß sie, selber kinderlos, von dem Kind erfahren muß, das der Beziehung entsprungen ist. Doch hier setzt sich keine zwanghaft mörderische Logik durch. Ulitzkajas Heldin ist nur noch diesem Namen nach Medea – in Wahrheit ist sie ein Gegenentwurf. Eine Großfamilie schart sich um die neue Medea mit Kindern und Kindeskindern: das schöne Paradox einer kinderlosen Urmutter.

Vielleicht liegt darin auch die Befreiung von jener doppelt schweren Hypothek, die bisher untrennbar mit dem Namen Medea verbunden war: Nach 2500 Jahren eines Mythos, der sich aus der Tragödie einer bis zum Kindermord unmütterlichen Mutter *und* den überstrapazierten Erwartungen zumal von Dichter-Söhnen an die mütterlichen Mütter nährte, finden Medeas Kinder eine Art von Hafen in einer Gestalt, die keine Mutter und doch mütterlich ist.

Mit diesem versöhnlichen Bild der kinderlosen Urmutter, der Erlösung gleichsam *von* Medea *durch* Medea, könnte man die Geschichte von Medea und ihren Kindern schließen. Doch auch Medeas blutige Geschichte geht weiter in zahlreichen Inszenierungen der heutigen Zeit.

WALTER BURKERT

Medea: Arbeit am Mythos von Eumelos bis Karkinos

Über Medea, altbekannt und vielbehandelt,[1] von neuem zu sprechen, besteht unerwarteter Anlaß: Ein neues Stück Tragikertext ist aufgetaucht, ein Fragment einer nicht-euripideischen *Medea*. Freiheit und Gebundenheit der Tragödendichter im Umgang mit hergebrachten Mythen wird so neu beleuchtet.

Eine allgemeine und praktikable Definition von ›Mythos‹ zu erarbeiten, sei hier nicht versucht.[2] Bei griechischen *mythoi* geht es um einen Komplex von Erzählungen, die schon in Werken der antiken Literatur gesammelt worden sind, zuerst und maßgebend von Hesiod in *Theogonie* und *Katalogen*, dann als Inhaltsangaben der Gesamtheit der attischen Tragödien, schließlich in modernistischer Neugestaltung und literarisch besonders wirkungsvoll in Ovids *Metamorphosen*, aber auch als dürrer, doch gehaltvoller Auszug in der *Bibliotheke* des Apollodor. Geoffrey Kirk hat die Mythen als ›traditionelle Erzählungen‹ erfaßt,[3] die freilich durchaus veränderbar sind, gelegenlich auch neu geschaffen werden. So liegen sie zumeist in Varianten vor. Dabei haben sie – was Mythos vom Märchen scheidet – eine außersprachliche ›Referenz‹, eine bewußte Beziehung auf bekannte und benannte Realität, die vor allem in den Eigennamen zutage tritt. Mythos ist insofern ›angewandte Erzählung‹. Diese Anwendung allerdings kann wechseln oder auch ganz versinken – was bei Ovids *Metamorphosen* weitgehend der Fall ist. Nicht so bei der attischen Tragödie: Da gibt es die – den modernen Leser eher störenden – *Aitia*, durch die das Stück sich der eigenen Seriosität versichert. Es kommen bei solchen Referenzen wechselnde und widerstreitende Interessen ins Spiel: Wir fassen Mythen nicht im Sinn eines Urwissens oder einer

---

1 J.J. Clauss/S.I. Johnston, Medea. Essays on Medea in Myth, Literature, Philosophy, and Art, Princeton 1997; B. Gentili/F. Perusino, Medea nella letteratura e nell' arte, Venedig 2000; I. Stephan, Medea. Multimediale Karriere einer mythologischen Figur, Köln 2006; L. Lütkehaus, Mythos Medea. Texte von Euripides bis Christa Wolf, Stuttgart 2007.

2 Verwiesen sei auf W. Burkert, Structure and History in Greek Mythology and Ritual, Berkeley 1979; F. Graf, Griechische Mythologie, München/Zürich 1985, [3]1991; A. und J. Assmann, Mythos, in: Handbuch religionswissenschaftlicher Grundbegriffe IV, Stuttgart 1998, 179-200.

3 G.S. Kirk, Griechische Mythen. Ihre Bedeutung und Funktion, Berlin 1980.

Offenbarung, sondern eines jeweils interessegeleiteten Zugriffs. Auf einen ›Ursprung‹ kommt es dann kaum mehr an.

Wenn wir vom ›Mythos von Medea‹ sprechen, steht die Einheit des Gemeinten durchaus in Frage: Als ob es um eine fiktive Person mit ihrem Lebenslauf gehe, wo doch eher eine scheinbar zufällige Abfolge von Erzählkomplexen vorliegt, vereint unter einem Namen, der eben wegen seiner durchscheinenden Bedeutung im Grunde belanglos ist: *Medeia* wird offenbar mit *médea* assoziiert: μήδεα πυκνά, μήδεα εἰδώς, das sind Ilias-Ausdrücke, die auf überlegenes Wissen und Planen weisen; Medeas Mutter ist darum *Idyia* ›die Wissende‹ (Hes. Theog. 958ff.), der Sohn heißt *Mermeros* ›der Nachdenkliche‹; wenn dann noch der König Kreon ›der Herrschende‹ und die Königstochter Kreusa ›die Herrschende‹ heißt, geht es kaum mehr allgemeiner. Allerdings nehmen die überlegene Intelligenz und Macht, die *médea* der Medeia, eine gefährliche Dimension an: Sie ist die raffinierte Zauberin.

Vier Erzählkomplexe treten hervor:

1. Die Argonauten-Geschichte. Die Königstochter wird zur Helferin des Helden, der aus der Ferne kommt, gegen den heimischen Drachen und gegen den eigenen Vater, sie sichert den Gewinn des ›goldenen Vließes‹ und organisiert die ›magische Flucht‹.
2. Der Mord an König Pelias in Iolkos, mit Zerstückelung, Kochen im Kessel, Widder-Zauber.
3. Die toten Kinder in Korinth.
4. Ereignisse in Athen: Medeia als Gattin des Königs Aigeus und zeitweilige Königin von Athen, im Konflikt mit Theseus.

Es gibt weitere Komplexe, die für uns schattenhaft bleiben, in Epirus lokalisiert; sie betreffen Medea und ihrer Nachkommenschaft, sie sind offenbar schon in der *Odyssee* bekannt, wenn ein ›Ilos Sohn des Mermeros‹ in ›Ephyra‹ auftaucht.[4] Das sei hier nicht weiter verfolgt, nur festgestellt, daß derartige Lokalmythen für lokale Identitäten und Beziehungen mit besonderem Eifer ausgestaltet und festgehalten werden.

Einige Bemerkungen zu den einzelnen Komplexen:

---

[4] Od. 1,259; dazu Naupaktia Fr. 9 Bernabé = Paus. 2,3,9; Apollodor FGrHist 244 F 180; Proxenos, Epeirotika FGrHist 703 F 3; Hochzeit von Iason und Medeia in Kerkyra, Timaios FGrHist 566 F 87/88.

1. Die Argonauten-Geschichte[5] kann als typische Quest-Erzählung genommen werden, ein allgemeines und verbreitetes Schema, das Strukturalisten in Anlehnung an Vladimir Propp zur Haupt-Sequenz von Erzählung überhaupt entwickelt haben:[6] Der Held zieht aus, findet Helfer, überwindet Gegner, gewinnt das Gesuchte, sichert es durch schwierige Rückkehr. Die Hilfe einer dem Helden gewogenen Partnerin, einer Königstochter, gehört oft dazu.

Im Falle der Argonauten geht es um eine innovative Schiffsreise, Ziel ist das goldene Vließ, Hauptgegner ein Drache; die ›magische Flucht‹ ist in doppelter Weise gestaltet: da ist der zerstückelte Bruder Apsyrtos als Abwehrzauber, da ist das gefährliche Tor der ›Klappenden Felsen‹. Schamanistische Elemente sind unverkennbar: Es gehe darum, die ›Seele des Phrixos‹ zurückzuholen, heißt es bei Pindar;[7] der Name Iason/Ieson kann als ›Heiler‹ verstanden werden: Wie er den blinden Phineus heilt, zeigt ein Vasenbild des 6. Jh.[8] Im Hintergrund der griechischen Fassung entfaltet sich Sonnenmythologie: Die zauberkundige Helferin ist eine Enkelin des Sonnengottes, das Sonnenland heißt Aia, der König entsprechend Aietes.[9]

Man hat für das goldene Vließ orientalische Parallelen gesucht. Aia heißt im Akkadischen die Frau des Sonnengottes; ein magisches Vließ spielt im hethitischen Mythos und Ritus eine Rolle.[10] Die geographische Festlegung des Landes Aia am Ostende des Schwarzen Meers als Kolchis – heute Georgien – wird im Rahmen der milesischen Schwarzmeerkolonisation im 7. Jh. erfolgt sein. Das Land Kolchis ist schon bei Eumelos (Fr. 3 Bernabé) genannt.

Dieser ganze Erzählkomplex liegt unserer, der ›homerischen‹ *Odyssee* bekanntlich voraus. ›Argo, allen vertraut‹, wird da genannt, *Argo pasi melousa* (12,70), und die Klappfelsen werden ausdrücklich erwähnt, auch daß Argo

5 A. Moreau, Le mythe de Jason et Médée, Paris 1994; P. Dräger, Argo pasimelousa, Stuttgart 1993; J. Bremmer, The Myth of the Golden Fleece, Journal of Ancient Near Eastern Reli-gions 6 (2006) 9-38.

6 Dazu Burkert, Structure and History (s. Anm. 2) 5-22; Kulte des Altertums, München 1998, 76-86.

7 Pind. Pyth. 4,159.

8 LIMC s.v. Phineus nr. 18.

9 A. Lesky, Aia, in: Gesammelte Schriften, Bern 1966, 26-62; M.L. West, Phasis and Aia, Museum Helveticum 64 (2007) 193-198.

10 V. Haas, Jasons Raub des goldenen Vließes im Lichte hethitischer Quellen, Ugarit-Forschungen 7 (1975) 227-233; J. Bremmer (o. Anm. 5).

diese bei der Rückfahrt passiert hat, »von Aietes her fahrend« (12,70). Eine Hauptrolle bei den Irrfahrten des Odysseus spielt Kirke, die Schwester des Aietes, auf ihrer Insel, die Aiaie heißt als Ableger vom Sonnenland Aia, bei den Reigenplätzen der Morgenröte (12,3f.). Doch gibt es für uns von dieser alten Argonauten-Erzählung keinen faßbaren Text, kein einziges Zitat; die maßgebliche literarische Gestaltung blieb dem hellenistischen Dichter Apollonios von Rhodos vorbehalten.

2. Die Pelias-Geschichte: Medea ermordet den König Pelias von Iolkos, der die Argo-Expedition veranlaßt hatte, in zauberisch-grausamer Weise. Medea führt vor, wie sie einen zerstückelten Widder im Dreifußkessel verjüngen kann, und veranlaßt damit die Töchter des Pelias, den eigenen Vater zu zerstückeln. Als Text ist das bei Pherekydes (FGrHist 3 F 105) und Pindar (Pyth. 4,446) bezeugt. Die spätere Wirkung beruht offenbar auf Euripides' *Peliaden* – 456 v. Chr., Bestandteil der ersten von Euripides aufgeführten Trilogie;[11] in der Bildkunst erscheint das Thema wesentlich früher, vor allem der Widder im Kessel auf attischen Vasen seit etwa 525 a. C. Daß die Pelias-Geschichte eben damals, um 525, erfunden sei, wurde behauptet. Von Stesichoros, in der ersten Hälfte des 6. Jh., gab es ein Werk *Leichenspiele für Pelias*. Vielfach wurde argumentiert, daß großartige Leichenspiele Medeas Kriminalgeschichte ausschließen, daß Zerstückelung und Kesselzauber damals ›noch nicht‹ bekannt waren.[12] Doch ein etruskisches Bucchero-Gefäß zeigt um 630 v. Chr. eine Frau mit Szepter vor einem großen Kessel, ihr eingeschrieben ist METEIA;[13] also ist das ganze schon im 7. Jh. in Etrurien rezipiert worden. Königsmord und Leichenspiele schließen sich nicht aus.[14] Das Motiv vom Kochen im Kessel mit der Ambivalenz von Tötung und Wiederbelebung kommt mehrfach vor, etwa bei Pelops; bei einigen archaischen Monumenten ist die Benennung un-

---

[11] Eur. fr. 601-616 Kannicht. Die ausführliche Fassung der Pelias-Geschichte bei Diodor (4,50-53) wird auf Dionysios Skytobrachion (FGrHist 32 F 14) zurückgeführt; sie dürfte Elemente aus Euripides enthalten, wie auch Hygin Fab. 24: Medeia spielt eine Artemis-Priesterin, um den Pelias-Töchtern den verderblichen Rat zu geben.

[12] E. Fiesel RE XIX 318 mit älterer Literatur.

[13] M.A. Rizzo/M. Martelli, Un incunabolo del mito greco in Etruria, Ann. Scuola Arch. Atene 66/7 (1988/9) 7-47; J. Latacz et al., Homer. Der Mythos von Troia in Dichtung und Kunst, München 2008, 315 nr. 36.

[14] Nach Apollod. Bibl. 1,144 veranstaltet Akastos, Sohn des Pelias, das Begräbnis des Pelias. Orestes hält, laut *Odyssee* (3,309), eine Leichenfeier für Aigisthos und Klytaimestra ab. Das Stesichoros-Werk markiert den Aufstieg Thessaliens im Bereich der Heroenmythen; vom thessalischen Adel wird dann der Dichter Simonides gefördert.

sicher.[15] Der Strukturalist wird die Verbrechen in Iolkos und in Korinth als Umkehrung sehen: Töchter morden Vater – Mutter mordet Söhne. Für weitere Sinndeutung bleibt ein weites Feld.[16]

Für Medea in Athen – Komplex 4 der Aufstellung – zeugt ein Stück realer Geschichte: Als 491/90 der Gesandte des Datis, des Beauftragten von König Dareios, nach Athen kam und Unterwerfung forderte, wollte er mit diplomatischer Höflichkeit auftreten. Sagen wollte er: ich bin ein Meder, Medos war Sohn der Medeia, Medeia war eure Königin; jetzt kommt Medeias Stamm zurück; nehmt also unsere Herrschaft an. Im freudigen Werbestil also begann er: ἥδομαι καὶ χαίρομαι, »Ich freue mich und bin mich glücklich« – und da lachten die Athener, denn χαίρομαι, statt χαίρω, sagte man damals nicht.[17] Diese Benützung griechischer Mythologie durch die Perser rückt die Bedeutung solcher ›traditionellen Erzählungen‹ für die Athener selbst ins Licht. Irgendwie wird diese Mythologie von der Königin Medea in den Bereich des Eumelos zurückgehen, der jedenfalls für Korinth Ähnliches erzählte (Fr. 3 Bernabé): Aietes Sohn des Helios erhielt ›Ephyre‹, d.i. Korinth, er gab die Herrschaft dann weiter, »bis er wiederkomme, oder einer seiner Nachkommen«, und zieht sich nach Kolchis zurück; so war Medea bei Eumelos legitime Königin von Korinth.

Damit sind wir bei Komplex 3: Medea in Korinth. Hier hat das Stück des Euripides (431 v. Chr.) Epoche gemacht. Medea, die die eigenen Kinder mordet – das prägt sich ein; so muß sie sein: »Es sei Medea wild und unbesiegbar«, *sit Medea ferox invictaque*, klingt es bei Horaz in der *Ars poetica* (123). Die Bewegung des großen Monologs bei Euripides scheint versunken, erstarrt in der Rezeption. Härter noch klingt es bei Seneca: Medea »will ich werden«, sagt Medea selbst zur Amme, *fiam* (171), und am Schluß, im Triumph jenseits des Humanen, weiß sie: »Jetzt bin ich Medea«, *Medea nunc sum* (910). Sie versteht sich selbst aus Euripides. Es gibt auch ein eindrucksvolles, düsteres Medea-Bild aus Herculaneum. Für die philosophische Ethik tritt das anthropologische Paradox hervor: Kann ein Mensch

---

15 Mitra von Axos/K. Schefold, Götter- und Heldensagen der Griechen in der Früh- und Hocharchaischen Kunst, München 1993, 54 Abb. 27; Relief von Foce del Sele, LIMC Peliades nr. 13a.

16 Ein Versuch bei W. Burkert, Homo Necans, Berlin 1972, 97-152.

17 Schol. Aristoph. Pax 289: »Er wollte griechisch sprechen und sagte: ἥδομαι, καὶ χαίρομαι ... Er erhob Anspruch auf Attika als sein eigenes Land; denn er galt als Abkömmling von Medos, Sohn der Medea«. Aristophanes macht das ›Lied des Datis‹ zum Ausdruck sexuellen Super-Wohlgefühls: ὡς ἥδομαι καὶ χαίρομαι κεὐφραίνομαι, womit die Grammatik wiederhergestellt ist. Im Neugriechischen ist χαίρομαι geläufig.

von sich aus tun, was er nicht will?[18] Dem Philologen bleiben Interpertationsprobleme im großen Monolog – *dem* Monolog der griechischen Tragödie.[19]

Daß Euripides den Kindermord Medeas erfunden hat, wurde schon in der Antike behauptet[20] und in der neueren Zeit mit Zuversicht wiederholt, nunmehr zum Ruhme des schöpferischen Dichters.[21] Doch hat Euripides jedenfalls nicht frei erfunden. Schon vor Euripides wurde der Mythos in Varianten bearbeitet: Widerstreitende Versionen aus Eumelos und Kreophylos werden von antiken Kommentatoren beigebracht.

Am gehaltvollsten erscheint, was Pausanias aus dem alten Epiker Eumelos zitiert (Fr. 5 Bernabé); Pausanias ist im allgemeinen wohl informiert und gilt als verläßlich. Da heißt es also: Die Korinther haben Medeia aus Iolkos kommen lassen und ihr die Herrschaft übergeben; durch Medea ist dann Iason König.

> Ihre Kinder hat sie jeweils nach der Geburt ins Heiligtum der Hera gebracht und dort verborgen, im Glauben, sie würden durch das Verbergen unsterblich. Schließlich habe sie erkannt, daß sie sich in ihrer Hoffnung getäuscht hatte; zugleich wurde sie von Iason ertappt; und er habe ihr trotz ihrer Bitten nicht verziehen, sondern sei nach Iolkos abgereist; darum sei auch Medeia weggegangen, wobei sie Sisyphos die Herrschaft übergab.[22]

Simonides, um 500, folgte offenbar der Eumelos-Version.[23]

In einem Pindarscholion stehen weitere Einzelheiten: Medea stand in der besonderen Gunst der Hera, weil sie Avancen des Zeus abgewiesen hatte; darum versprach Hera, ihre Kinder unsterblich zu machen. Sie starben aber bei Medeas Manipulationen im Tempel der Hera Akraia; dort »eh-

---

18 Bruno Snell fand eine Diskussion bereits zwischen Sokrates und Euripides: Das früheste Zeugnis über Sokrates, Philologus 97 (1948) 121-135; vgl. F. Egli, Euripides im Kontext zeitgenössischer intellektueller Strömungen, Leipzig 2003, 164-172. Der Stoiker Chrysipp zitiert Euripides' Medea, Stoicorum Veterum Fragmenta III, Leipzig 1903, nr. 473.

19 Allgemein W. Schadewaldt, Monolog und Selbstgespräch, Berlin 1926; zur Interpretation sei auf A. Dihle, Euripides' Medea, Sitzungsbericht Heidelberg 1977,5 und Egli, Euripides im Kontext (s. Anm. 18) 164-166 (mit Literatur) verwiesen.

20 Schol. Eur. Med. 9 (s. Anm. 37).

21 Ulrich von Wilamowitz-Moellendorff, Hermes 15 (1880) 481-523, bes. 484 ff. = Kleine Schriften I, Berlin 1935, 17-59; Griechische Tragödien III, Berlin 1906 ([7]1926) 161-255; »freie Erfindung« M. Pohlenz, Die griechische Tragödie, Göttingen [2]1954, 258.

22 Paus. 2,3,10 = Eumelos Fr. 5 Bernabé.

23 Simonides Fr. 545 = Schol. Eur. Med. 19.

ren« die Korinther diese Kinder, sie nennen sie *mixobarbaroi*. Der mythische Teil scheint zu dem Eumelos-Zeugnis bei Pausanias bruchlos zu passen. Wir können Eumelos nicht sicher datieren. Korinth scheint erst im achten Jahrhundert so recht als Polis hochzukommen, entwickelt dann allerdings eine besondere Dynamik. Korinth ist nicht eines der drei dorischen Königtümer – Argos, Lakedaimon, Messene –; ein ›Irrwanderer‹, *Aletes*, wird als Gründer von Korinth genannt. Korinth kommt bei Homer nicht vor, doch identifiziert man es alsbald mit dem dort genannten Ephyra, was auch Sisyphos nach Korinth bringt (*Ilias* 6,152f.). Die Leistung des Eumelos-Gedichts lag wohl darin, eine mythisch-heroische Vorgeschichte noch vor Sisyphos zu fixieren. Medea ist legitime Königin, die nach der Katastrophe der Kinder verschwindet. Was sie mit den Kindern macht und was dabei mißlingt, ist in unserem Referat nur angedeutet; dabei ist von einem doppeltem Fehlschlag die Rede: Medea sieht sich ›in ihrer Hoffnung getäuscht‹, das Mißlingen der Unsterblichkeit bedeutet offenbar den Tod der Kinder; und sie wird von Iason ertappt, der ihr ›nicht verzeihen‹ will; das heißt, daß er Medea die Schuld am Tod der Kinder gibt. Warum und wieso Hera und ihr Tempel versagt haben, bleibt für uns dunkel.

Deutlich ist immerhin, daß dieses Stück Erzählung dem homerischen Demeterhymnos parallel läuft:[24] Demeter ›verbirgt‹ das Kind Demophon ›wie ein Feuerscheit‹ im Feuer – das gleiche Verbum ›verbergen‹ wie im Eumelos-Referat. Und sie hätte ihn so ›nicht alternd und unsterblich‹ gemacht, wenn nicht die Mutter Metaneira sie überrascht hätte. Auch das Ergebnis ist offenbar das gleiche: Das Kind Demophon stirbt, aber es wird durch jährlichen Kult geehrt, in diesem Fall ›Eleusinia‹ als sportliches Kampfspiel. Die Kulte von Korinth und Eleusis ordnen sich ein in eine größere Gruppe von ›Kinder-Kulten‹.[25] Prominent sind insbesondere die mit den Nemeischen und den Isthmischen Spielen verbundenen, Opheltas/Archemoros in Nemea, in Isthmia Melikertes/Palaimon. Was in Nemea geschah, ist vor allem in Euripides' *Hypsipyle* dargestellt.[26] Das Kleinkind Archemoros/Opheltas wird durch eine Schlange getötet, die Schuld wird der Amme Hypsipyle gegeben; der Seher Amphiaraos verteidigt sie, Dionysos als *deus ex machina* gestaltet den Schluß. In Isthmia erzählt man von Ino-Leukothea,

---

[24] Hom. Hymn. Dem. 233-267; N. Richardson, The Homeric Hymn to Demeter, Oxford 1974, 231-248.

[25] C.O. Pache, Baby and Child Heroes in Ancient Greece, Urbana 2004.

[26] Fr. 752-769 Kannicht; Sonderausgabe W.E.H. Cockle, Euripides Hypsipyle, Rom 1987; dazu auch Kallimachos Supplementum Hellenisticum nr. 265.

die mit ihren Kindern ins Meer sprang – Euripides' *Medea* (1282-1291) verweist darauf; in Isthmia ist der Palaimon-Kult im 1. Jh. n. Chr. neu ausgebaut worden.[27]

Eine weitere Parallele ist anders in der mythischen Einkleidung, gleich im Ergebnis: die getöteten Herakles-Kinder in Theben, die Alkeidai. Pindar deutet den Mythos nur an, schildert aber eindrücklich, offenbar aus eigener Anschauung, das nächtliche Feuerfest.[28] Herakles habe die eigenen Kinder getötet, in einem Anfall von Wahnsinn – dies heißt, auf nachvollziehbare Erzählung zu verzichten. Der Ritus steht umso lebendiger vor Augen. Auffallend ist, wie es in den Mythen dieser Kinder-Kulte immer wieder um die Schuld der Erwachsenen geht, Vater, Mutter oder Amme. Das Gräßliche, das in der Realität so oft eintrat, der Tod kleiner Kinder, erregt heftige Schuldgefühle, die mit Kult und Mythos zu bewältigen waren. In Korinth ist die Zuständigkeit der Korinther halb abgeschoben: Wir ehren *mixobarbaroi*.

Eine durchsichtige Geschichte von Gewalt und Mord bietet statt dessen der Kommentator Didymos als Text eines Kreophylos:[29]

> Die Medea verweilte, sagt man, in Korinth und tötete den damaligen Herrn der Stadt, Kreon, durch Zaubermittel (*pharmaka*). Aus Furcht vor seinen Freunden und Verwandten sei sie nach Athen geflohen, ihre Söhne aber habe sie, weil sie wegen ihres jungen Alters ihr nicht folgen konnten, auf den Altar der Hera Akraia niedergesetzt, weil sie meinte, der Vater der Kinder werde um deren Rettung besorgt sein. Die Angehörigen des Kreon aber hätten sie getötet, jedoch die Kunde verbreitet, daß Medea nicht nur den Kreon, sondern auch die eigenen Kinder getötet habe.

Das gleiche steht leicht variiert bei Apollodor (1,146):

> Man sagt, daß Medea auf der Flucht ihre Kinder, die noch klein waren, zurückließ, indem sie diese als Schutzflehende auf den Altar der Hera Akraia niedersetzte; die Korinther aber ließen sie von dort aufstehen und brachten sie mit vielen Wunden zu Tode (κατατραυματίσαι)

[27] E.R. Gebhard/M. Dickie, Melikertes-Palaimon, Hero of the Isthmian Games, in: R. Hägg, Ancient Greek Hero Cult, Stockholm 1999, 159-165.

[28] Isthm. 4,65; E. Krummen, Pyrsos Hymnon, Berlin 1990, 33-97.

[29] Schol. Eur. Med. 264 = Kreophylos Fr.9 Bernabé, unter ›Fragmenta Dubia‹ = Krepophylos von Ephesos FGrHist 417 F 3 (c.400[a] ? merkt Jacoby an).

– offenbar ist mit dem Morden hier noch besondere Grausamkeit verbunden. Laut Kreophylos wäre die Standardfassung – Medea hat ihre Kinder getötet – eine Lüge der Korinther; sie ist eben damit vorausgesetzt. Man weiß mit diesem Kreophylos nichts anzufangen, scheut sich jedenfalls, ihn mit dem alten Epiker, der als Verfasser der *Oichalias Halosis* galt, gleichzusetzen. Immerhin arbeitete Didymos in der (beschädigten) alexandrinischen Bibliothek. Wer Euripides für den Erfinder der Kindermörderin Medea hält, muß diesen Kreophylos nach Euripides ansetzen. Andererseits weist Euripides selbst in Medeas Monolog auf den Mord durch die Korinther als Möglichkeit ausdrücklich hin (1059-1066); es sieht aus, als seien die kontrastierenden Versionen schon vorher hin- und hergeschoben worden. Soviel aber ergibt sich aus den widerstreitenden Erzählungen: Was feststeht, sind die toten Kinder in Korinth, im Heiligtum der Hera Akraia, offenbar auf der Höhe der Stadt Korinth, und ein besonderes Ritual, das ihrer ›Ehrung‹ gilt.[30] Bekanntlich nimmt Euripides in seinem Stück mit Nachdruck auf diesen Kult Bezug; Medea spricht:

> Ich werde sie mit eigener Hand begraben, ich bringe sie in den heiligen Bezirk der Hera, der Akraia-Göttin, damit keiner der Feinde seinen Spott mit ihnen treibe, indem er die Gräber aufreißt; dem Lande des Sisyphos hier werde ich ein ehrwürdiges Fest und Weihe für die Zukunft zukommen lassen, zum Ausgleich für diesen gottlosen Mord (1378-1383).

Wie man feierte, darüber informiert am genauesten ein gewisser Parmeniskos in den Medea-Scholien: Sieben Knaben und sieben Mädchen dienen ein Jahr lang im Hera-Akraia-Bezirk bei den Kindergräbern; sie tragen schwarze Gewänder; am Ende steht das Opfer einer schwarzen Ziege. Das Fest heißt Akraia, es stellt sich damit als das eigentliche Fest dieses Heiligtums dar. Eigentümlich ist die Benennung der Kinder als *mixobarbaroi* (Schol. 1379); man darf dies wohl, aus korinthischer Sicht, als ein gewolltes Schwanken zwischen Zugehörigkeit und Nicht-Zugehörigkeit dieser Kinder-Heroen sehen und könnte dies zur Abwehrkraft des Rituals dazunehmen. Als mythischer Text zum Ritual würde die Ermordung durch die Korinther am besten passen: Wenn sie die Tempeldiener stellen, das Fest begehen und auch bezahlen, muß doch wohl eine ›Schuld‹ der Korinther zugrundeliegen. Der Eumelos-Text stellt die Verantwortung einer Barba-

---

[30] W. Burkert, Kleine Schriften VII, Göttingen 2007, 29 Anm.; Parmeniskos: Schol. Eur. Med. 264; dazu Zenobios Ath. 2,30 Bühler.

ren-Mutter heraus. Sein Ende fand dieser Kult ja wohl mit der Zerstörung von Korinth im Jahre 146 v. Chr.

Was nicht nur für den Fachphilologen aufregend ist: Ein neues Stückchen einer Medea-Tragödie ist soeben veröffentlicht worden.[31] Der Papyrus, dem das Fragment entstammt, war freilich schon seit 1891 im Louvre. Durch Überschneidung mit einem seit je bekannten Zeugnis ist klar, worum es sich handelt: die Medea-Tragödie eines gewissen Karkinos,[32] der immerhin ein Zeitgenosse des Aristoteles war; der hat Stücke des Karkinos wohl auf der Bühne gesehen. Wir interpretieren die *Frösche* des Aristophanes immer in dem Sinn, daß mit Euripides die attische Tragödie gestorben sei; Aristoteles war nicht dieser Meinung und schätzte zeitgenössische Autoren, er war auch befreundet mit einem erfolgreichen Theatermann und Rhetor, Theodektes.

Es sind Reste von 16 Versen, die zu lesen sind; die letzten drei sind nicht sicher zu ergänzen. Das eigentlich Erstaunliche an dem Fragment ist, daß der Text mit Musiknoten versehen ist. Trimeter-Dialog mit Musik – man wird Martin West zustimmen, daß dies eine sekundäre Bearbeitung ist. Bemerkenswert immerhin, daß man da auf einen der ›kleineren Tragiker‹ zurückgriff, statt sich an einen der Klassiker zu halten. Doch die erhaltenen Musikpapyri[33] bieten wiederholt vergleichbare ad-hoc-Auswahlen für den Konzertvortrag. Die Musik hat ihre eigene Welt. Sie bleibe hier beiseite.

Der neue Originaltext sei hier vorgestellt – in der Fassung und mit der Personenverteilung, die Martin West erarbeitet hat,[34] doch ohne Detailangabe ergänzter Buchstaben:

Iason:
εἰ δ'. . .]θ' ὡ[ς] φῂς παῖδας οὐκ ἀπέκτονας,
ῥῦσαι] σεαυτήν, δεῖξον οὓς οὐκ ὤλεσας.

Medea:
. . . . .] α σοὶ τεκοῦσ' ἐπόμνυμαι
Σκυθικ[ὸν μέγιστον ὅρκο]ν ὡς οὐκ ὤλεσα
οὓς ἔτεκον αὐτὴ παῖ[δας, εἰς δ' ἀσυλί]αν
ἀπ[ῆ]ρα πιστεύσασα γηραιῶι τροφῶι.

---

[31] A. Bélis CRAI 2004 3,1305-29 (erschienen 2006); M.L. West, A New Musical Papyrus: Carcinus, *Medea*, ZPE 161 (2007) 1-10.

[32] Tragici Minores nr. 70; aktiv etwa 380-360 v.Chr.

[33] E. Pöhlmann/M.L. West, Documents of Ancient Greek Music, Oxford 2001.

[34] Mein Vorschlag: Σκυθικ[ὸν μέγιστον ὅρκ]ον und ἑλὼ]ν ἔχεις.

Kreon:
δήλη ’στὶ]ν ἡ ἀσ[έ]βεια Μηδείας, κακῆς
κυνὸς θρα]σείας· ὤλεσεν Γλαύκην πυρὶ
Ἑλληνίδ’ οὖσαν] Κολχίς· ὁμολογεῖ τάδε·
καὶ τοῦτο δῆτ’] ἔδρα[σ]εν· ἔντεινεν τέκ[ν]α.
εἶέν,] τί μέλλεις; πρὸς φόνους τὴν βάρβαρον
ἑλὼν]ν ἔχεις, Ἰᾶ[σ]ον· ὡς βούλει κτάνε.

Das ist eine lebhafte, gut verständliche Szene dreier bekannter Theaterpersonen:

Iason:
Wenn du, wie du sagst, die Kinder nicht umgebracht hast,
dann rette dich: Zeige sie vor, die du nicht vernichtet hast.

Medea:
[...] die ich dir die Kinder geboren habe, schwöre ich
den skythischen [größten Eid], daß ich sie nicht vernichtet habe,
sie, die ich selber geboren habe, die Kinder; an einen unverletzlichen Ort
habe ich sie weggebracht, im Vertrauen auf eine alte Amme.

Kreon:
Klar ist die Gottlosigkeit der Medea, der bösen,
der frechen Hündin: Sie hat Glauke mit Feuer vernichtet,
die eine Griechin war, sie, die Kolcherin; sie gibt das zu.
Auch dieses hat sie offenbar getan: getötet hat sie die Kinder.
Nun also: Was zögerst du? In Bezug auf mehrfachen Mord
hast du die Barbarin überführt, hast sie in der Hand, Iason: Wie du willst, töte sie.

Die letzten Versreste, gesprochen von Medea, ergeben keinen Satz mehr und sind nicht sicher zu ergänzen; offenbar ist weiter vom Gegensatz Barbaren-Griechen die Rede.

Die Situation ist klar: Die Königstochter Glauke ist mit Feuer ermordet worden – der Name ist genannt; er kommt im Euripides-Drama nicht vor. Man wird sich das Attentat ähnlich vorstellen wie bei Euripides beschrieben. Doch ist König Kreon, der Vater, nicht mit verbrannt; er war auch nicht, wie bei ›Kreophylos‹, Ziel des Anschlags. Wo aber sind die Kinder? Das ist die unheimliche Frage, die im Raum steht. Die Kinder gehören dabei, nach archaischer Auffassung, dem Vater. Und die böse Vermutung ist: Medea selbst hat die Kinder getötet. Medea jedoch bestreitet eben dies. Sie kann die Kinder nicht ›vorweisen‹. Sie verrät auch nicht, welches ›Asyl‹ sie ausfindig gemacht hat; die ›Amme‹ steht nicht als Zeugin zur Verfügung. Die Kraft von Medeas Aussage kommt nur aus der wiederholten Versicherung: Ich habe diese Kinder geboren, ›ich selbst‹, ›für dich‹, den Vater. Damit befestigt sich das Axiom: Eine Muter kann doch die Kinder, die sie selbst gebar, nicht töten. König Kreon ist hierfür taub. Für ihn ist die Sachlage klar, die Mehrfach-Mörderin ist überführt; ihn erbittert besonders die Ermordung der eigenen Tochter. Daß die Kolcherin, die Barbarin es fertig gebracht hat, eine Griechin anzugreifen, ist ein belastendes Moment. Da bedarf es, gegen eine rechtlose Barbarin, keines Gerichtsverfahrens: Iason ist berechtigt, sie zu töten, die Todesart mag er sich aussuchen.

Der Zufall fügt es, daß wir gerade für diese Szene jenes Zeugnis haben, auf dem die Identifikation des Autors beruht: Aristoteles, in seiner *Rhetorik*, notiert eine besondere Art der Argumentation.

> Eine andere Argumentationsart (*topos*) ist es, Anklage oder Verteidigung aus den Fehlern herzuleiten, die einer begangen hat, wie in der *Medea* des Karkinos: die einen klagen sie an, daß sie die Kinder umgebracht hat, denn sie seien nicht aufzufinden. Denn Medea hatte einen Fehler gemacht mit dem Wegschicken der Kinder. Sie aber verteidigt sich, daß sie nicht die Kinder, sondern Iason getötet hätte; denn dies wäre ein Fehler gewesen, wenn sie das nicht gemacht hätte, wenn sie schon das andere getan hatte.[35]

Dies bezieht sich zunächst offenbar auf die jetzt wiedergewonnene Szene: »Zeige sie vor, die du nicht vernichtet hast!« Es war falsch, die Kinder zu verstecken, drum ist es unglaubhaft. Zum zweiten bezieht sich Aristoteles offenbar auf ein Stück der Fortsetzung, die im erhaltenen Papyrusfragment nicht mehr enthalten ist, ein temperamentvolles Argument der Medea: Wenn schon ein zweiter Mord, dann hätte der Iason treffen müssen; die Kinder zu töten und nicht den verräterischen Vater, wäre ein sinnloser Fehler gewesen.

Das Papyrusfragment und der Hinweis des Aristotles fügen sich zusammen und bestätigen: In dieser Tragödie wird Medea als Mehrfach-Mörderin angeklagt, von Iason und von Kreon, sie ist unmittelbar mit dem Tod bedroht; Anklage und Verteidigung arbeiten mit einer rhetorischen Argumentation, die die Aufmerksamkeit des Aristoteles erregt hat. Medea aber ist unschuldig am Kindermord. Die eigentliche Begründung für Medeas Verteidigung drückt sich in den Worten aus: »die ich selber geboren habe«. Der Ort der ›Asylie‹, den Medea nicht nennt, ist aus den mythographischen Zeugnissen leicht zu ergänzen: Medea hat die Kinder zum Altar der Hera Akraia bringen lassen, durch eine vertrauenswürdige Amme; nach den

---

[35] Arist. Rhet. 1400b8 = Carcinus TrGF 70 F 1e.

mythographischen Texten von ›Kreophylos‹ und ›Apollodor‹ hätte sie selbst die Kinder ›auf den Altar gesetzt‹; die gehen also nicht auf Karkinos zurück. Der dringende Verdacht aber, daß Medea selbst die Kinder getötet habe, der stammt ja wohl aus bekannter Quelle: dem Drama des Euripides. Was nicht nur die Modernen besonders an Euripides' Medea gepackt hat, was schon das Standard-Bild in der Antike prägt, das unerhörte Paradox der liebenden Mutter, die die eigenen Kinder tötet, ist also bei Karkinos aufgehoben. Die Situation ist gegenüber Euripides gleichsam ins Gegenteil verkehrt: eine unschuldige Medeia, die an den Kindern hängt, die sie geboren hat, und sie in selbstverständlicher Mutterliebe zu retten sucht, weil sie um ihre Bedrohung weiß. Wahrscheinlich waren die Kinder nicht als Überbringer des tödlichen Geschenks in den Anschlag gegen Glauke verwickelt; sie waren Kleinkinder, die nicht reisen können – wie es bei ›Kreophylos‹ und in der *Bibliotheke* heißt. All dies ist direkt gegen Euripides gedichtet. Während Euripides psychologische Extreme auslotet, während er fragt: wozu ist ein Mensch in höchster Bedrängnis fähig, zum Guten wie zum Bösen, wird bei Karkinos im fortgeschrittenen Bund mit der Rhetorik eine Durchschnitts-Psychologie entworfen, die entscheiden soll, was möglich und was unmöglich, oder vielmehr, was plausibel oder nicht plausibel ist.

Die weitere Entwicklung des Dramas läßt sich, unter Einbeziehung der Parallelversionen, in einleuchtender Weise rekonstruieren: Ein Bote kommt, die Katastrophe zu melden. Die Korinther, durch den Mord an der Königstochter zur Rache gereizt, haben Medeas Kinder in ihrem Asyl am Altar der Hera entdeckt und grausam getötet. So kommt Medeas eigentliche Katastrophe nicht aus ihr selbst, sondern gleichsam durch die Gewalt der Straße. Sie ist die ›unglückliche Frau‹ (Eur. Med. 1250), schuldig aber sind die Korinther; die Stiftung des sühnenden Kultes ist dann unabdingbar. Karkinos wird kaum ohne einen *deus ex machina* ausgekommen sein; trat Hera auf? Wie Medea, die unsterbliche, bei Karkinos der Bestrafung für den Glauke-Mord entzogen wird, bleibt uns unbekannt.

Zu bedenken bleibt ein möglicher politischer Hintergrund. Medea-Scholien behaupten,[36] die Korinther hätten Euripides mit fünf Talenten bestochen, damit er die Schuld am Kindermord von den Korinthern auf Medea schiebe. Die Version des Euripides spricht die Korinther frei; die Version des Karkinos, wie auch die des Kreophylos, belastet sie mit dem Mord am

---

[36] Schol. Eur. Med. 9.

Altar. Das Verhältnis von Athen und Korinth war alles andere als spannungsfrei; doch gerade in dem Hin und Her der Jahre 380/360, als Karkinos aktiv war, ist kein besonderer Konflikt erkennbar. Xenophon suchte nach 371 Zuflucht in Korinth, heißt es,[37] und er hat von dort eine neue Verbindung zu Athen aufgebaut. Zur Zeit der Euripides-Aufführung dagegen, 431, stand man unmittelbar vor dem Ausbruch des Krieges, wobei die Korinther als besondere Scharfmacher auftraten. Medea bleibt, soweit wir sehen, unpolitisch.

So besteht der Wettstreit der Dichter. Der neue Karkinos gibt Einblick in die frühe Wirkungsgeschichte des Euripides, etwa eine Generation nach seinem Tod. Für Karkinos ist Euripides kein Klassiker, sondern eine Herausforderung. Noch ist kein Monument errichtet; neue, vielleicht verbesserte Versuche sind gefragt. Was am Mythos ist veränderbar? Als gegeben gilt das Grund-Personal, das man für historisch nimmt, in diesem Fall Iason und Medea, Kreon und Glauke. An dem Schicksal der Kinder ist, angesichts ihrer ›unzerstörbaren‹ Gräber, am wenigsten zu zweifeln. Der Tempel, die Tatsachen des Kultes, ἑορτὴ καὶ τέλη, um mit Euripides zu sprechen, gehören in besonderem Maße zum Festen, Unveränderlichen. Und doch, welche Taten genau da begangen wurden, von wem und aus welchen Motiven, das kann der Dichter in seinem neuen Versuch mit geänderter Plausibilität darstellen. Indem in dieser Weise Karkinos eine alternative Medea entwirft, holt er das Euripides-Stück, das ›klassisch‹ werden sollte, noch einmal zurück aus der erstarrenden Tradition.

[37] Diog. Laert. 2,53.

CHRISTINE WALDE

Senecas Medea – Göttin wider Willen?[1]

> If we talk of tradition today, we no longer mean what the eighteenth century meant, a way of working handed down from one generation to the next; we mean a consciousness of the whole of the past in the present. Originality no longer means a slight personal modification of one's immediate predecessors; it means to find in any other work of any date or locality clues for the treatment of one's own subject-matter.
> W.H. Auden, A criticism in mass society, The Mint 2 (1948) 4.

Paradoxerweise erschwert ein Glücksfall der komparatistischen Literatur das Verständnis der *Medea* des römischen Philosophen Seneca: Bekanntermaßen behandelt die *Medeia* des Euripides (431 v. Chr.) ebenfalls die im Kindermord kulminierenden Ereignisse in Korinth. Es scheint so, daß Seneca bei einem Vergleich mit der griechischen Version eigentlich immer nur verlieren kann,[2] und dies schon deshalb, weil die Forschung – bis in die jüngste Zeit – implizit immer noch von der Auffassung geprägt ist, daß die römische Literatur als erste abgeleitete Literatur prinzipiell minderwertiger als die griechische ursprüngliche Literatur sei, statt dies als einen keines-

---

[1] Für Achim Wolfgang Lenz in Erinnerung an das gemeinsame Projekt MEDEA 2000. – Der folgende Artikel geht auf einen Vortrag im Rahmen des Studium Generale der Universität Freiburg (WS 2001/2) zurück und wurde für die Veröffentlichung durch Fußnoten ergänzt und dahingehend überarbeitet, daß die Bezüge zu der Basler Inszenierung (Juni 2000) unter der Regie von Achim Wolfgang Lenz, bei der ich selbst als wissenschaftliche Beraterin und Produktionsleiterin mitwirkte, entfernt wurden. Diese Inszenierung ist jedoch dokumentiert im Bericht von A.W. Lenz, Die Inszenierung einer antiken Tragödie – Medea von L. Annaeus Seneca, in: B. Zimmermann (Hg.), Rezeption des antiken Dramas auf der Bühne und in der Literatur, Stuttgart 2001, 1-119. Für Anregungen im Zusammenhang mit einer früheren Version dieses Artikels danke ich Marianne Leuzinger-Bohleber, Frankfurt/Kassel.

[2] Eine kleine Zusammenstellung negativer ›Pressestimmen‹ bei J.-W. Beck, Euripides' Medea: Dramatisches Vorbild oder mißlungene Konzeption?, NAG Phil-Hist. KL. 1998, Nr 1. S. 3./4. Vermutlich gelten einige Verurteilungen der Gestalt Medeias überhaupt.

wegs linearen oder berechenbaren Prozeß kultureller Anreicherung und Sinnstiftung zu begreifen. Nicht nur, daß zwischen Seneca (1. Jh. n. Chr.) und Euripides (5. Jh. v. Chr.) buchstäblich Welten hinsichtlich Sprache, Kultur, Kontext und Aufführungspraxis der Tragödie usw. liegen und eine Wertung wegen des unhistorischen Ansatzes hier genausowenig angebracht ist, wie wenn man sagen wir Lessing und Anouilh in der Wertung fast zu Zeitgenossen und Landsleuten machte.[3] Um eine Formulierung von Borges[4] abzuwandeln: Seneca las die *Medeia* des Euripides so, als hätte er die gesamte Zeit gelesen, die seit dem Tag ihrer Niederschrift verstrichen war. So kannte er schon nach-euripideische, nicht minder einflußreiche Medeia-Versionen, etwa die *Argonautika* des Apollonios Rhodios, die römischen Tragödien von Ennius, Accius und Ovid, nach dem Urteil Quintilians eine der besten Tragödien aller Zeiten (Inst. orat. X 1, 98, vgl. Tac. dial. 12), schließlich weitere nicht tragische Verarbeitungen bei Ovid in den *Heroides* und den *Metamorphosen*, die jeweils bestimmte Aspekte der Gestalt, die Liebende, die Magierin, thematisieren. Und wer weiß: vielleicht kannte er zur Zeit der Abfassung sogar schon die unvollendete *Medea* seines Neffen Lucan (bezeugt in der *Vita Vaccae*). Und natürlich war er mit dem Œuvre des neben Ovid einflußreichsten Dichters der Antike, Vergil, vertraut. Schon diese keineswegs systematische Aufzählung, die nicht einmal die außerliterarischen Einflüsse berücksichtigt, deutet an, daß der Versuch, das Nicht-Euripideische an der Senecanischen *Medea* auf Ovids leider verlorene Tragödie zurückzuführen, nicht mehr als eine reizvolle Hypothese sein kann (so wenig wie man Ovids Tragödie aus den anderen beiden nicht-tragischen Verarbeitungen hypostasieren kann): Man darf Seneca getrost unterstellen, daß er eine eigene Konzeption der Figur verfolgt hat. Mehr als das vom Mythos vorgegebene Handlungsgerüst der Ereignisse in Korinth – Verstoßung der Medeia durch Iason wegen der Hochzeit mit Kreusa, Rache der Medea an Kreon, Kindermord – haben die beiden Tragödien nicht gemeinsam. Die Unterschiede sind hochsignifikant: Weder die *dramatis personae* stimmen überein (Pädagoge und Aigeus fehlen; der Chor hat

---

[3] Denn eine solche Wertung geht ganz an der Natur literarischer Produktionsweise vorbei und an der Natur des Mythos allemal, da nach Levi-Strauss alle Versionen eines Mythos gleich weit entfernt von ihrem Ursprung und daher gleichberechtigt sind. Insofern könnte man Senecas *Medea* mit ebenso großen Gewinn auch mit späteren Versionen, etwa von Anouilh oder Grillparzer, vergleichen.

[4] J.L. Borges, Das Buch, in: ders., Die letzte Reise des Odysseus, Frankfurt a.M., 1992, 22.

eine andere Konzeption), noch sind die einzelnen Szenen, selbst wenn sie dieselben Personen vorführen sollten, identisch realisiert: Nicht ›übernommen‹ hat Seneca z.B. das bei Euripides fundamentale Gespräch der Medeia mit dem athenischen König Aigeus (663-758), dessen Kinderlosigkeit sie in ihrem Racheplan bestärkt und dessen Zusicherung eines Asyls ihre letzten Bedenken gegen eine Racheaktion zerstreut: Die römische Medea muß ohne Netz und doppelten Boden zurechtkommen. Umgekehrt schließt die relative Distanz zur überlieferten griechischen Version gerade nicht aus, daß Seneca – wie es Natur des Mythos und der Literaturproduktion der westlichen Kultur[5] entspricht – mit Euripides, Ovid und anderen Dichtern einen Dialog über die Zeiten eröffnet. Seneca wählt zu dieser Herausforderung in den überlieferten Tragödien, für die sich immer berühmte griechische Versionen benennen lassen, unterschiedliche Strategien. In seinem hohen künstlerischen Selbstbewußtsein scheute er etwa keineswegs davor zurück, eine neue ›Version‹ des von Aristoteles zur Tragödie der Tragödien stilisierten *Oidipus Tyrannos* des Sophokles vorzulegen. Seine trotz oder gerade wegen der relativen Nähe zur Ur-Version klar als eigenständig erkennbare Konzeption prägte die Sicht auf den Oidipus-Mythos derart nachhaltig, daß man jahrhundertelang den Sophokleischen *Oidipus Tyrannos* auf der Folie des Senecanischen *Oedipus* interpretierte.[6] Auch in seiner *Medea* wagte Seneca einen kühnen wirkmächtigen Neuentwurf.[7] Und damit meine ich keineswegs letztlich solch sekundäre Fragen, ob die Senecanische *Medea* im Gegensatz zur Euripideischen ihre Kinder auf der Bühne tötet oder nicht (zumal dies psychologisch gesehen keinen Unterschied macht, weil auch der nichtvisualisierte Kindermord immer präsent ist und letztlich gerade das Nicht-Visualisierte in größerem Umfang eigene Phantasiebilder freisetzen kann). Bevor ich in einem kurzen Durchgang durch die Tragödie die Eigenheiten der Senecanischen *Medea* skizziere, seien einige prinzipielle Bemerkungen zu einem die Interpretation aller Seneca-Tragödien behindernden, erst neuerdings in seiner Sinnhaftigkeit

---

5 Falls es eines Belegs dafür überhaupt bedarf, siehe J. Assmann, Das kulturelle Gedächtnis. Schrift, Erinnerung und politische Identität in den Hochkulturen, München ^{2}1997, passim.

6 Eine kleine Monographie zum *Oedipus* Senecas wird von der Verfasserin vorbereitet.

7 Zum Nachleben der Senecanischen *Medea* siehe z.B. Beck (wie Anm. 2); R. Morse, The Medieval Medea, Cambridge 1996; E. Lefèvre (Hg.), Der Einfluß Senecas auf das europäische Drama, Darmstadt 1978.

in Frage gestellten Forschungsstreit[8] vorangestellt, nämlich zu der Frage, ob es sich bei diesen, also auch bei der »Medea«, um philosophische Lehrstücke handelte.

Medea im Kontext: Der Philosoph und der Tragiker Seneca

Senecas Œuvre besteht bekanntermaßen größtenteils aus Prosa-Schriften auf dem Gebiet der (stoischen) Philosophie, insbesondere der Ethik und der Naturkunde. Darin wirken die ausgesprochen expressiven Tragödien, in denen affektbestimmte Protagonisten agieren und trotz begangener Verbrechen straffrei ausgehen, wie Fremdkörper, ja fast wie eine bewußte Distanzierung von den andernorts vertretenen philosophischen Grundsätzen. Diese scheinbare kognitive Dissonanz Senecas, die offensichtlich Unbehagen bei seinen Lesern auslöst, wurde von einigen Interpreten dadurch bereinigt, daß man die Tragödien im Deutungsrahmen der stoischen Philosophie zu Exempla der stoischen Doktrin erklärte.[9] Eine Berechtigung zu dieser weit verbreiteten Interpretationspraxis wird daraus abgeleitet, daß allenthalben, v. a. in den Chorpartien oder in den Aussagen von Nebenfiguren stoische Lehrsätze vorzukommen scheinen, die gleichsam als durch den Autor plazierte Interpretationsanweisungen gelesen werden. Doch um es prägnant zu sagen: Seneca ist nicht Bertolt Brecht.[10] Denn die Fragmente stoischer Lehrmeinung, die das unabänderliche Schicksal beschwören oder eine Bezwingung der Affekte einfordern, ergeben weder eine

[8] Die verfahrene Forschungssituation manifestiert sich in verschiedenen Indizien: es werden immer wieder diesselben Sachverhalte behandelt (im Falle der Seneca-Tragödien: philosophischer Gehalt und Aufführbarkeit), wobei die gegnerischen Lager sich beharrlich nicht zur Kenntnis nehmen oder weiterhin – selbst bei veränderten Consensus – in polemischer Manier auf ihrer Meinung bestehen. Erst durch die Zurückstellung resp. sogar Aufgabe dieser Fragestellungen, die weniger dem antiken Verständnis als modernen, individuellen Geschmacksurteilen entspringen, wird man zu einer den Tragödien angemessenereren Sichtweise finden können.

[9] Ein frühes Specimen ist E. Lefèvre, Quid ratio possit? Senecas Phaedra als stoisches Drama, in: ders. (Hg.), Senecas Tragödien, Darmstadt 1972, 343-375 (urspr. Wiener Studien N.F. 3, 1969, 131-161). In dem späteren Artikel ›Die Transformation der griechischen durch die römische Tragödie am Beispiel von Senecas Medea‹ (in: H. Flashar, Tragödie, Idee und Transformation [Colloquium Rauricum 5], Stuttgart/Leipzig 1997, 65-83), nimmt Lefèvre eine schon bedeutend zurückhaltendere Position ein.

[10] Selbst bei einem Bühnenautor wie Brecht, der einen viel engeren Zusammenhang zwischen theoretischen Optionen und Theater annimmt, ist das Theaterstück nicht vollständig auf die belehrende Funktion reduzierbar.

adäquate Deutung des Geschehens noch läßt sich aus ihnen – sowenig wie aus dem Philosophenspruch im Poesiealbum – das gesamte stoische Lehrgebäude als Deutungsrahmen extrapolieren. Noch, und das läßt sich gerade an der *Medea* zeigen, ließen sich bei Befolgung/Beachtung der von den Personen der Handlung vorgetragenen Maximen (oder auf einer sekundären Ebene der philosophischen Schriften Senecas) die dargestellten tragischen Konflikte vermeiden. Im Gegenteil: Die scheinbar philosophischen Ratschläge, die etwa die Amme ihrem Nährkind Medea erteilt, wirken angesichts der existentiellen Konflikte der Heldin zutiefst banal, auf jeden Fall verständnislos. Falls die Darstellung Medeas die Rezipienten vor unkontrollierten Affekthandlungen warnen sollte, müßte erst einmal geklärt werden, inwieweit eine rothaarige Barbarin mit Zauberkräften überhaupt als glaubwürdig abschreckendes Beispiel für römische Männer der Oberschicht – primäres Publikum der Tragödien – dienen konnte.

Die Gegenposition,[11] nämlich daß Seneca sich im Innersten seines Herzens bewußt gewesen sei, daß der Stoizismus Probleme der menschlichen Gesellschaft, ja des Menschen schlechthin, nicht adäquat lösen könne und er in den Tragödien sozusagen den verborgenen Ängsten des Philosophen das Wort geliehen hätte, hat zwar aus verschiedenen Gründen eher meine Sympathie als die andere Forschungsdoktrin – immerhin nimmt sie die Widersprüche zwischen Philosophie und dem Inhalt der Tragödien als Diskrepanz zur Kenntnis –, doch vernachlässigt sie in ihrer weiterhin allzu dominanten Fixierung auf den Philosophen Seneca künstlerische, z.B. intertextuelle Dimensionen.

Da die Frage nach dem stoischen resp. nichtstoischen Gehalt nur zu widersprüchlichen Ergebnissen führt und jede Seite bestimmte Aspekte schlichtweg ignorieren muß, kann sie zu keiner angemessenen Würdigung der Seneca-Dramen führen. Wollte man das Verhältnis zwischen Seneca *philosophus* und *tragicus* dennoch klären, müßte man vermutlich einen dritten, aufwendigen Weg beschreiten und die Œuvres von denjenigen Philosophen verschiedener Zeiten untersuchen, die sich auch in literarischen Genres bzw. der Dichtung versucht haben – z.B. Boethius, Dante, Sartre –, um das Spektrum zu erfassen, in dem sich die theoretischen Positionen der Verfasser auch in der literarischen Produktion niederschlagen können.

---

11 Vertreten von J. Dingel, Seneca und die Dichtung, Heidelberg 1974. In der Folge ist diese Position gleichsam als mahnender Kontrapost in die Gegenposition eingegangen und hat somit deren langsame Nivellierung eingeläutet.

In der neueren Seneca-Forschung zeichnet sich langsam[12] eine vermittelnde Position ab, die das Vorkommen stoischen Gedankenguts in den Tragödien keineswegs leugnet, dieses jedoch im Rahmen des literarischen Kunstwerks interpretiert wie alle anderen sprachlichen Aussagen auch – und nicht umgekehrt. Denn die Konventionen der Gattung Tragödie und ihre Eigengesetzlichkeiten rangieren vor der philosophischen Linientreue. Allein durch die Wahl der Gattung Drama, deren *virtus prima* die Pluriperspektivität[13] ist, hat Seneca auf Eindeutigkeit einer Belehrung verzichtet. Da der in der Tragödie dargestellte Konflikt zumeist darin besteht, daß verschiedene Personen einen Sachverhalt unterschiedlich einschätzen, werden den Rezipienten, die zu noch einmal anderen Einschätzungen kommen können, schon von der Tragödie differenzierte Deutungsangebote gemacht. Tatsächlich läßt sich in den Seneca-Tragödien keine Instanz ausmachen, die zweifelsfrei als Sprachrohr des Dichters fungierte. Aufgrund textinterner Kriterien kann man nicht stringent beweisen, daß der vermeintlich rationalere Standpunkt, den in der *Medea* die Amme oder der Chor vertreten,[14] die verbindliche Moral Senecas darstellt. Das Publikum eines Theaterstücks kann vielfältige Rezeptionshaltungen (und auch mehrere zugleich) einnehmen, sich etwa auf das reine *delectare* beschränken, das Stück mit anderen Versionen des Mythos vergleichen, Gedankenspiele auf dem Hintergrund verschiedener Philosophierichtungen anstellen oder auch individuellen Gedanken nachgehen.[15]
Sofern man von den Tragödien nicht eine simple Demonstration philosophischer Doktrinen erwartet, läßt sich durchaus eine Schnittmenge zwischen den tragischen und den philosophischen Werken Senecas ausmachen: Thema der philosophischen Traktate wie der Tragödien sind der Mensch und die jederzeit gefährdete Identität und Soziabilität des Menschen. Während die Philosophien des Hellenismus es sich zum Ziel setzten, die *conditio humana* in ihren ängstigenden Dimensionen durch Belehrung zu mildern und hierbei auch – wie man es vor Seneca am besten im epi-

---

12 Z.B. bei H.M. Hine, Seneca, Medea. With an Introduction, Text, Translation and Commentary, Warminster 2000, 25ff; oder C. Gill, Passion as Madness in Roman Poetry, in: S. Morton Braund/C. Gill (Hgg.), The Passions in Roman Thought and Literature, Cambridge 1997, 213-241, bes. 214.

13 Dazu prinzipiell M. Pfister, Das Drama, München 1977 (u.ö.).

14 Z.B. G. Lawall, Seneca's Medea. The Elusive Triumph of Civilization, in: G. Bowersock/W. Burkert/M.C. J. Putnam (Hgg.), Arktouros. Hellenic Studies presented to B. Knox, Berlin/New York 1979, 419-426.

15 Vgl. Hine (wie Anm. 12) 24-25, zu den verschiedenen ›*reader-responses*‹.

kureischen Lehrgedicht *De rerum natura* des Dichter-Philosophen Lukrez sieht – aus didaktischen Gründen eine Psychologie der zu überwindenden Nöte und Affekte des Menschen entwarfen, legt der Dichter Seneca in etwas gewagt angewendeter moderner Terminologie ›Fallstudien‹ von Menschen, die in Extremsituationen über sich hinauswachsen, vor. In diesen ›Fallstudien‹ werden, wie es der Gattungstradition der Tragödie entspricht, die Bedingungen der Möglichkeiten menschlichen Zusammenlebens, von Zweierbeziehungen bis hin zur menschlichen Gesellschaft, beleuchtet, wobei u.a. Gewalt in all ihren Spielarten, das Wirken der Götter und des *fatum*, Geschlechterdifferenz, ›Geschichte‹, Erinnerung und Vergessen und – damit zusammenhängend – die Unversehrtheit der körperlichen und psychischen Identität, das Verhältnis zum Göttlichen thematisiert werden. Senecas Gestalten geben bevorzugt in langen Monologen[16] – das Dialogische ist stark reduziert – Auskunft über sich und ihre Motivationen. In der modernen Dramentheorie würde man diese Darstellungsweise ›transpsychologisch‹ nennen, weil die Figuren mehr über sich sagen, als sie der Natur der Sache gemäß eigentlich von sich wissen können.[17] Genau in dieser Hinsicht kommt Seneca der empirisch geschulte Blick des Philosophen auf den Menschen zu gute, ohne daß er die banale Schlußfolgerung mitlieferte, daß die von ihm auf die Bühne gebrachten Affektzustände hätten vermieden werden können, wenn z.B. Medea sich frühzeitig der stoischen Lehre verschrieben und Senecas Studie *De ira* (»Über den Zorn«) gelesen hätte. Doch eine Interpretation der *Medea* auf dem Hintergrund von *De ira* ist ungefähr so aufschlußreich, wie wenn man den Wahn der *Physiker* von Dürrenmatt vor der Folie eines Handbuchs der Psychopathologie läse. Eine solche Applikation zeigte lediglich, daß die Dichter – wie selbst Freud konzedierte – sich sehr genau in die menschliche Psyche einfühlen und darum die Symptomatik des Wahns detailreich beschreiben können. Und davon würde im Zweifel das Handbuch profitieren, aber eine textimmanente Interpretation der Funktion und Bedeutung des im Kunstwerk beschriebenen Wahns wird dadurch um so dringlicher.[18] Wie im

[16] Diese Fußnote erscheint wegen ihrer Länge als Exkurs am Ende des Textes.

[17] Siehe M. Pfister, Das Drama, München 1977 (u.ö.), 247ff.

[18] Das Ziel des Kunstwerks dürfte sich kaum darauf beschränken, Medea als Psychiatriefall darzustellen. Edgeworth (wie Anm. 47) und Lefèvre (wie Anm. 9) und andere beschreiben Medea *in terms of modern psychology* als »psychopathisch« oder »monoman«, beides Begrifflichkeiten, die in der klinischen Praxis ihren Ort haben. Es kann sinnreich sein, diese Begriffe als erste Beschreibungshilfe des Sachverhalts zu verwenden, aber in einem zweiten Schritt wäre zu fragen, inwieweit der antike Mensch dieser Zeit dies in der gleichen Weise bewertet hätte. Siehe auch Fußnoten 24 und 25.

Folgenden zu zeigen sein wird, kann die negative Energie, die heilig-unheilige Gewalt der Senecanischen *Medea* besser erklärt werden, wenn man sich vorerst auf eine Interpretation im Rahmen der tragischen Gattungstradition beschränkt. Schon der Prolog, in dem Medea ein zorniges Gebet an die Götter richtet, signalisiert, daß die Rezipienten keine ›kleinbürgerliche‹ Medeia-Tragödie à la Euripides erwarten dürfen, sondern daß vielmehr das Paradoxon vorliegt, daß die zeitlich spätere Tragödie eigentlich die archaischere ist und in viel größerem Maße Artauds Definition vom ›Theater der Leidenschaften‹ zu entsprechen scheint.

Prolog (1-55)

Medea ruft in ihrem Gebet den ganzen Kosmos zur Hilfe, repräsentiert durch die Gottheiten des Himmels und der Ehe, Iuppiter und Iuno, die Göttin der Geburt, Lucina, Minerva, die Schutzherrin der Argo, Neptun, den Gott der Meere, Sol-Apollo und schließlich Hecate und alle mächtigen Wesen der Unterwelt: sie sollen ihr in ihrer Not beistehen und ihr zu einer angemessenen Rache am wortbrüchigen Iason verhelfen![19]

Das Publikum kann Medeas Worten entnehmen, daß ihre Situation sich – verglichen mit der Euripideischen Version – noch verschärft und dadurch an Plausibilität gewonnen hat: Schon ist der Hochzeitstag von Iason und der Königstochter Creusa angebrochen, aber Medea, die Verstoßene, ist immer noch im Land. Später (114, 144, 282ff., 540ff.) wird deutlich, daß sie Korinth unverzüglich – und zwar ohne die gemeinsamen Kinder – verlassen soll.

Anders als bei Euripides, wo wir vor Medeias Auftritt erst einem exponierenden Gespräch zwischen Amme und Pädagoge beiwohnen, werden wir sogleich auf Medeas Perspektive verpflichtet: Alles, was danach kommt, wird sich an diesen Aussagen messen lassen müssen.

In diesem scheinbar auf einer nicht mehr zu überbietenden Affektstufe einsetzenden Prolog wird das Terrain der Tragödie umrissen, die – wie bei Euripides – in der Vernichtung Iasons und des korinthischen Königshauses enden wird. Das mit dem Mythos vertraute Publikum wird bei

---

[19] Das lesende oder einer Aufführung beiwohnende Publikum, das den *Paratexten* [Titel des Stücks] entnehmen kann, welcher Mythos dargestellt ist, wird ihren Ausführungen von Anfang an problemlos folgen können.

Medeas Überlegungen auch schon den Kindermord (25f.) mithören, doch den Entschluß dazu wird sie erst sehr viel später fassen.
In Medeas haßerfüllten Worten werden zwei Vektoren sichtbar:
(1) Sie fordert Vergeltung für den Treuebruch Iasons. Ihr *furor* ist jedoch kein Indiz für ihre unbeherrschte, oder gar ›böse‹ Natur, sondern er verleiht als eine Reaktion auf Iasons ungeheuerlichen Verrat diesem Konturen. Wir erleben hier nichts Geringeres als den totalen Zusammenbruch von Medeas (menschlicher) Wertewelt, die ganz durch ihre Liebe zu und Ehe mit Iason definiert war.[20] Solange Medea für Iason und für andere nützlich war, solange sah man die Verbrechen, die sie für Iason begangen hat, als nötig und legitim, nicht aber als Verbrechen an. Nun aber, da Iason die Chance sieht, seine gesellschaftliche Position durch eine noch profitablere Ehe mit einer weiteren Königstochter wiederum zu verbessern, wird ihre Vergangenheit von den anderen neu geschrieben: Während Iason weiterhin der strahlende Held Griechenlands bleiben darf, wird sie, die Fremde, wegen der für ihn begangenen Liebestaten – die Ermordung des Bruders und des Pelias – Verbrecherin, ja Tier genannt. Für diese Schmähung will Medea sich rächen, an Iason oder erst einmal am Korintherkönig Creo, denn zumindest am Beginn der Tragödie liebt sie Iason noch so sehr, daß sie ihm, käme er zu ihr zurück, verzeihen könnte. Ohne schon konkret zu wissen, welche Richtung ihre Gedanken einschlagen werden, versichert sie sich der Unterstützung der Götter, sie, die Götterenkelin, die Großtochter des Sol. Sie fordert von den Göttern nichts Geringeres, als daß sie ihren *furor* noch verstärken mögen, damit sie sich Genugtuung verschaffen könne.
(2) Anders als bei Euripides[21] wird die göttliche Abstammung der Medea schon in den ersten Zeilen der Tragödie erwähnt und sie wird an entscheidenden Stellen leitmotivartig zur Sprache kommen (28ff., 210, 570ff., u.ö.). Ein Blick auf andere Versionen kann zeigen, daß dies der Kernpunkt der Senecanischen Konzeption ist: Euripides hatte in seiner Version den Konflikt zwischen dem Ehepaar Iason und Medeia in den Vordergrund gerückt und dabei auch Medeia – wenn man einmal vom Schluß absieht, wo sie zur *dea ex machina* in eigener Sache wird – ganz zu einer Menschen-Frau mit

[20] Mit anderer Akzentuierung des Geschehens: H. Fyfe, An analysis of Senecas Medea, Ramus 12 (1983) 77-93.

[21] Erste Erwähnung ihrer im Verhältnis zu Kreusa ebenfalls edlen Abstammung 404ff. Betont wird die Abstammung natürlich am Ende (1321f.), als Medea im Schlangenwagen davonfährt.

ungewöhnlichen Fähigkeiten stilisiert. Apollonios Rhodios läßt in seinen *Argonautika* die Rezipienten durch ambivalente Deutungsangebote über die wahre Natur seiner teils als normales junges Mädchen, teils als machtvolle Zauberfrau gezeichneten Heldin im Unklaren.[22] Ovid hingegen hat in den *Heroides* die Liebende, in den *Metamorphosen* jedoch die Zauberfrau akzentuiert. Wir ermessen die Kühnheit der Euripideischen Gestaltung (und damit der Senecanischen) jedoch erst in vollem Umfang, wenn wir noch hinter Euripides zurückgreifen. Medeia begegnet uns nämlich in der *Theogonie* Hesiods im Katalog der Göttinnen, die mit einem Menschen die Ehe eingegangen sind (Hes. Theog. 992-1002). Wie Fritz Graf betont,[23] werde in vielen Interpretationen der Gestalt dieser Traditionsstrang, der in allen Medeia-Versionen immer mitzuhören sei, zu wenig berücksichtigt. Genau dieses Gefälle der Gestalt wird aber – so meine Hypothese – von Seneca erneut aufgenommen. Durch die ›doppelte‹ Natur der Medea als Göttin unter Menschen erhält das Geschehen in Korinth neue Dimensionen. Mit der Entscheidung, aus Liebe (*amor*) Iason zu folgen und ihre übermenschlichen Fähigkeiten für dessen Ziele und Belange einzusetzen, hat sie sich trotz ihrer göttlichen Abstammung abhängig gemacht von den menschlichen Intrigen und beliebig auslegbaren Wertmaßstäben. Senecas Medea findet in einer Revitalisierung ihrer göttlichen Natur die Kraft, sich von Iason und der menschlichen Wertewelt wieder zu distanzieren. In diesem Prozeß der Distanzierung wird sie einerseits ihre Vergangenheit neu schreiben, indem sie ihr einen Sinn beilegt, der sie als Vorstufe ihrer zukünftigen Existenz erscheinen läßt. Damit legt sie die endgültige Version ihres Mythos fest. Andererseits wird sie die Auswirkungen ihrer Beziehung zu Iason (den Mord am Bruder, den Verrat am Vater) ›rückgängig‹ machen, indem sie paradoxerweise zur Rächerin ihres eigenen Tuns unter Menschen wird. Doch beläßt sie es nicht bei dieser »Rückgängigmachung« – zumal sie am Ende der Tragödie nicht nach Kolchis zurückkehrt: Da ihr Maßstab nun ihre göttliche Natur sein wird und sie deshalb nicht rein reaktiv handeln kann, wird auch ihr Tun einen das menschliche Maß übersteigenden ›Überschuß‹ zeigen, der zu ihrer Apotheose führt. Medeas *furor* ist nämlich nicht einfach der übersteigerte Zorn eines – in der Terminologie der

[22] Vgl. z.B. C. Walde, Traumdarstellungen in der griechisch-römischen Dichtung, München 2001, 175ff.

[23] F. Graf, Medea, The Enchantress from far away. Remarks on a Well-Known Myth, in: J.L. Clauss/ S.I. Johnston (Hgg.), Medea, Princeton 1997, 21-43, bes. 30ff.

modernen Psychopathologie gesprochen[24] – wahnsinnigen Menschen, der die Proportionen und die Realitätseinschätzung verloren hätte: Er hat eine ausgesprochen nicht-menschliche Qualität, nicht im Sinne von Un-Menschlichkeit oder gar Tierhaftigkeit, wie ihr die Korinther unterstellen (z.B. 102ff., 179f., 363f., 579ff.), sondern er ist göttlicher *furor*, der in seinem destruktiven Phänotyp schon in den attischen Tragödien ein prominentes Mittel der Götter darstellt, hybrisbehaftete Menschen zu bestrafen, sei es, daß sie selbst mit Wahnsinn geschlagen werden (Herakles, Aiax), sei es, daß sich die Götter eines Agens bedienen (Agaue/Pentheus).[25] Berücksichtigt man den ›tragischen‹ Hintergrund des *furor*, wird deutlich, daß Seneca seine Medea dadurch als Göttin zeichnet, daß er sie gerade nicht mit Zügen der Euripideischen Medeia, sondern des Dionysos aus den *Bakchen* des Euripides und seiner eigenen Iuno aus dem *Hercules Furens* ausgestattet hat, wodurch er das vom Mythos vorgegebene Potential der Gestalt voll ausschöpfen konnte.

Wie schon Wurnig[26] erkannte, ist der Prolog der Medea im Corpus der Seneca-Tragödien funktional eher den Prologen der nichtmenschlichen Prologsprecher, hier vor allem dem Prolog der Iuno im *Hercules Furens*, darin vergleichbar, daß sich Prolog und folgendes Geschehen zueinander verhalten wie der Entwurf einer Handlung und ihre Durchführung. In der Tat inszeniert Medea wie eine Regisseurin ihre eigene Rolle[27] und damit ihre mythische Gestalt. Seneca hat Iuno und Medea in seiner literarischen Gestaltung der Medea gleichsam ›überblendet‹, was auch dadurch eine hohe Plausibilität hat, daß Hera-Iuno und Medeia – wie Johnston[28] darlegt

---

[24] Wie Dodds (Die Griechen und das Irrationale, Darmstadt 1970, 38ff.; urspr. *The Greeks and the Irrational*, Berkeley 1966, 64ff.) darlegt, konnte die *mania*, der *furor*, die man nicht mit dem modernen »Wahnsinn« der Psychopathologie verwechseln sollte, selbst in nicht mit Götterkult zusammenhängenden Fällen, die wir heute als psychopathologisch bezeichnen würden, als Wirken des Göttlichen aufgefaßt werden.

[25] Zusammenfassend dazu: B. Effe, Tragischer Wahnsinn: Ein Motiv der attischen Tragödie und seine Funktionalisierung, in: B. Effe/R.F. Glei (Hgg.), Konzepte psychischer ›Normalität‹ und ›Abnormität‹ im Altertum, Trier 2000, 45-62.

[26] V. Wurnig, Gestaltung und Funktion von Gefühlsdarstellungen in den Tragödien Senecas, Frankfurt/Main u.a. 1982, 113ff.

[27] Zu Medea als *artifex* siehe: G. Mazzoli, Medea in Seneca: il logos del furor, in: R. Uglione (Hg.), Giornate di studio su Medea, Torino 1997, 93-105.

[28] S.I. Johnston, Corinthian Medea and the Cult of Hera Akraia, in: Clauss/Johnston (wie Anm. 23) 44-70.

– in Mythos und (griechischem) Kult eine enge Verbindung haben. Z.B. spielt Hera im Zusammenhang mit dem Kindermord in einer anderen Version des Kindermords eine entscheidende, wenn auch ungeklärte Rolle: Weil Medeia die Avancen des Göttervaters Zeus zurückweist, verspricht ihr Hera die Unsterblichkeit ihrer Kinder, doch Medeia bleibt die Erfüllung dieses Versprechens versagt (Schol. Pind. ad Ol. 13, 74). In der Tragödie des Euripides weiht Medea ihre toten Kinder dem Hain der Hera Akraia (1378ff.) und begründet somit einen Kult. Möglicherweise war dieser Kult, der eng mit Geburt und Kindstod zusammenhängt, aber ursprünglich ein Kult für Medeia, der später auf Hera übertragen wurde. Die literarische Iuno und die literarische Medea der Seneca-Tragödien haben sogar noch weitere Gemeinsamkeiten: Nicht nur daß Medeas erste Worte den Schützern der Ehe, *Di Coniugales*, also Iuno, gelten, beide, Iuno und Medea handeln aus gekränkter Liebe. Iuno-Hera geht in zahlreichen Mythen aber nie direkt gegen den Ehemann Iuppiter-Zeus vor, sondern rächt sich an Dritten, meist an den Geliebten des Gatten. Prominente Beispiele sind Io, Kallisto und Ino.[29] Im *Hercules Furens* Senecas fühlt sie sich durch den Sohn des Iuppiter und der Alcmena, Hercules, bedroht. Sie rächt sich, indem sie ihn im von ihr induzierten Wahnsinn zum Mörder seiner eigenen Familie, Frau und zwei Söhne, werden läßt. (Auch in dieser Tragödie spielt ein Kindermord eine wichtige Rolle!) Senecas Iuno erregt aber den Wahn des Hercules in einem affektgeladenen Monolog erst in sich selbst, will ihn, um ihn auskosten zu können, erst selbst durchleben (103ff; 109: *Iuno, cur non furis?*). Zur Erzeugung dieses ›Selbstwahns‹ ruft sie die Furien als Beistand aus der Unterwelt, selbst zur Furie werdend (86ff., 100ff., 110). Es ist also ein göttlicher *furor* besonderer Natur, der sich später in Hercules' Rasen in der Welt der Menschen manifestiert. Auch wenn im Falle Medeas eine andere Familienkonstellation vorliegt, so rächt sich auch Senecas Medea nach Manier der Iuno und ruft zur Verstärkung ihres Zorns die Furien als Beistand (13ff.); sie benutzt ihren primären Zorn und den herbeibeschworenen göttlichen *furor* als Instrumente ihrer Rache. Anders als bei Iuno fallen aber die Position der göttlichen Rächerin und des menschlichen Racheobjekts in ihr zusammen.

[29] Vgl. Euripides, *Medea* 1282ff.: Ino hat ihre Kinder in einem von Hera erregten Wahn umgebracht.

Medea trägt aber auch Züge des Dionysos aus den *Bakchen* des Euripides. Dies hat insofern eine gewisse Stringenz, als Euripides das Einbrechen des *thymos*, das sich in Gewalt manifestiert und in Gestalt des Fremden in die menschliche Gesellschaft einbricht, in der *Medea* und in den *Bakchen* inszeniert. Ein wesentlicher Unterschied besteht aber darin, daß in den *Bakchen* das Fremde von Anfang an auch das Göttliche ist: Der Gott Dionysos kommt als Fremder in die Heimatstadt seiner Mutter Semele, um – wie er im Prolog ankündigt (1ff.) – dort seinen Kult einzuführen. Auch in diesem Fall gibt die Prologfigur einen bestimmten Handlungsablauf vor, der sich trotz des Widerstands des Pentheus zwangsläufig und auch hier um den Preis eines Kindermords[30] erfüllen wird (Agaue tötet im Mänadenrausch ihren Sohn Pentheus, geht als Instrument des Gottes aber straffrei aus.). Auch in Senecas *Medea* begehen Iason und die Korinther ein Sakrileg, wenn sie eine Enkelin des Sonnengottes schmähen, die von ihnen als Fremde aus Übersee, als fast tierhaftes Wesen angesehen wird. Ähnlich wie Dionysos (787ff.) versucht sie mit ihren Opponenten dennoch zu einer gütlichen Einigung zu kommen. Als alle Versuche scheitern, distanziert sie sich durch ihren (göttlichen) *furor*, der mehrfach in der Tragödie mit demjenigen einer göttlich inspirierten Mänade verglichen wird, von ihrer Liebe zu Iason, ja sie wird sogar – Privileg der Götter – straffrei ihre eigenen Kinder umbringen. Am Ende aber wird die Göttin Medea in einer schrecklichen Epiphanie ihrer selbst den Triumph über die Welt der Menschen davontragen. Die Entwicklung der Heldin ist also nicht in der Veränderung, einer Verringerung oder Steigerung ihrer Affekte zu suchen, sondern in der langsamen Veränderung ihres Status. Sie verwandelt ihre Position als Fremde in eine Stärke. Und diese Stärke besteht in einem privilegierten Zugang zum Göttlichen auch in seinen archaischen, grandios-gewalttätigen Dimensionen.

[30] Als weitere Parallelen seien *exempli gratia* genannt: Dionysos berichtet im Prolog (1ff.), wie Hera durch einen durch List zu Wege gebrachten Palastbrand die Nebenbuhlerin Semele ausgestaltet hat. Er selbst wird die Illusion eines Palastbrandes erzeugen (576-641). Kadmos stellt sich sein Schicksal ähnlich vor wie dasjenige Iasons. Die Unverhältnismäßigkeit der Bestrafung des Pentheus, die Rolle des Wahns. Vgl. auch andere Geschichten, in denen Götter maskiert unter den Menschen weilen, z.B. die Geschichte von Erysichthon und Demeter.

Chorlied I (56-115)

Das folgende Chorlied setzt den im Prolog begonnenen Diskurs über das Göttliche fort. Auf den ersten Blick scheint der aus Korinthern bestehende Chor[31] ein konventionell kitschiges Hochzeitslied zu singen, mit dem das Wohlwollen der Götter für das strahlendschöne Traumpaar Iason und Creusa erbeten wird. Doch schleichen sich durch die ungewöhnliche Situation Untertöne ein, die die ursprüngliche Funktion des Hymenaios und des Epithalamion unterlaufen: der schöne Bräutigam Iason ist nämlich noch verheiratet. Der etwas naive Chor versucht dies in einen Lobpreis der neuen Braut umzumünzen, die Iason ›diesmal‹ *facibus legitimis* (67), also mit dem Einverständnis der Brauteltern heimführe. Iason müsse sich nun nicht mehr überwinden, im Schlafzimmer die Brüste einer *coniux effera* aus dem Barbarenland zu berühren (102f.).[32] Das Chorlied betont also geradezu die zeitliche Koinzidenz der neuen Hochzeit Iasons und der Verstoßung der Medea. Die Verachtung des Chors für Medea – vielleicht in ihrer Gegenwart – ist inhuman und infam. Die angebliche kulturelle Überlegenheit Korinths über Kolchis verkehrt sich hier in ihr genaues Gegenteil, da nicht in Betracht gezogen wird, daß Medea, der *peregrina* (115), wirklich Unrecht widerfährt. Entgegen der eigenen Intention wirft der Chor nicht ein negatives Licht auf Medea, sondern auf sich selbst.

Diese ›Mehrfachperspektivität‹ auf dasselbe Geschehen wird dadurch augenfällig gemacht, daß der Chor in seinem Lied teilweise diesselben Götter anruft wie Medea (und man könnte sich auch eine parallele Inszenierung vorstellen, in der der Chor und Medea [unbewußt] einander respondieren).[33] Er kennt das Göttliche nicht persönlich, sondern vertraut auf dessen positive Wirkung, das der eigenen, die Riten beachtenden Gemeinschaft nützt und den nach den Regeln der Gruppe definierten Außenseitern schadet. Wie auch das weitere Geschehen zeigt, sind sich die Korinther

---

31 Man kann dem Text nicht entnehmen, ob es ein reiner Männerchor oder etwa eine gemischte Gruppe ist, wie es ein Hymenaios nahelegen könnte. Zu den Besonderheiten des Chorliedes (v.a. die Verwendung verschiedener Metren), siehe A. Perutelli, Il primo coro della Medea di Seneca, MD 23 (1989) 99-117.

32 Bezeichnenderweise wird hier die Beziehung von Iason und Medea auf tierische Sexualität der Medea reduziert. Die Kinder, natürliches und sichtbares Band des Paares, werden nicht erwähnt.

33 Dazu siehe Hine (wie Anm. 12) passim ad 56-115; eine Ironie besteht auch darin, daß der Chor am Ende um Feuer bittet (111): Creusa möge erstrahlen, entbrennen. Dies wird sich erfüllen.

sicher, daß Medea in der von ihnen beschworenen Harmonie zwischen Menschen und Göttern keinen Raum hat.[34] Gerade wenn man den Ausgang des Mythos kennt, sollte diese Lenkung der Perspektive zu denken geben: Die Rezipienten wissen jetzt schon, daß der Chor sich irrt.

Medea und die Amme I (116-178)

Die letzten Worte des Chors gelten Medea (114-15). In der Tat wird das Publikum sogleich mit Medeas zweitem Monolog konfrontiert, in dem sie einerseits noch einmal ihrer tiefen Verzweiflung Ausdruck gibt, sich andererseits ihre großen Verdienste um den treulosen Iason bewußt macht. Nein, es kann nicht anders sein, als daß Iason auf Drängen Creos handelt.[35] Daß Medea nun den König von Korinth und Korinth selbst der Vernichtung anheimgeben will, ruft die Kritik ihrer Amme auf den Plan.
Die existentielle Einsamkeit Medeas, die anders als bei Euripides unter den Menschen, selbst der nächsten Umgebung, kein Verständnis findet, wird durch die Begegnung der Heldin mit ihrer Amme unterstrichen, die es dennoch zweifelsfrei gut meint. Ihre Bedeutung besteht darin, daß sie die Position des banalen menschlichen *common sense* vertritt. Sie rät dazu, sich angesichts der geänderten Situation möglichst ruhig zu verhalten und sich – der gesellschaftlichen Rolle der Frau entsprechend in die Anordnungen Creos, des Königs, zu schicken. Selbst sie weicht der Frage aus, ob Medea Unrecht geschieht. Insofern sind ihre Aufforderungen zur Affektminderung nicht mehr als hohles Pathos, vielleicht auch nur feiger Selbstschutz. Auch wenn sie ›Rache‹ nicht prinzipiell negativ einschätzt (vgl. 154), versucht sie mit allen Mitteln, eine gewalttätige Reaktion Medeas zu verhindern. Weder die gesellschaftliche Position noch die ungewöhnlichen Fähigkeiten Medeas bedenkend, führt sie dem Nährkind die völlige Verzweiflung und Aussichtslosigkeit ihrer Lage vor Augen. Mit dieser Strategie bewirkt sie jedoch das genaue Gegenteil: Medea kann nun sehr genau definieren, wo ihre Stärken und ihre Macht liegen (166f.): *Medea superest: hic mare et terras uides / ferrumque et ignes et deos et fulmina.*

---

[34] Ähnlich Fyfe (wie Anm. 20) 77ff., die aber die Perspektive des Chors teilt.

[35] Daß für Medea selbst das Skandalon im Verhalten des Iason (und des Kreon) liegt, und nicht etwa in den Schmähungen des Chors, ist evident; insofern muß sie in ihrer Rede auch nicht auf die persönlich auf sie gemünzten Aussagen des Chors – von ihrer Warte aus das kleiner Übel – eingehen.

Fern davon, daß dies ihre »monomane Isolation« illustriert, betont Medea, daß sie sich mit den göttlichen Kräften des Kosmos im Einklang weiß. Das bald darauf folgende »*Medea! – fiam*« (»Medea! — will ich werden«, 171) ist darum auch nicht simplizistisch auf den Kindermord zu beziehen, in dem die Heldin sich selbst verwirklichte, sondern darauf, daß Medea – menschliche Verzagtheit und Sterblichkeit ablegend – nun wieder ihr göttliches Wesen hervorkehren wird.

Medea und Creo (179-300)

Unmittelbar an diesen wichtigen Schritt des Bewußtwerdens der eigenen Identität schließt sich ein Gespräch mit dem Herrscher des Landes, Creo, an, den Medea einstweilen als den Hauptschuldigen ausgemacht hat. Diese Episode ist eine Schlüsselszene der Tragödie, weil sie in der Markierung der verpaßten Lösungsmöglichkeiten die Natur des tragischen Konflikts präzisiert.

Creo ist ein Alleinherrscher mit Neigung zur demokratischen Attitüde: Er will zwar gerne allein entscheiden, es aber auch allen recht machen. Insofern verfehlt er sein Rollenmodell als Tyrann. Genau an dieser Schwachstelle packt ihn Medea, als sie ihn einen willkürlich agierenden Despoten nennt, der keine Gründe für ihre Verbannung nennen könne. Doch als er ihrer Forderung nach Anhörung nachgibt, hat er schon verloren. Denn nun entscheidet er (fast) rational-rechtlich, wo ihm – zumindest zu diesem Zeitpunkt der Eskalation – seine Intuitionen, daß nämlich von Medea, die seiner Meinung nach ein *monstrum* ist, nichts Gutes zu erwarten sei, ein besserer Ratgeber gewesen wären. Es sei dahingestellt, ob Creo, der ähnlich wie Pentheus in den *Bakchen* des Euripides schädliche ›fremde‹ Einflüsse von seinem Land fernhalten will, mit der Verbannung der Heldin wirklich eine politisch kluge Entscheidung getroffen hatte.

Medeas Argumentation – ganz im Sinne römischer Rechtsprechung eine Klärung des Status, um was genau verhandelt wird – ist hochvernünftig. Sezierend scharf bezeichnet sie die Konfliktursache: Ungerechtigkeit. Da Iason und sie als Liebes- und Ehepaar eine Einheit bildeten und Iason der Nutznießer ihrer Fähigkeiten gewesen sei, könne man nicht in einer willkürlichen Auslegung des Geschehenen Iason, den Mann, von jeder Schuld freisprechen und sogar mit einem neuen Ehebund ›belohnen‹, ihr aber alles als Verbrechen anlasten. Mit voller Berechtigung fordert Medea, deren Gastrecht Creo verletzt, einen Ausgleich dieser Schieflage. Gerade weil

sich durch die blutige Flucht aus Kolchis ihre sozialen Kontakte auf Iason beschränken, der nun die Verantwortung für sie nicht mehr sehen will, ist es konsequent, daß sie von Creo den Gatten als Begleiter in die Verbannung einfordert, gleichsam als Belohnung für ihre Unterstützung der Argonauten, deren Beutezug durch die Erweiterung des Marktes ganz Griechenland zum Nutzen gereicht habe (225ff). Gegen diese Argumentation ist Creo hilflos, und darum bricht er – Medea wüst beschimpfend – das Gespräch einfach ab (251ff.).[36] Er will einer Barbarin nicht dieselben Rechte zugestehen wie einer Einheimischen, zumal er gerne den Anführer der Argonauten zum Schwiegersohn hätte.
Eine mögliche Lösung hätte z.B. darin bestehen können, Medea unverzüglich gemeinsam mit Iason und den Kindern des Landes zu verweisen und sie einfach ihrem Schicksal (oder Acastus) zu überlassen. Doch dazu fehlt Creo, verblendet von Machtanspruch und Überlegenheitsgefühl, die rationale Einsicht. So trifft er eine fatale Entscheidung: Zwar lehnt er Medeas Forderung, Iason mit ihr des Landes zu verweisen, ab, doch läßt er wider besseres Wissen Medea noch einen Tag länger, genauer gesagt: einen Tag zu lang, in seinem Königreich verweilen, damit sie sich von ihren Kindern, die er gerne in seine Familie aufnehmen werde, verabschieden könne. Er weiß nicht, daß er damit sein eigenes Todesurteil unterschrieben hat.

Chorlied II (301-379)

Das sich anschließende Chorlied, das sich mit den Folgen der Argonautenfahrt beschäftigt, nimmt unterschwellig die Diskussion zwischen Medea und Creo auf: die Erfindung des Schiffs habe den Menschen die Möglichkeit eröffnet, das Land, in dem man geboren sei, zu verlassen und auch in fremden Ländern Handel zu treiben. Diese Erschließung und Bezwingung der Meere sei mit fürchterlichen Gefahren verbunden gewesen. Doch was sei eigentlich das *pretium* (in Doppeldeutigkeit ›Preis‹ oder ›Lohn‹ 361) dieser menschlichen Kulturleistung gewesen? Das Goldene Vlies und die Tatsache, daß nun ein *malum* wie Medea in das zivilisierte Griechenland gekommen sei (361ff.)! Trotzdem ist der Chor für die Zukunft optimistisch: Der Argonautenzug sei nur der Anfang gewesen. Heute beführen schon Nachen in regelmäßigem Schiffsverkehr das Meer. Bald würden sicher die

---

36 Vgl. J.-U. Schmidt, Im Banne der Verbrechen. Überlegungen zu aktuellen Einflüssen auf Senecas Konzeption der Medea, Grazer Beiträge 22 (1998) 145-75, hier 154.

Grenzen der bekannten Welt über Thule hinaus ausgedehnt werden (364ff.).
Die kulturkritischen Aussagen des Chors, der die Segnungen des Argonautenzugs zugleich anzweifelt und feiert, sind vor einem zweifachen Hintergrund zu sehen: Nicht nur respondiert der Chor Medeas Einschätzung des Argonautenzuges und ihres maßgeblichen Anteils an seinem Erfolg, die sie im Gespräch mit Creo als Argument vorgebracht hatte, er übernimmt hier den Part, den in der *Medeia* des Euripides (1ff.) die Amme bzw. bei Ovids *Heroides* Medea selbst – allerdings von einer Medea-freundlichen Perspektive aus – spielen. Da der Chor bei Seneca Medeas Leistung völlig ausblendet, Medea sie hingegen hoch ansetzt, haben wir es mit genau komplementären, von daher zu einer Stellungnahme herausfordernden Einschätzungen zu tun. Selbst wenn Medea ihre Leistung zu hoch einschätzen sollte (ein Blick auf andere Verarbeitungen des Stoffs, z.B. die *Argonautika* des Apollonios Rhodios, gibt ihr aber recht), erschiene die Einschätzung des Chores immer noch als zumindest undifferenziert.
Wie in seinem ersten Lied erweist sich der Chor als ignorant. Die Öffnung der Meere ist kein einseitiger Prozeß, in dem die zivilisierten Griechen ihr Einflußgebiet ausbauten und deshalb den Kontakt mit unzivilisierten Barbaren in Kauf nehmen müßten. Creo und den Korinthern fehlt die Toleranz und Achtung gegenüber Menschen einer anderen Kultur. Die Erkenntnis, daß sich (auch) für Medea seit der Argonautenfahrt alles ins Negative verkehrt hat, läßt ihr enger Horizont nicht zu.

Medea und die Amme II (380-430) und Medea und Iason (430-559)

Aufgeregt eilt die Amme auf die Bühne: Sie hat an ihrem Nährkind nun die Indizien des alten Wahns entdeckt. Fürchterliches müsse bevorstehen. Durch den Vergleich mit einer Mänade, der ihrer Angst Ausdruck verleihen soll, kennzeichnet sie das ›Rasen‹ der Heldin als göttlich-dionysischen Wahn.[37] Medeas Gebet, daß die Götter ihr durch Erregung des *furor* zur Durchsetzung eines mit rationalem Kalkül ersonnenen Plans beistehen mögen, scheint sich zu erfüllen. Im folgenden Gespräch mit Iason argumentiert Medea allerdings ebenso klar wie vorher vor Kreon.

---

[37] Auch die letzten Verse der *Heroides* Ovids (12, 211f.), die auf die Gestaltung des Stoffs in der Tragödie verweisen, lassen offen, ob der Theatergott Dionysus oder der Liebesgott Amor von Medea Besitz ergreifen wird.

Nun also begegnet das Publikum das erste Mal dem treulosen Gatten der Heldin. Obwohl sein Fehlverhalten einen entscheidenden Einfluß auf die Ereignisse in Korinth hat, wird Iason in den meisten Deutungen der Medea-Gestalt als eine Art Statist im Geschehen außen vor gelassen. Im Falle der Senecanischen *Medea* scheint dies beinahe gerechtfertigt: Doch genau darin besteht Senecas Konzeption der Iason-Gestalt. Der Senecanische Iason mag weniger aggressiv als sein Euripideisches Pendant sein, der nicht nur kein Interesse mehr an Medea hat, sondern ganz allgemein von Gebärneid und Misogynie getrieben ist. Doch ist er nicht sympathischer, sondern vielmehr feige und von einem ganz kreatürlichen Opportunismus beseelt. Für ein Leben in Ruhe (und Ruhm) scheint ihm eine eheliche Verbindung mit Creusa einfach förderlicher (und er scheint sie auch zu lieben, falls es sich bei 496: *Medea amores obicit?* [»Medea wirft mir Liebe vor?«] nicht um ein besonders perfides Argument handelt). Da er sich mit den Negativposten ihrer gemeinsamen Vergangenheit nicht mehr beschäftigen will, tritt er, der große Profiteur, den Verurteilungen Medeas durch Dritte gar nicht erst entgegen. Einen persönlichen Anteil an den Verbrechen Medeas sieht er nicht (»Das wäre ja noch schöner!« 498).

Medea versucht immer noch, Iason mit rationalen Argumenten zu überzeugen: Sie legt ihm dar, warum er ihr etwas schuldig sei und daß sie auch in der aktuellen Notsituation ihre ungewöhnlichen Kräfte einsetzen könne. Als Iason schließlich die Argumente ausgehen, bricht auch er das Gespräch einfach ab.[38] Auch er, selbst er, rät Medea nun, sich doch in ihr durch eigene Schuld verursachtes Unglück zu schicken, nicht zu laut und zu lange zu reden, kurzum: möglichst bald das Land zu verlassen. Medea erbittet sich wenigstens die gemeinsamen Kinder als Begleiter. Doch Iason winkt ab: sein Bekenntnis zur Vaterliebe entpuppt sich einmal mehr als Egoismus, entwertet er es doch sogleich selbst dadurch, daß er die Söhne als Trost in seinem eigenen harten Schicksal brauche. In Wirklichkeit bewertet er die Kinder also nur nach ihrem Nutzen für ihn, so wie er ihre Mutter ausgenutzt hat. Mit dieser Rücksichtslosigkeit besiegelt auch er sein Schicksal: Es ist der Moment gekommen, in dem sich endgültig eine unüberwindliche Kluft zwischen Medea und Iason auftut. Medea, die dies erkannt hat, wird den Mord an den gemeinsamen Kindern als grauenhafte Strafe inszenieren (Aparte 549-50). Wie Dionysos in den *Bakchen* (802-46) bietet sie Iason einen trügerischen Frieden an und schlägt ihm vor, man solle doch den Groll begraben und im guten auseinandergehen. Am besten solle er ihren

---

[38] So auch Schmidt (wie Anm. 36) 159.

peinlichen Wutanfall vergessen und sie doch in guter Erinnerung behalten. Iason reagiert erleichtert (557): Da sei er aber froh, schon habe er alles vergessen. Und übrigens: *miserias lenit quies* (559). Nicht der Trug der Medea, sondern die selbstentlarvende Reaktion Iasons sollte Maßstab der Interpretation dieser Szene sein.

Die letzte Chance zu einer Deeskalation ist vertan: Der Bruch der Werte, den Iason vollzogen hat, wird von Medea, die sich nun als Enkelin des Sonnengottes Sol auch dessen Macht bedienen wird, mit einer grauenhaften Vernichtung seiner menschlichen Existenz, Mord an den Kindern, Mord an Braut und Schwiegervater beantwortet werden. Nach dem Abgang Iasons gibt Medea der Amme die ersten konkreten Anweisungen zur Durchführung ihres Entschlusses: ihre Söhne sollen der Braut Geschenke, ursprünglich vom Sonnengott stammend, bringen. Diese aber werden vorher mit todbringenden Gesängen vergiftet (560-578).

Chorlied III (579-669)

Das dritte Chorlied nimmt offen Bezug auf das vorangehende Geschehen, denn es erbittet den Schutz der Götter für Iason: der Zorn einer in ihrer Ehre gekränkten Ehefrau übertreffe alles, wütende Stürme, Feuersbrünste. Fast wäre man versucht, dem Chor zu unterstellen, er hätte aus dem Geschehen gelernt und würde nun ein größeres Verständnis für Medeas Situation zeigen. Weit gefehlt. Denn er wendet sich – einmalig im Corpus der Senecanischen Tragödien – noch einmal dem Thema des letzten Liedes zu und beleuchtet die Erschließung der Weltmeere nun von der Warte der Argonauten. Da bis auf Iason alle an der Fahrt Beteiligten – Orpheus, Hercules, Tiphys – merkwürdigen Schicksalsschlägen zum Opfer gefallen seien, müsse auf diesem Bruch bisher feststehender *foedera mundi* wohl ein Fluch gelegen haben. Der Herr der Meere, zürne immer noch. Da Iason, der einzige Argonaut, der noch übrig sei, diese Fahrt *iussus* (auf Befehl) unternommen habe, solle man ihn verschonen.

Wie im ersten Chorlied unterlaufen Nebentöne die eigentliche Intention: Sollten die Aussagen des Chores der Wahrheit entsprechen, so wäre es ganz ausgeschlossen, daß Iason seinem Untergang entkäme. Zudem läßt diese Deutung des Geschehens – ohne daß der Chor es bemerken würde[39] – auch Medea in einem anderen Licht erscheinen, nämlich als Handlangerin der

[39] So auch Fyfe (wie Anm. 20) 86ff.

Götter, die den Auftraggeber der Argonautenfahrt, Pelias, der verdienten Strafe zugeführt hat.
Möglicherweise kann der Versuch der Sinnstiftung, den der Chor hier unternimmt, auf den ersten Blick überzeugen. Das Publikum mag sich vielleicht daran erinnern, daß auch die griechischen Teilnehmer des Troianischen Krieges, z.B. Agamemnon und Diomedes, nach der Rückkehr schwere Schicksalsschläge, ja einen gewaltsamen Tod erlitten haben. Einer von ihnen, Odysseus, hatte lange noch unter dem Zorn des Poseidon (= Neptun) zu leiden. Andererseits steht der frühe Tod der Argonauten keineswegs erwiesenermaßen in einem direkten Zusammenhang mit der Fahrt der Argo. Und im Falle des Hercules beschleunigte das Verbrechen seiner Frau Deianira seine Aufnahme unter die Götter. Der Konflikt in Korinth mag bei sehr globaler Betrachtung auf die Argonautenfahrt zurückzuführen sein, aber sie rechtfertigt Iasons Treuebruch, eine individuelle Schuld, für die er allein die Verantwortung trägt, nicht. Doch der Chor, der es über sich brachte, ein Brautlied für den noch verheirateten Iason und Creusa zu singen, fehlen die angemessenen moralischen Maßstäbe. Paradoxerweise wird sich die Bitte des Chors aber doch erfüllen: in der Tat wird Iason am Leben bleiben (595f.: *parcite, o divi, ueniam precamur. / uiuat ut tutus mare qui subegit.*), denn sie deckt sich mit den Plänen der Medea (20; 1018).

Die magischen Incantationes (670-848)

Fast 200 Verse lang wird das Publikum nun Zeuge, wie Medea die grausame Rache am korinthischen Königshaus vorbereitet. In Verkennung ihrer eigentlichen Bedeutung hat man diese Szene immer wieder als für die eigentliche Handlung unnötiges, sensationsheischendes Schaustück bewertet,[40] das lediglich dazu diene, Medea als ›Hexe‹ zu brandmarken. Doch Begrifflichkeiten wie »Hexe« oder gar »*black rites*«[41] wecken falsche Assoziationen, die mit dem Rezeptionshorizont des antiken Publikums nicht übereinstimmen können, weil sie durch nachantike Vorstellungen von Magie, dem Bösen, dem Teufel geprägt sind. Eine Darlegung aller Implikationen dieser Szene würde den Rahmen dieses Artikels sprengen. Darum will ich es bei einigen prinzipiellen Bemerkungen belassen.

---

40 Vgl. Hine (wie Anm. 12) 175ff.
41 So Fyfe (wie Anm. 20) 82.

Die Zauberszene ist in mehrere Blöcke gegliedert. Zuerst schildert die Amme, wie Medea sich aus aller Welt die nötigen Ingredienzien für den hochwirksamen Gifttrank, mit dem sie das Hochzeitsgeschenk der Creusa tränken wird, beschafft (670-738). Medea ist während dieses Botenberichts (!) nicht auf der Bühne, tritt aber am Ende ihrer Ausführungen auf, und zwar in dem Moment, als sie mit den magischen Gesängen beginnt. Diese richten sich zuerst an die Mächte der Unterwelt, die sie um Beistand bittet (740-751 in katalekt. troch. Tetrametern). Dann wendet sie sich in einem traditionellen (vermutlich nicht gesungenen) Gebet an Diana-Hecate (752–770, in normalen Sprechversen, iam. Trimetern), in dem sie auf ihre früheren Verdienste und ihre enge Verbindung zu der Göttin verweist. In der noch einmal in verschiedenen Metren realisierten Schlußpassage (Epode: 771-86; Anapäste: 787-842) nimmt Medea ihre magischen Riten wieder auf, bis sie ein Zeichen erhält, daß Hecate ihr Flehen erhört hat (840ff.).

Die Funktion dieser Szene wird durch einen Blick auf die Euripideische *Medeia* deutlich: Dort wird das Publikum durch einen sehr langen, in Brutalität schwelgenden Botenbericht[42] mit der Wirkung des fatalen Brautgeschenks konfrontiert, das erst Kreusa, dann ihren Vater Kreon, der ihr zur Hilfe eilt, bei lebendigem Leibe langsam verbrennt und schließlich auch den Palast in Brand steckt. Diese Informationen werden bei Seneca im kürzesten Botenbericht der antiken Tragödie (879-890) im Telegrammstil dargeboten: König und Königstochter seien durch ein Geschenk ums Leben gebracht. Der Palastbrand sei nicht löschbar, weil das Löschwasser in Abweichung von der Naturordnung den Flammen Nahrung biete. Diese Auflösung der Naturgesetze ist ein Hinweis darauf, daß göttliches Wirken die Ursache sein muß.

Die auffällig andere Akzentsetzung Senecas ist u.a. dadurch motiviert, daß bei Euripides das Brautgeschenk auch ohne besonderes Zutun der Medeia seine zerstörerische Wirkung zeitigt, in der römischen Tragödie Medea aber durch ihre magischen *Incantationes* und ihr Gebet an Hecate diese Wirkung überhaupt erst herstellt – wodurch ihre Macht, ihre Kräfte beleuchtet werden. In ihren Riten antizipiert Medea die gewünschte Wirkung (817ff.), weshalb eine Beschreibung ihrer Wirkung redundant wäre.

---

[42] 1121-1230. Wie O. Henry und B. Walker (Loss of Identify: Medea superest! A Study of Seneca's Medea, CPh 62, 1967, 169-181) zu recht betonen, übertrifft dieser Botenbericht die Brutalität der Senecanischen *Medea* um ein Vielfaches.

Der Schlußteil der Tragödie ist durch die Rituale, die in der nächsten Szene eine Fortsetzung finden, von einer durchgehenden Sakralisierung gekennzeichnet. Auch in dieser Hinsicht steht Senecas *Medea* in der Gattungstradition der attischen Tragödie, in der – wie Eveline Krummen aufgezeigt hat[43] – Riten, Hochzeitsriten, Libationen, Gebete – zum festen Szenenbestand gehören. Dies kann nicht allein im rituellen Kontext der Theateraufführungen in Athen interpretiert werden. Vielmehr nehmen diese Riten im Rahmen der Tragödie eine metaphorische Bedeutung an. Zwar erleichterte das Wiedererkennen von bestimmten rituellen Abläufen ein erstes Verständnis der Rezipienten, »doch andererseits sind sie von der Wirklichkeit ablösbar, insofern sie im Sinne des Dramas ausgestaltet werden können.« Sie können dabei »in ein Bild gefaßt werden [...], in welchem gerade die Ambivalenz und die vieldeutige Zeichensetzung der rituellen Handlung ausgenützt wird« (Krummen, S. 299). Etwa können sich Rituale verkehren, Hochzeitsbräuche werden mit Totenriten vermischt, Tier- mit Menschenopfern. Wie Krummen schlüssig aufzeigt, ist spätestens mit Euripides der Bezug zu Ritualen zu einem literarischen Zeichensystem geworden, das sich weitgehend von der Wirklichkeit abgelöst hat. Um wieviel mehr muß dies für die römische Tragödie gelten, die hierbei auch von ähnlichen Verweistechniken des römischen Epos, besonders in Vergils *Aeneis*, profitieren kann.[44]

Seneca hat den traditionellen Formenbestand der Tragödie um einen magischen Ritus erweitert, wie es die Gestalt der Medea anbietet. Medeas Wirken ist vor dem Hintergrund der Hochzeitvorbereitungen in Korinth zu sehen, zu denen sie einen Kontrapost bildet. Sie bereitet hierbei nicht nur das Gift vor, sondern singt sich selbst als Mänade des Todes in göttlichen *furor* (806).[45] Medea mischt Gaben der ganzen Welt in den Trank, beteiligt daran alle Götter, die gemäß ihrer ambivalenten Natur schaden und nützen können. Verglichen mit dieser Verfügung über alles, was der Kosmos be-

---

[43] E. Krummen, Ritual und Katastrophe: Rituelle Handlung und Bildersprache bei Sophokles und Euripides, in: F. Graf (Hg.), Ansichten griechischer Rituale, Stuttgart/Leipzig 1998, 296-325.

[44] Vgl. M. Putnam, Virgil's Tragic Future: Senecan Drama and the Aeneid, in: ders., Virgil's Aeneid: Interpretation and Influence, Chapel Hill/London 1995, 246-285, der allerdings die Provenienz dieses Zeichensystems aus der Tragödie zu wenig beachtet.

[45] Es sei angemerkt, daß auch Hekate und die Schlangen mit Ekstase und Wahn in Verbindung gebracht werden (Vgl. J.P. Vernant, Tod in den Augen. Figuren des Anderen im griechischen Altertum, Frankfurt 1988, 52). Dies könnte die prominente Aufzählung der Schlangen im Botenbericht der Amme erklären.

reitstellt, erscheinen die Errungenschaften des Argonautenzuges lächerlich klein.
Medea wird selbst Teil des Zaubers, wenn sie ihr eigenes Blut in das Gift mischt (807ff.). Sie versichert sich in dieser Szene dem Einverständnis und Wohlwollen der Götter, mit denen sie in Harmonie lebt. Das Aufschneiden der Pulsadern hat demnach nicht nur die Bedeutung einer Ankündigung von weiterer Brutalität[46] (sie verweist hier selbst auf den folgenden Kindermord), es hat auch eine symbolische Bedeutung als Ablegen der menschlichen Beschränktheit: Von nun an wird göttliche Gewalt in Korinth regieren.
Nach Vollendung der magischen Riten bestreicht Medea das Gewand für Creusa und beauftragt ihre Söhne, es der neuen Frau ihres Vaters zum Geschenk zu bringen. Kurz darauf berichtet ein Bote, daß alles nach Wunsch der Medea eingetreten sei (879ff.).

Medea (892-977) und Medea und Iason II (978-1027)

Die Tragödie nähert sich ihrem fulminanten Ende, das die Rezipienten mit zwei eindrücklichen Szenen aus dem Geschehen entläßt.
Die Amme drängt Medea zur Flucht aus Korinth, doch die Heldin reflektiert in einem langen Monolog darüber, ob ihr die Tötung von Creo und Creusa als Bestrafung für Iason, der dank dieser neuen Form von ›Hochzeit‹ wieder ledig (*caelebs*, 898) sei, schon ausreiche. Die mit dem Mythos Vertrauten kennen die Antwort: Natürlich nein! Jetzt, da sie durch die Verbrechen zu ihrer wahren Natur gefunden hat, will sie bewußt das Werk von Gewalt und Zerstörung fortsetzen. Doch einstweilen hat sie die adäquate Form dafür noch nicht gefunden. Alles, was sie davor begangen hat, soll im Verhältnis zu dieser Tat nur als Präludium erscheinen (907). Ihre Gedanken bekommen eine andere Wendung, als sie beklagt, daß sie mit der Bestrafung der *paelex* Creusa vielleicht so lange hätte warten sollen, bis auch sie dem Iason Kinder geboren hätte. Aber Iason hat ja schon Kinder, nämlich die gemeinsamen. Die Entscheidung zur Tötung der eigenen Kinder, die sich als perfektes Verbrechen aufdrängt, trifft Medea nun in einem als Dialog zwischen ihren widerstrebenden Neigungen inszenierten Monolog. Der Konflikt zwischen von gekränktem Amor entfachtem Zorn

[46] Vgl. Vernant (wie Anm. 45) 17, zur Bedeutung des Blutes in rituellen Handlungen.

und der Mutterliebe, wird dadurch gelöst, daß die Tötung der Kinder auch als Selbstbestrafung und rituelle Sühnung für die Ermordung des Bruders aufgefaßt wird.[47] In Medea meldet sich nun die *antiqua Erinys* (953), der Geist des Bruders Absyrtus erscheint im Verbund mit den Furien, die sie im Prolog und in der Zauberszene selbst zur Verstärkung ihres *furor* herbeigerufen hatte (15ff., 740ff.; vgl. Sen. Thy. 249ff.). Angesichts der Tatsache, daß die *umbrae* von gewaltsam ums Leben Gebrachten nach antiker Vorstellung ihren Mördern erscheinen, die Ursache dieser Heimsuchung und ihr Opfer zugleich sind,[48] ist die Paradoxie der Konstellation, daß Medea die Furien selbst herbeigerufen hat, um die Strafe an sich zu beschleunigen, nicht zu übersehen: sie weiß um ihre *dementia* (930, Anspielung auf die Agaue der *Bakchen*), d.h. sie verliert keinen Moment die Kontrolle über sich. Da sie den ersten Sohn als geschuldetes Opfer (*uictima*) für die Versöhnung der Manen sieht, wird dessen Tötung als ein dem Tieropfer analoges Ritual, also als sakralisierte Gewalt vollzogen.[49] Auch in dieser Hinsicht greift Seneca gerade nicht auf Euripides zurück, wo sich die Tötung hinter der Bühne vollzieht. Wie Peter Blome aufgezeigt hat, wird auf griechischen Vasen, die vor der attischen Tragödienproduktion zu datieren sind, Medeias Mord an den Söhnen als Opferritual dargestellt.[50] Bei Seneca bekommt diese Darstellungsstrategie aber eine tiefe Plausibilität, weil sich Medea durch die Tötung des ersten Sohnes von der Schuld des Brudermords reinigt. Der Bruder und die Furien können den Schauplatz des Geschehens verlassen. Hiermit wäre wiederum ein Punkt erreicht, an dem Medea in ihrer Rache einhalten könnte. Da hört sie Stimmen. Schon erscheint Iason, der ganz Korinth zur Verfolgung der Täterin aufruft.

Caede inchoata (»noch am Anfang ihres Mordens«, 971) flieht Medea aufs Dach des Palastes, den noch lebenden Sohn an der Hand führend, den toten im Arm tragend.

Soweit hat Medea, wie sie selbst resümiert, den Zustand vor ihrer Flucht aus Kolchis wiederhergestellt (982f):

---

[47] Dieser Kurzschluß mit dem Mord am Bruder verhindert, daß Medea zu einer friedlichen Lösung finden kann (schließlich könnte sie die Kinder auch lebendig mitnehmen). Siehe dazu auch Gill (wie Anm. 12) 218. Zur Gestalt des Absyrtus siehe R. J. Edgeworth, The Eloquent Ghost: Absyrtus in Seneca's Medea, C&M 41 (1990) 151-161.

[48] Vernant (wie Anm. 45) 52.

[49] Dazu Hine (wie Anm. 12) 205 ad 970-1: *›victim‹, uictima, always has a religious flavour in Latin, meaning ›sacrificial victim‹, so her son is a placatory sacrifice.*

[50] P. Blome, Das Schreckliche im Bild, in: Graf (wie Anm. 43) 72-98, bes. 85ff.

Iam iam recepi sceptra germanum patrem,
spoliumque Colchi pecudis auratae tenent;
rediere regna, rapta virginitas redit.
o placida tandem numina ...

Doch ihr Bedürfnis nach Rache an Iason ist damit noch nicht gestillt. In der Anwesenheit Iasons sieht sie die perfekte Möglichkeit, diesen Überschuß des Zorns in aller Öffentlichkeit zu inszenieren (vgl. 976). Ihre Überlegungen, daß sie ihr zweites Kind nicht nur in Anwesenheit des Publikums (sc. im Theater), sondern vor dem Vater des Kindes, Iason (993), schlachten will, sind für die Rezipienten klar erkennbar ein intertextueller Dialog mit Euripides und übrigens der schlagende Beweis, warum diese Tragödie aufgeführt werden sollte: Nur bei einer Aufführung kann diese Szene ihre volle dramatische Wirksamkeit entwickeln.

Das letzte Gespräch zwischen dem Ehepaar ist geprägt von Medeas zynischem Auftrumpfen. Dadurch daß sprachliche und inhaltliche Bezüge zur ersten Iason- und-Medea-Szene hergestellt werden, bekommt diese letzte verbale Auseinandersetzung noch weitere ironische Dimensionen. Nun bittet Iason Medea in Erinnerung an die gemeinsame Zeit, das verbleibende Kind zu schonen, sich doch nur an ihm zu rächen. Er sei bereit, alle Schuld auf sich zu nehmen (1002). Doch mit der Tötung des zweiten Kindes trennt Medea jedes Band, das sie mit der Welt der Menschen verknüpft hatte (auch ein noch ungeborenes Kind würde sie abtreiben, 1009).

Ob er denn jetzt seine Gattin erkenne/anerkenne (*agnoscas coniugem*? 1020, vgl. Sen. Thy. 1005: *agnoscas natos tuos*)? So nämlich pflege sie zu fliehen (1022): *patuit in caelum via* (»Der Weg in den Himmel hat sich aufgetan«). Damit kommentiert sie nicht nur ihre eigene Aussage vor Iason (458) *quascumque aperui tibi vias, clausi mihi* (»Welche Wege ich auch immer dir eröffnet habe, habe ich mir verschlossen«), sondern demonstriert *ad oculos*, daß auch Iason um sein Schicksal nicht hätte besorgt sein müssen, wenn er zu Medea gestanden hätte. Medea steigt auf dem Schlangenwagen ihres Großvaters Sol in den Himmel, die toten Kinder wirft sie hinab zu deren Vater Iason, der vernichtet zurückbleibt. Doch er behält das letzte Wort (1026f.):

Per alta uade spatia sublime aetheris.
testare nullos esse, qua ueheris, deos.

Gehe erhaben durch die hohen Räume des Äthers!
Bezeuge, daß es keine Götter gibt, wohin auch immer du fährst.

Seiner Meinung nach verhält es sich entweder so, daß die Götter, die Medea unterstützen, keine Götter seien (sc. weil sie Verbrechen nicht verhindern) oder daß da, wo Medea hinfährt, keine Götter sein können. Doch kann oder will man sich als Rezipient, der das Geschehen der Tragödie in einer bestimmten Weise präsentiert bekommen hat, Iasons Meinung anschließen?[51] Denn seine Anklage der Götter geht ins Leere. Selbst wenn er davon überzeugt ist, daß die Götter, die Medea unterstützen, keine Götter sind, ändert das nichts an der Existenz dieser Götter, die offensichtlich eine andere Vorstellung von Gerechtigkeit zu haben scheinen. Und das diskreditiert nicht zwangsläufig die Götter, sondern wirft die Frage auf, warum die Götter auf Seiten Medeas stehen. Einer Klärung dieser Frage steht in den meisten Interpretationen aber die unverhohlene Sympathie mit Iason im Wege, obwohl er zweifellos einen ganz maßgeblichen Anteil am Ablauf des Geschehens hat. Ob man der Einschätzung des Chors (579ff.), daß auch die Argonautenfahrt als Bruch der *foedera mundi* zu werten sei, der zwangsläufig eine Bestrafung der Beteiligten nach zog, folgen will oder nicht: Iason hat dadurch Schuld auf sich geladen, daß er Medea, seine Gattin und Mutter seiner Kinder, aus Selbstsucht, Feigheit und nicht zuletzt Hochmut gegenüber den angeblich barbarischen Völkern verstößt und also nicht als Mensch behandelt. Nicht einmal nach dem Erlebnis von Korinth ist er in der Lage, seinen Anteil an diesem Geschehen zu begreifen. Und deshalb ist sein verzweifelter Ausruf über die Nicht-Existenz der Götter nur Ausdruck seiner Unbelehrbarkeit.

Rückblick

Die Konzeption der Senecanischen *Medea* nimmt von zwei Aspekten der Gestalt ihren Ausgang:
(1) Seneca konstruiert die Tragödie von ihrem Ende her: Medea verläßt, nachdem sie das korinthische Königshaus vernichtet und ihre Kinder umgebracht hat, Korinth, ohne je für ihre Taten bestraft zu werden. Daß keine Überlieferung eine wie auch immer geartete Bestrafung der Heldin kennt, ist einerseits erklärungsbedürftig, setzt andererseits der Interpretation der Medea-Gestalt bei Seneca klare Grenzen. Erklärungsversuche, die Medeas Bestrafung in ihrem schlechten Gewissen sehen, das sie sicher später ent-

[51] Zu den verschiedenen Auslegungen dieser Aussagen siehe auch Hine (wie Anm. 12) § 4.10.

wickele, gehen ins Leere: Der Text der Tragödie macht darüber keine Aussage.[52]

(2) Seneca schließt an frühe Traditionen der Medeia-Gestalt an, nach denen diese eine Göttin ist, die sich einem menschlichen Mann, Iason, vermählt hat. Von dieser göttlichen Natur aus inszeniert er den Medeia-Mythos, der in vielen literarischen Versionen Gegenstand kultureller Arbeit gewesen ist, neu, bzw. läßt ihn Medea selbst in Szene setzen. Dadurch daß er Medea Züge der rasenden Iuno und des Dionysos aus dem *Bakchen* des Euripides verleiht, plausibilisiert er die Version des Euripides, in der eine wie auch immer zu deutende, vielleicht ironische Kluft zwischen Medeia, der Ehegattin und der (Me-)*dea ex machina*, besteht. Die ›Apotheose‹ der Medea ist bei Seneca stringenter vorbereitet. Schon das erste Wort der Tragödie (*Di*, ›Götter‹ im Nom.) weist auf die in der Tragödie behandelte Problematik hin; *deos* (im Akk.) aus dem Munde Iasons beschließt sie. Iasons Anklage der Götter ist dazu eine von seiner Warte aus ihm unbewußte Replik auf Medeas Einforderung göttlicher Solidarität im Prolog (7ff.). Sie ruft dort die »Götter« an, »bei denen mir Iason schwor und die Medea mit größerer Berechtigung anrufen darf« (*quosque iuravit mihi/deos Iason, quosque Medeae magis/fas est precari*). Die geschlossene Komposition – die Tragödie endet damit, daß nur ihr göttliche Hilfe zuteil wird – beweist die Legitimität ihrer Forderungen.[53]

Anders als Euripides stellt Seneca nicht die Geschlechterproblematik ins Zentrum,[54] sondern verschiebt diese Problematik auf die Dichotomie Gott – Mensch. Damit fügt sich die *Medea* in den Reigen seiner anderen Tragödien, in denen die Beziehungen zwischen der Sphäre der Götter und der Menschen einerseits, andererseits auch die schmale Grenzlinie zwischen einzelnen Menschen und den Göttern thematisiert wird. In unterschiedlicher Akzentuierung reflektieren seine Gestalten darüber, durch was diese Grenze überschritten wird; etwa Oedipus, der am Ende der Tragödie verkündet, Apollo besiegt zu haben, oder Atreus im *Thyestes*, der glaubt, sich durch seine unsagbaren Verbrechen den Göttern gleichgestellt zu haben. Im Falle Medeas bekommt diese Dynamik durch die Voraussetzun-

---

52 Vgl. Hine (wie Anm. 12) 23. Anders: Lefèvre (wie Anm. 9) 73.

53 Im Prolog moniert sie, daß Sol dem an ihr begangenen Unrecht teilnahmslos zuschaue (28ff.); am Ende schickt er ihr den Schlangenwangen (1023f.)

54 Diese Problematik klingt nur als Nebenthema an (266ff: Creo unterstellt, Medea vereine weibliche Wildheit/Tierhaftigkeit und männliche Kraft; 579ff.: Der Chor reflektiert über die ungeahnten Kräfte einer betrogenen Ehefrau).

gen, die der Mythos schon mit sich bringt, eine weitere Dimensionierung: Da Seneca das Göttliche aber als das Fremde inszeniert, macht er die gerechte Behandlung sowohl der Geschlechter als auch von nicht zur eigenen Gesellschaft gehörigen Fremden auch zu einer Frage nach den Lebensbedingungen der Gattung Mensch.

Medeas Isolation ist nicht selbstverschuldet, sondern primär eine Reaktion auf die ihr feindlich gesonnene Umwelt. Aus der Perspektive Medeas kann die ihr von verschiedenen Seiten geratene Duldsamkeit nur als Sklavengesinnung erscheinen. Niemand aber zieht ernsthaft in Betracht, daß diese Lösung des Konflikts nur eine scheinbare wäre, weil Medea keine Gerechtigkeit widerführe. Wenn Medea also in solch einer Form diskreditiert und isoliert wird, wie es die *dramatis personae* mit ihren Strategien der Dehumanisierung unverhohlen tun, wirft dies die in der Forschung wenig beachtete Frage auf, woher sie die Berechtigung dazu nehmen,[55] ja, wie sie glauben konnten, daß Medea fürderhin nicht mehr über ihre übernatürlichen Kräfte und den privilegierten Zugang zu den Göttern verfügen würde. Innerhalb der Handlung wollen alle außer Medea die Kausalitätskette, die zu der Eskalation der Ereignisse in Korinth führt, nicht mehr zur Kenntnis nehmen oder bewerten sie aus Egoismus wissentlich falsch. Die Hauptopponenten Medeas, Iason und Kreon, bekommen von der Götter-Enkelin eine Chance, ihre falschen Einschätzungen und Entscheidungen zu revidieren. Erst deren Unnachgiebigkeit läßt Medea in aller Öffentlichkeit ihre Rachepläne, die nichts weniger als ›irrational‹ sind,[56] schmieden und in göttlicher Unbarmherzigkeit durchführen. Das Archaische, Ungezügelte, das sie in sich freisetzt und zuläßt, ist ihr Mittel, die ihr entzogene,

---

[55] Eine Besonderheit des Medea-Stoffes ist die, daß man in den meisten Interpretationen immer auf den Blickpunkt des Kindermordes verpflichtet wird, als ob dieser das einzig Interessante an Medea wäre. (Übrigens spielt in fast allen Tragödien Senecas [und anderer Tragiker] ein versuchter oder vollzogener Kindermord eine wichtige Rolle, nämlich im *Hercules Furens*, im *Thyestes*, im *Oedipus* [putativ], im *Agamemnon* [162ff., Erinnerung der *Clytemestra*], in der *Phaedra*, in den *Troades*.) Doch die Gestalt der Medea ist sehr facettenreich, und es ist dieser Facettenreichtum, der zu ihrer nachhaltigen Faszination beiträgt. Es ist einer der interessanten Übertragungseffekte, daß sich die meisten Interpreten (sic!) der Verurteilung Medeas durch Instanzen in der Tragödie ohne viel Federlesens anschließen und/oder das Verhalten der Medea als defektiv beschreiben – und mit ebenso traumwandlerischer Sicherheit davon ausgehen, daß dies auch die Meinung Senecas sein müsse.

[56] Anders Lefèvre (wie Anm. 9) 75; die Kategorie irrational taugt m.E. nicht für die Bewertung des Mythos.

von ihr zum Teil sogar selbst geminderte Würde und Menschlichkeit wiederherzustellen.

Größe und Ungeheuerlichkeit dieser Rache könnten natürlich einen anderen Ausweg zeigen: Die Mittel, die Medea zur Rache benötigt, hätte sie auch zu ihrer eigenen Rettung zu Hilfe rufen können – was sie paradoxerweise ja auch tut. Doch wie andere Götter der *theologia fabulosa*, etwa Dionysos in den *Bakchen* des Euripides, 1346ff.; Diana und Iuno in Ovids *Metamorphosen* (3, 96ff., vgl. Kallimachos, *Das Bad der Pallas* 253ff.) straft Medea unverhältnismäßig hart. Auch wenn die genannten Werke der Dichtung die Frage diskutieren, ob solche göttlichen Strafaktionen gerecht sind, die Götter nehmen dieses Recht für sich in Anspruch. Auch die göttliche, oder genauer: wieder vergöttlichte Medea, die aus diesem Grund nicht als abschreckendes Beispiel taugt, ist den Begründungsnotständen der Menschen enthoben. Ihre Taten, selbst der Kindermord, entziehen sich einem moralischen Urteil ebenso wie jeder Form von Verachtung oder Mitleid. Medeas Selbstbehauptung kostet sie ihre ›Humanität‹, was Seneca aber konsequenter zu einer Vergöttlichung oder Wieder-Vergöttlichung stilisiert. Während die Medea des Euripides die getöteten Kinder mitnimmt, um sie im Hain der Hera zu weihen, überläßt ihre Senecanische Schwester diese Insignia ihrer abgelegten Erdenexistenz dem Gatten zur Bestattung.

(Appendix: Fußnote 16)
Wurde die *Medea* Senecas aufgeführt?
Seneca malt in seinen Tragödien mit Worten ›Seelengemälde‹ höchster Tiefenschärfe, die ihn fast als einen modernen Dichter erscheinen lassen. Doch gerade diese Besonderheit, die sich in der formalen Gestaltung der Tragödien niederschlägt, die im Gegensatz zu den attischen Tragödien, hauptsächlich aus großen Monologblöcken bestehen und von daher eigentlich Traumrollen für jeden anspruchsvollen Schauspieler darstellen, führte zu einer Verurteilung und in der Folge zu einer bemerkenswerten Forschungssackgasse: Statt sich nämlich auf die Aussage und Wirksamkeit der Monologe zu konzentrieren, wich man auf die Frage nach der Aufführungspraxis aus, die eigentlich auch getrennt vom Inhalt der Tragödien behandelt werden kann. In Wirklichkeit verbergen sich hinter der Frage nach der Aufführungspraxis höchst unterschiedliche Fragen, nämlich ob die Tragödien überhaupt für die Aufführung geschrieben wurden bzw. ob sie aufführbar sind bzw. ob sie aufgeführt wurden.

Am einfachsten ist die Frage nach der Aufführbarkeit zu beantworten. Auch wenn aus der Antike selbst kein Zeugnis für eine Aufführung irgendeiner der Seneca-Tragödien überliefert ist, gibt es zumindest von der Seite der Theaterpraxis aus kein Hindernis: Die Dramen Senecas, besonders die *Medea* und die *Phaedra*, wurden seit der Renaissance bis in die neueste Zeit (*Medea:* Paris 1967; Basel 2000 und Erlangen 2002; Verfilmung: Asì es la vida, Regie: A. Ripstein, Mexiko/Frankreich/Spanien 2000) immer wieder aufgeführt und waren auch normative Vorbilder für die zeitgenössische Dramenproduktion (weiteres siehe E. Hall/F. Macintosh/O. Taplin (Hgg.), Medea in Performance 1500-2000, Oxford 2000).
Die andere Frage, ob Seneca die Dramen selbst für die Aufführung, mit der Aufführungspraxis im Kopf geschrieben hat, ist genaugenommen nicht zu beantworten. Selbst die Tatsache, daß es kein Zeugnis für eine antike Aufführung der Tragödien gibt, läßt keinen Rückschluß auf die Intentionen Senecas zu. Aufgrund der formalen Struktur gerade der *Medea* glaubte Otto Zwierlein in einer Studie mit dem programmatischen Titel *Die Rezitationsdramen Senecas* behaupten zu können, daß es sich bei den Seneca-Tragödien um eine Art Gattungszwitter, um »Rezitationsdramen« handele. Die langen Monologe eigneten sich seiner Meinung nach schwer für eine Theateraufführung (in der *Medea* hat in der Tat Medea mehr als 400 Verse der 900 alleine das Wort). Auch verwies er auf angeblich nicht aufführbare Passagen. Der zweite Punkt – Passagen, die sich nicht für eine Aufführung eigneten – ist schnell durch jede Aufführung einer Seneca-Tragödie widerlegt: es gibt hier nichts, was nicht durch die kreative Phantasie des Regisseurs, selbst ohne technische Hilfsmittel, überwunden werden könnte (nur in der *Medea* wäre für die Fahrt der Heldin im Schlangenwagen eine Bühnenmaschine notwendig; das war aber auch schon zur Zeit der Euripideischen *Medeia*, für die sich dasselbe Problem stellt, machbar). Angesichts der Tatsache, daß man im Rom der Zeit Senecas schon lange das Reprisentheater kannte und man auch die Tragödien lange verstorbener Autoren auf die Bühne brachte, waren die römischen Theaterleute mit dem Problem vertraut, daß Dichter und Regisseur nicht identisch waren. Vielleicht hat auch Seneca nur die Libretti geliefert und die szenische Umsetzung Spezialisten überlassen.
Das Argument – Rezitation statt Aufführung langer Monologe – entbehrt hingegen jeder Logik. Denn auch Rezitationen erfordern ein gewisses Maß an Dramatik und Ausdruck. Und warum sollte ein szenisches Geschehen, das alle Vorteile des Mediums Theater (Bühne, Kostüme, Spezialeffekts) nutzen kann, eigentlich weniger verständlich sein, als eine Rezitation?

Vielmehr könnte gerade die Tatsache, daß das römische Publikum durch die Deklamationspraxis der Zeit gewohnt war, langen Reden zu folgen, ein Argument dafür sein, daß auch das Theaterpublikum entsprechende Sehgewohnheiten entwickeln konnte. Im Übrigen sei daran erinnert, daß es auch schon vor den Seneca-Tragödien Dramen mit sehr langen monologischen Partien gab, z.B. den *Prometheus* des Aischylos, der nach mündlicher Mitteilung von B. Zimmermann im Theater von Siracusa 1990 mit großem Erfolg aufgeführt wurde. (Im Jahr 2002 wurde der *Prometheus* in Milano und wiederum in Siracusa auf die Bühne gebracht.) Zudem gibt es Hinweise darauf, daß – gerade in der *Medea* Senecas – bestimmte monologische Passagen, die aufeinanderfolgen, vielleicht simultan gespielt werden müßten, etwa Prolog und erstes Chorlied. Bernhard Zimmermann hat in einem wegweisenden Artikel schon 1990 (Seneca und die römische Tragödie der Kaiserzeit, Lexis 5/6, 1990, 203-214) einen Ausweg aus der Forschungsaporie Aufführbarkeit oder Nicht-Aufführbarkeit gewiesen, indem er die Senecanischen Tragödien als ein Gesamtkunstwerk beschreibt, »das nicht nur dem dramatischen Genre verpflichtet ist«, sondern sich auch anderen Gattungen, Lyrik, Epos etc. öffnet, und somit die dramatische Gattung der Griechen im Sinne seiner eigenen Zeit aufhebt und in etwas genuin Neues, Römisches transformiert, für das sich eine eigene Ästhetik der Theaterpraxis entwickelte.

CLAUDIA LIEBRAND

Mythos im Film. Pasolinis *Medea*

»Medée, c'est moi« – ganz genau das hat Pasolini nicht gesagt, aber er hat etwas Ähnliches formuliert. In einem Interview mit Jean Duflot antwortet er auf die Frage des Interviewers: »[Medeas] [...] Fixierung auf das Problem der Verstoßung, des Ausgeschlossenseins, entspricht sie einer schmerzlichen Erfahrung, die Sie selbst gemacht haben?« mit einem sehr entschiedenen »Das steht außer Zweifel. Wenn ich Ihnen sage, daß ich die Empfindungen eines verwundeten Tieres habe, das sich hinter der Herde herschleppt, so sage ich die Wahrheit.« Duflot: »Aber hat dieses Gefühl des ›Verlorenseins‹ tiefere Gründe, liegt es an präzisen psychischen Besonderheiten, die sich aus Ihrer Haltung gegenüber Ihrer Mutter und Ihrem Vater ergeben?« Pasolini:

> Ja, natürlich. Die meisten meiner Kümmernisse, der größte Teil des Hasses, den man mir entgegenbringt, rühren daher, daß ich anders bin. Ich spüre ihn, diesen Haß; es ist ›Rassenhaß‹. Es ist der gleiche Rassismus, der sich gegen alle Minderheiten der Welt richtet.

Duflot (bilanzierend): »MEDEA umschreibt also auch das persönliche Drama Ihres eigenen Ausgeschlossenseins.«[1] Mit der Rede vom Anderssein, die Duflot aufgreift, apostrophiert Pasolini seine Homosexualität – diese stigmatisiert ihn als einen, der einer Minderheit zugehörig ist: einer rassistisch motivierten Verfolgungen ausgesetzten Minderheit. Medea nun fungiert, so zumindest die Selbstaussage Pasolinis, als alter ego des *auteurs*, als *screen-woman*, als mythische Deck-Figur für die Diskriminierung, Mißachtung, Verfolgung von Homosexuellen. Natürlich, das in Parenthese, läßt sich Pasolinis Erfahrung vom Anderssein nicht auf seine sexuelle Orientierung beschränken, sondern ist auch in bezug zu setzen zu seinem wechselvollen Verhältnis (begeisterte Aufnahme sowie krude Ablehnung) durch die Marxisten wie durch die katholische Kirche (nach dem Evangelium-Film). Ich fokussiere in meinen Ausführungen allerdings den Homosexualitätsaspekt, der mir in bezug auf Medea von besonderer Wichtigkeit zu sein scheint.

---

[1] P.W. Jansen/W. Schütte (Hgg.), Pier Paolo Pasolini, mit Beiträgen von H.-K. Jungheinrich u.a., 3., wesentl. erw. Aufl., München, Wien 1985, 93.

Wir wissen alle, wie prekär es um Selbstaussagen und Selbstinterpretationen von Autoren, Filmemachern, Regisseuren bestellt ist. Auf Pasolinis ›Medée, c'est moi‹ sei nicht als ›Schlüssel‹ zum Film verwiesen, sondern nur als Hinweis darauf, wie sehr Pasolinis Selbstinterpretation auf Identifikation mit seiner Protagonistin abzielt, wie sehr er davon ausgeht, ihre Erfahrungen teilen und verstehen zu können und sie nicht als monströse Figur, als die die kindermordende Mutter meist perzipiert wird, kennzeichnen zu müssen. Meine Lektüre von Pasolinis Film wird also auch im Blick haben müssen, ob, und wenn: inwieweit Pasolinis MEDEA so etwas wie eine *Anti-Medea* ist, keine Etüde über ein Monster in Frauengestalt, sondern über eine Figur, die erst im Blick der anderen zum Monster wird.

Von Euripides zur Ethnologie: Pasolinis Archaisierung des Medea-Mythos

Was ist es nun für eine Geschichte, die Pasolini verfilmt? Euripides, der den wirkmächtigsten antiken Ur-Text über Medea vorlegte, präsentiert den Mythos folgendermaßen (ich greife eine von Franziska Schößler und Ellen Biesenbach vorgelegte Zusammenfassung auf): Medea, »wörtlich: Die klugen Rat weiß«, bekannt als

> die größte Zauberin des griechischen Mythos, beheimatet in Thessalien, dem sprichwörtlichen Zauberinnenland der Griechen, nach anderen Varianten in Kolchis (heute Georgien) am schwarzen Meer [...][,] ist die Enkelin des Sonnengottes Helios und Nichte der Zauberin Kirke. In Kolchis, ihrer Heimat, trifft Medea auf Jason, den Königssohn aus Iolkos und Führer des Argonautenzugs. Dieser war mit seinem Schiff, der Argo, bis in das sagenhafte ›Barbarenland‹ vorgestoßen. Denn er sollte dem dort herrschenden König Aietes, dem Vater der Medea, im Auftrag seines Onkels Pelias das goldene Vlies entführen, das Fell eines goldenen Widders. Das hing als Opfergabe für Zeus in einem Hain und wurde von einem feuerspeienden Drachen bewacht. Wie das Leben, oder die Männerphantasie, so spielt, verliebt sich Medea in Jason und verhilft ihm durch Zauberkünste, das Vlies zu gewinnen. Dann flieht sie mit ihm aus der Heimat. Von Vater Aietes und Bruder Absyrtos verfolgt, fängt sie letzteren durch List ein und schüttelt dann den Vater mit den Verfolgerschiffen dadurch ab, daß sie den getöteten Absyrtos zerstückelt und seine Glieder einzeln in das Kielwasser wirft. In Iolkos angekommen wird Jason von Pelias um sein Erbe geprellt; das Paar muß fliehen, gelangt nach Korinth, sie werden freundlich aufgenommen, leben viele Jahre ruhig miteinander und haben zwei Söhne – fast ein Märchenende. Doch leben sie nur so lange glücklich und zufrieden, bis sich Jason in die Tochter des Korintherkönigs Kreon, Glauke, auch Kreusa genannt, verliebt.[2]

Euripides' Tragödie setzt an dieser Stelle der mythologischen Erzählung ein; er präsentiert uns das Ehedrama zwischen Jason, der Kreusa heiraten will, und Medea, die die beiden Kinder, die sie zusammen mit Jason hat, tötet, um sich an ihrem untreuen Mann zu rächen. Euripides' Behandlung des Stoffs ist gekennzeichnet durch eine Doppelbewegung, der Psychologisierung des Mythos (die Zauberin Medea erlebt das Schicksal einer von ihrem Ehemann gedemütigten und verlassenen Frau), aber auch der Remythisierung des gerade erst psychologisierten Mythos: in Euripides Drama schickt Helios, Medeas Großvater, ihr einen Drachenwagen, auf dem sie sich in die Luft erhebt.

Psychologisiert Euripides den Mythos, um ihn dann wieder einer Re-Mythisierung zu unterziehen, läßt sich davon sprechen, daß Pasolini den Mythos archaisiert, gewissermaßen ethnologisiert. Insbesondere die in Kolchis spielende zwanzigminütige Sequenz, die die Welt Medeas in Szene setzt, macht das eindrucksvoll deutlich. Pasolini drehte die Kolchis-Aufnahmen in Anatolien, in den Felsenkirchen Kappadokiens und den Wüstenstädten Syriens.

Abb. 1: Die Wüstenstadt, das unwirtliche Heim.

---

[2] E. Biesenbach/F. Schößler, Zur Rezeption des Medea-Mythos in der zeitgenössischen Literatur: Elfriede Jelinek, Marlene Streeruwitz und Christa Wolf, in: Frauen und Mythos, Freiburg 1998 (= Freiburger FrauenStudien 4,1), 31-59, hier 34f.

Abb. 2: Prozession in von Sonne durchfluteter Felsenlandschaft.

Bei den Landschaften, die die Kamera in den Blick nimmt, handelt es sich um von gleißender Sonne ausgeleuchtete lehmig-gelbe Felslandschaften mit ins Gestein gehauenen Höhlenwohnungen; Gewänder, Schmuck, Kopfputz, Waffen, Masken der Figuren scheinen wie »aus verschiedenen prähistorisch oder folkloristisch noch gegenwärtigen Kulturen eklektisch zugesammengetragen«.[3] Unterlegt sind diese Bilder, die zugleich etwas Dokumentarisches und Veristisches, aber auch etwas Manieriert-Theatrales haben, von einer – so schreibt Hans-Klaus Jungheinrich –

> oft kaum recht identifzierbaren, wie von fern herüberklingenden Musik, die dramaturgisch [...] vielleicht eine ähnliche Funktion erfüllt wie der griechische Chor, indem sie zu den Gefühlen und Schicksalen der Einzelakteure den raunenden und trommelnden ›Kommentar‹ des Kollektivs beisteuert. Diese Klänge und Geräusche wirken ebenso diskret wie allgegenwärtig; die Handlung kann ihnen nicht entkommen. Grillenzirpen, Tiergeblök, Dudelsack, Glokkengeklingel, von tiefen Männerstimmen intonierte Kultgesänge, Vogellaute, Stierhorn [...]« (S. 45).

Der Soundtrack erinnert an tibetanische und/oder japanische Kultmusiken. Diese sind der Mise-en-scène eines Menschenopfers unterlegt: Medeas kolchische Welt ist eine, die den zivilisatorischen Schub vom Menschen-

[3] Jansen/Schütte, Pier Paolo Pasolini (s. Anm. 1) 181.

Abb. 3: Kultisches Menschenopfter.

Abb. 4: Blutiges Ritual.

zum Tieropfer noch nicht vollzogen hat. Das Menschenopfer fungiert als Ritual, das den Fruchtbarkeitsgott, die Fruchtbarkeitsgöttin gnädig stimmt, die Pflanzen wachsen läßt und das Überleben der kolchischen archaischen Gesellschaft sichert. In gewisser Weise liefert Pasolini mit der ›Komplettierung‹ des Mythos durch das Menschenopfer in Kolchis eine Form von zusätzlicher Motivation für Medeas spätere Kindstötungen; diese können auf der Folie des Menschenopfers in den Eingangssequenzen des Films als

Versuch Medeas begriffen werden, auf eine verquere und entstellte Weise die eigene Kultur in der Fremde beizubehalten *und* zu invertieren: muß man doch die Ermordung der eigenen Kinder als ultimative Pervertierung eines Fruchtbarkeitsrituals begreifen.

In der ›Menschenopfersequenz‹ wird zwanzig Minuten nicht gesprochen; wir sehen Weidetiere, dann Menschen, deren Gesichter erst einmal unkenntlich bleiben, wir sehen die Hinterköpfe und fremdartige Gewänder. Diese Fremdartigkeit wird durch den dramaturgischen Aufbau der Szene unterstützt – wir begreifen, daß ein Ritual verrichtet wird und können dieses Ritual von außen beobachten, es verfolgen; der Sinn des Menschenopfers eröffnet sich erst ganz am Ende der blutigen Szenen.

Abb. 5: Pasolinis archaisches Kollektiv.

Die Menschen tauchen ihre Finger in eine Schale mit dem Herz des Opfers, ein Baum wird bestrichen, ein Schnitt auf Menschen, die Kornähren sammeln. Medeas erster Satz: »Ich lebe mit dem Samen und werde wiedergeboren mit dem Samen« macht noch einmal klar, daß es sich hier um ein Fruchtbarkeitsritual handelt. Im Rahmen der rituellen Verrichtungen wird der königliche Bruder von Medea mit Ruten geschlagen; Medea wird an eine Art Pranger gestellt; Kolchis wird damit als eine atavistische vor-moderne Kultur gekennzeichnet, in der auch Könige potentielle Opferfiguren sind, die mit ihrem Leib und gegebenenfalls mit ihrem Leben für das Überleben ihres Volkes, für die Fruchtbarkeit der Felder verantwortlich sind.

Es bietet sich an, das Ritual des Menschenopfers, das der Film inszeniert, in bezug zu setzen zu Thesen des französischen Literaturwissenschaftlers und Kulturanthropologen René Girard.[4] Die von ihm entworfene Theorie des Sündenbocks und der ursprünglichen Gewalt geht von der Grundthese aus, daß eine bestehende Unordnung oder Unsicherheit (etwa darüber, ob die nächste Ernte so gut wird, daß sie die Menschen ernähren kann) in Ordnung resp. Sicherheit überführt werden kann. Nicht selten stammt der Sündenbock dabei selbst aus der Gemeinschaft, die ihn opfert. Die Gemeinschaft, die Gruppe, die Gesellschaft, die das Ritual ausübt, wird durch das vollzogene Opfer eines einzelnen geeint, erneuert; Gewalt erscheint als Teil einer kollektiven Identität. Pasolini inszeniert dieses Sündenfallparadigma hier in bezug auf eine archaische Kultur; es ist aber davon auszugehen, daß impliziert wird, jenes Sündenbockschema betreffe auch moderne Gesellschaften: die Opferung des Anderen (z.B. des Homosexuellen, des Ausländers, des Behinderten etc.) ist allerdings vielleicht keine Tötung mehr, sondern eine Ausgrenzung, die den Erhalt der bestehenden Ordnung sichert. Im weiteren Verlauf des Films läßt sich auch Medeas Funktion innerhalb der Welt der Korinther mit dem Sündenbockparadigma beschreiben. Wie ihr Gespräch mit dem König zeigt, soll ihre Verbannung Ruhe und Frieden in Korinth gewährleisten.

Pasolinis Menschenopfer-Ritualszene jedenfalls (und zwar nicht nur die Bildspur, sondern auch die Tonspur) macht sehr deutlich, daß es sich bei Kolchis um eine nicht logozentrisch organisierte Kultur handelt. Kolchis ist nicht durch Sprache, sondern durch Summen, durch Gesang, durch fremdartige Musik gekennzeichnet. Pasolini filmt mit der Handkamera, bedient sich also bei der Inszenierung der Kultur von Kolchis stilistischer Mittel des Dokumentarfilms; der inszenierte ›Doku‹-Gestus markiert das Fremdartige und Ferne, die archaische Ethnizität von Kolchis auch kameratechnisch. Man könnte von einer Übernahme der Stilmittel des cinema verité sprechen.

Pasolinis Film setzt aber nicht mit dem dokumentarisch ›verwackelten‹ Blick auf Kolchis ein: den Kolchissequenzen des Films ist eine Zentaurrede vorangestellt. Der Zentaur, der Jason, den rechtmäßigen König der Stadt Iolkos, vor dem thronräuberischen Halbbruder seines Vaters gerettet und aufgezogen hat, spricht zum Kind Jason (zunächst noch zum kleinen Kind, dann zum schon größeren Buben) und klärt ihn (und damit den Zuschauer)

---

[4] R. Girard, Ausstoßung und Verfolgung. Eine historische Theorie des Sündenbocks, Frankfurt a.M. 1992.

über den Mythos auf, den der Film dann ins Bild setzen wird. Auffällig an dieser Passage ist nun, daß sie nicht nur die Eckpunkte der mythischen Erzählung vermittelt, sondern gleichfalls einen Meta-Kommentar zum Mythos selber gibt – einen Meta-Kommentar, der allerdings garniert wird mit der Feststellung des Zentauren, er sei ein Lügner. Der Zentaur erzählt den Mythos – er kommentiert die Funktion des Mythos –, *und* er desavouiert seine eigene Glaubwürdigkeit durch das Lügnergeständnis resp. markiert seine Aussagen als paradoxal, in einem Schwebezustand befindlich, dem kein Wahrheitswert zuzuordnen ist. Die Zentaursequenzen setzen die Passage vom Mythos in die Moderne in Szene; der Zentaur, der mit dem älter gewordenen Jason spricht, hat seinen Pferderumpf verloren; er hat einen menschlichen Körper.

Abb. 6: In Szene gesetzter Mythos.

In Korinth wird der Zentaur wieder auftauchen – in einer Doppelkonfiguration als mythischer (und stummer) Zentaur mit Pferderumpf und als pferderumpfloser Zentaur der Moderne, der Jason sowohl die ihm vor Augen stehende Konfiguration von Mythos und Moderne erläutert als auch ihn darüber in Kenntnis setzt, daß er Medea liebt (auf diese Mitteilung, die ja vom – wie wir durch Selbstmitteilung des Zentaurs wissen – *lügenden* Zentaur stammt, reagiert nicht nur Jason, sondern auch der Zuschauer, der die lust- und leidenschaftslosen Liebesszenen zwischen Jason und Medea kennt, mit Erstaunen).

Abb. 7: In bed with Medea.

Kennzeichnend für Pasolinis Umsetzung des Medea-Mythos ist jedenfalls der Versuch, die Reflexion des Mythos und seiner Funktion in den Film hineinzunehmen. Reflexive Äußerungen, Kommentare, die unterschiedlichen Figuren in den Mund gelegt werden, Formulierungen wie ›der antike Mensch war gewohnt‹ oder ›Medea war eine altmodische Frau‹ erinnern an Techniken, wie Brecht sie in seinem epischen Theater verwendet. Überdies und in erster Linie schließt Pasolini auch imitativ an Traditionen des *antiken* Theaters – mit der zentralen Stellung des kommentierenden Chors – an. Bei den Negotiationen zwischen Mythos und Moderne, die inszeniert werden, nimmt Pasolini – so zumindest seine Selbstinterpretation – Partei für das archaische Kolchis:

> MEDEA, das ist die Konfrontation der archaischen, hieratischen, klerikalen Welt mit der Welt Jasons: einer im Gegensatz dazu ration[...][alen] und pragmatischen Welt. Jason, das ist der zeitgemäße Held [...], der nicht nur den Sinn für Metaphysik verloren hat, sondern sich derartige Fragen nicht einmal mehr stellt. Er ist der stumpfe ›Techniker‹, dessen Streben einzig auf den Erfolg ausgerichtet ist. [...] Konfrontiert mit der anderen Zivilisation [...], [mit Kolchis,] löst er eine entsetzliche Tragödie aus. Das ganze Drama beruht auf diesem Gegensatz zweier Kulturen, auf der Nichtreduzierbarkeit zweier Zivilisationen, der einen durch die andere.[5]

[5] Jansen/Schütte, Pier Paolo Pasolini (s. Anm. 1) 90.

In Pasolinis Film fungiert Jason dezidiert als ein anderer Odysseus, als Figur, die mit funktionaler Rationalität dem Mythos, den Mythen begegnet.

Aber zurück zu den Eingangssequenzen des Films mit Jason und dem Zentaur: Last, but not least stupend an ihnen ist – auch wenn sie nicht ganz ohne unfreiwillige Komik auskommen (der schlecht sitzende falsche Bart des Zentauren, der verquast esoterische Ton seiner Ausführungen, die

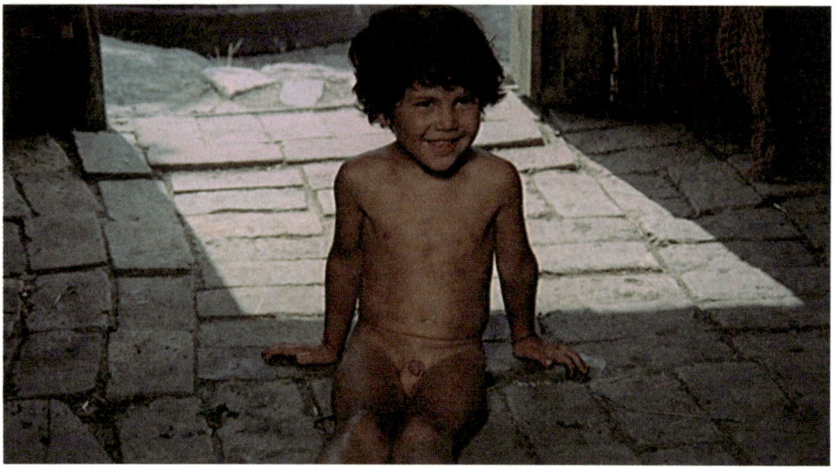

Abb. 8: Die päderastische Kamera.

Abb. 9: Homoerotik – prekärer Blick.

tricktechnisch äußerst mangelhaft inszenierte Mensch-Pferd-Hybride) –, wie sehr Pasolini den kleinen nackten Jason als bezauberndes Blick-Objekt einer geradezu päderastisch inspirierten Kamera ins Bild setzt.

Interviewern, die misogyne Tendenzen seines Œuvres konstatierten resp. Pasolini fragten, warum sich solche Tendenzen in seinen Filmen finden ließen, pflegte der Regisseur stets zu sagen, er verehre und liebe Frauen und setze sie ›raphaelisch‹ ins Bild. Was den Film »Medea« angeht (und diese Beobachtung kann auch für weitere Filme Pasolinis Geltung beanspruchen), werden aber definitiv die Knaben und die jungen Männer ›raphaelisch‹ ins Bild gesetzt.

Ob es der kleine Jason ist, der junge Mann Jason, die ihn begleitenden Argonauten (alles jugendliche schöne Männer, die leicht bekleidet sind und viel Körper zeigen), ob es Jasons und Medeas zwei kleine Knaben sind (beide von berückendem Reiz) oder die jungen Männer, mit denen Jason in der Stadt Korinth tanzt – für Pasolinis Kamera gilt gerade nicht, was Mulvey in ihrem wirkmächtigen Aufsatz »Visual Pleasures and Narrative Cinema«[6] als blicktechnisches Arrangement beschreibt. Mulvey, die die Ergebnisse der feministischen Diskussion mit den Ansätzen der psychoanalytisch orientierten Apparatus-Theorie verbindet, konstatiert, daß die

Abb. 10: Die homosoziale Clique.

[6] L. Mulvey, Visual Pleasure and Narrative Cinema, Screen 16,3 (1975) 6-18.

Subjekt- und Objekt-Positionen bezogen auf den kinematographischen Apparatus, also die Gesamtheit der auf Film, auf Kino bezogenen Strukturen, geschlechtlich konnotiert seien. Der kinematographische Apparat stelle den weiblichen Körper einem implementierten ›männlichen‹ Blick als Objekt aus; das Blick-Geschehen auf der Leinwand und die Blicke im Kino auf die Leinwand seien auf eine Beobachterposition ausgerichtet, die eine implizit männliche sei; diejenigen, die angeblickt würden, von den Protagonisten im Film und den Zuschauern im Kino, seien in der Regel Frauen: Objekte des Blicks seien weiblich konnotiert. Für Pasolinis Film nun hat das, was Mulvey in erster Linie für den Hollywood-Film konstatiert und postuliert, nur partiell Geltung. Für die inszenierten Blickkonstellationen *auf* der Leinwand gilt zwar auch für Pasolini – *cum grano salis* – das Theorem des männlichen ›Blicks‹: bereits in der Eingangspassage schaut der Zentaur den kleinen Jason an; die Blickobjekte, die die Kamera immer wieder berückend ins Bild setzt, sind aber – anders als von Mulvey postuliert – nicht Frauen, sondern die jungen Männer und die Knaben.

Abb. 11: Eingerahmte Diva.

Auch Medea, dargestellt von der Diva Maria Callas, wird von der Kamera zwar immer wieder in Szene gesetzt: die Kamera modelliert sie aber als Unberührbare, Fremde, Heroische, Erhabene – nicht als entzückendes und bezauberndes Blickobjekt. Entzückt und bezaubert ist die Kamera – und das läßt Pasolinis Eingangssequenz nicht nur ein wenig päderastisch erscheinen – von männlichen, von möglichst jungmännlichen, knabenhaften Blickobjekten. Diese sind es, die die Kamera liebt – und zwar mit größerer Intensität, je jugendlicher sie sind.

Abb. 12: Medea in *low angle.*

Natürlich ist das eine Beobachtung, die in bezug gesetzt werden kann zu Pasolinis Homosexualität einerseits und zu seinen päderastischen Dispositionen andererseits – mich interessiert dieser Zusammenhang aber nicht in erster Linie als aussagekräftig für Pasolinis biographische Konstellationen, sondern im Hinblick auf das blicktheoretische Dilemma, das die Kameraführung in Pasolinis Film ›ausbuchstabiert‹. Wenn Mulvey recht hat, daß der Kamerablick geschlechtlich spezifiziert ist – als ein männlicher Blick – und wenn sie überdies recht hat, daß die Kameraobjekte als Blickobjekte weiblich semantisiert sind, dann hat das Kino ein Problem: als ein Medium der bewegten Körper stellt es eben auch *Männer*körper aus und macht sie somit zum Blickobjekt. Diese Objektivierung nun rückt den Männerkörper in die Nähe des weiblichen – und das weckt (sehr schön zeigen läßt sich das etwa auch in bezug auf das Westerngenre[7]) homoeroti-

[7] S. Neale, Prologue. Masculinity as Spectacle. Reflections on Men and Mainstream Cinema, in: S. Cohan/I.R. Hark (Hgg.), Screening the Male. Exploring Masculinities in Hollywood Cinema, London/New York 1993, 9-20.

sche Konnotationen. Eben diese homoerotischen Konnotationen, die das Mainstream-Kino in der Regel zu verdecken und zu verleugnen sucht, spielt Pasolini mit großer Intensität aus. Die Verdeckung der Homoerotik im Mainstream-Kino – insbesondere im Western, in Actionfilmen, aber auch in Sandalenfilmen wie *Spartakus* (hier findet sich ja beinahe eine Genre-Entsprechung zu *Medea* – funktioniert über diegetische Motivationen (z.B. Kampfeszenen); es gibt also immer einen ›guten‹ Grund, warum wir ausgestellte Männerkörper sehen. In Pasolinis *Medea* nun fehlt es auffällig an genau dieser diegetischen Motivation. Tatsächlich wird die Erwartungshaltung auf Erklärung, Erläuterung, dramaturgische Einbindung, die der Zuschauer, die Zuschauerin an den Film heranträgt, ja ständig enttäuscht. Eine Beispielszene dafür ist der Tanz Jasons vor den Mauern von Korinth. Der filmische Zusammenhang ist folgender: Medea macht sich auf, um in Korinth etwas zu klären. Die Amme ist entsetzt. Nun könnte man ja vermuten, daß Medea Jason mit der Königstochter ›ertappt‹. Aber das ist nicht der Fall. Sie beobachtet ihn tanzend mit anderen Männern.

Abb. 13: Ausgestellte Homoerotik. Freuden-Tanz der Männer.

Diese Szene operiert nicht verschleiernd, sondern entschleiernd: sie weist offen auf Homoerotik hin. Und diese Homoerotik wird eben nicht – wie es im Mainstream-Kino der Fall wäre – dramaturgisch eingebunden oder erklärt.

Die stumme Sängerin oder die Callas als Schwulenikone

Als gays' film ist Pasolinis *Medea* aber nicht nur durch die Kameratechnik und Blickführung gekennzeichnet, sondern auch durch die Besetzung der Titelrolle mit der Callas, die so etwas wie der Inbegriff der Operndiva und – ich werde darauf noch zurückkommen – besonderer Gegenstand schwuler Verehrung ist. Die Callas ist die einzige weltweit in allen Gesellschaftsschichten bekanntgewordene Sängerin des 20. Jahrhunderts: Sie ist für die Oper, was Sarah Bernhard für das Theater und Greta Garbo für den Film ist: es gibt für die Oper eine Zeitrechnung vor und nach der Callas. Mindestens so berühmt wie für ihren Gesang, der gekennzeichnet ist durch einen musikalischen Ausdruckswillen, dem die Callas immer Priorität gegenüber dem durchaus für sie kennzeichnenden Belcanto einräumt, ist die Callas für die Skandale in ihrem Privatleben, für ihre Liebesbeziehung mit Ari Onassis (dem milliardenschweren griechischen Reeder, der sie für Jakkie Kennedy aufgab), für ihre dramatischen Diäten (die aus einer Frau, die aussah wie Operndiven eben aussehen, eine Frau machte, die aussah – wie die Callas eben). Das Repertoire der Callas war ungewöhnlich breit gefächert: eine der Rollen, mit der die Diva immer wieder Furore machte, war die Titelrolle in Cherubinis Oper *Medée*. Pasolini engagiert also für seine filmische Umsetzung des antiken Medea-Mythos einen modernen Mythos: die (allerdings bereits von der Bühne abgetretene) Callas. Er besetzt die Titelrolle seines Films mit einer Frau, die ihres eigentlichen Ausdrucksmittels beraubt ist; eine Aporie, ein Paradox, ja: eine Aposiopese. Er reduziert seine Besetzung, die – verkürzt und pointiert gesagt – ganz ›Ton‹ ist, darauf, bloßes ›Bild‹ zu sein. Und selbst in der italienischen ›Originalversion‹ von Pasolinis Film hat Maria Callas nicht einmal ihre ›originale‹ Sprechstimme – Pasolini ließ sie (ein im italienischen Film übliches Verfahren) im Studio synchronisieren. Das, was Medea im Mythos angetan wird, sie wird aus ihrem eigenen Zusammenhang transferiert in einen Raum, in dem ihr ihr Zauber abhanden kommt, stellt Pasolini also durch sein Casting, durch die Entscheidung für die Callas als Medea nach: die Zauberin der Töne wird auf die Leinwand gebannt – und muß auf die

Gewalt der Musik verzichten. Nicht nur der Mythos erzählt die Geschichte der Beschneidung weiblicher Zaubermacht – Pasolini stellt diese Beschneidung durch die Entscheidung für Maria Callas nach.
Nun ist die Callas – Wayne Koestenbaum hat das in seinem Buch »The Queen's Throat. Opera, Homosexuality and the Mystery of Desire« einläßlich beschrieben – unter den zahlreichen Diven, die die Oper zu bieten hat, ›die‹ Diva und in besonderem Maße schwule Ikone: »Die Callas wurde in den fünziger Jahren zum internationalen Star, zu einer Zeit, als die Schwulen – obwohl stumm und gut getarnt und auf der Suche nach Assimilation und Akzeptanz und nicht nach radikaler Aktion – eine reichhaltige Kultur entwickelten. Die Callas bleibt die Operndiva, die am engsten (wenn das auch unausgesprochen bleibt) mit den schwulen Fans in Verbindung gebracht wird«.[8] Die Diva sei – so Koestenbaum – deshalb so geeignet als schwule Verehrungsfigur, weil sie das ganz andere figuriere: sie stehe in Verbindung mit dem

> anderen schlechthin, mit einer satanischen Trennung vom Ganzen, Reinen, maßvoll Gebändigten, Attraktiven. Ihr Mythos ist es, daß sie pervers ist, monströs, abnormal und häßlich. Wenn die Gestalt der Diva auch eng verbunden ist mit dem Bild der Königin und der Vorstellung weitervererbter Fortdauer imperialer Herrschaft, gelten Divas doch auch als subversive Figuren, die ein Imperium mit einer *roulade* oder einer arroganten Erwiderung ruinieren können. Mozarts Librettist Lorenzo da Ponte verdammte Brigitta Banti [und das ist eine Zuschreibung, die auf alle Diven bezogen werden kann] als ›eine Schlange, eine Furie, eine Höllenteufelin, fähig zum Umsturz eines ganzen Reiches, nicht nur einer Theaterregie.‹ Die Diva stürzt die Geschlechtsspezifik um, die der Welt zugrundeliegt, indem sie die Weiblichkeit gleichzeitig mächtig und künstlich erscheinen läßt, und wird deshalb gerne mit erderschütternden Katastrophen in Beziehung gesetzt. Als Mrs. Elizabeth Billington ihr Debüt in Neapel hatte, brach der Vesuv aus; die Neapolitaner schrieben der Diva die Schuld für die Katastrophe zu [und auch das Leben und die Auftritte der Callas sind von Katastrophen garniert].[9]

[8] W. Koestenbaum, Königin der Nacht. Oper, Homosexualität und Begehren, Stuttgart 1996, 180.
[9] Ebd., 139.

Wenn Pasolini seine Medea also mit der Callas besetzt, implementiert er über die Starpersona von Maria Callas all diese kulturellen Zuschreibungsmuster und Semantisierungen. Es ist mithin keinesfalls so, daß über die Besetzung der Titelrolle mit der Sängerin im wesentlichen deren Sinn für Dramatik für Pasolinis Film nutzbar gemacht würde, auch wenn das einige Interpreten anders sehen: so behauptet etwa Hans-Klaus Jungheinrich:

> Ein wenn nicht musikalischer, so doch ›opernhafter‹ Bestandteil von MEDEA ist die Verkörperung der Titelrolle durch Maria Callas, die, fremd im fremdartigen Kontext, die primadonnenhaften Posen und das Tragisch-Schöne ihres verhärmten und gleichwohl gepflegten Anlitzes als melodramatisches Potential einbringt, das von der Sogkraft des archaischen Ambiente freilich weit über seine angestammten Möglichkeiten hinaus zum wilden dramatischen Strudel fortgerissen wird.[10]

Dem muß widersprochen werden: die Callas wird in ihrem Potential nicht »von der Sogkraft des archaischen Ambiente« weit über ihre »Möglichkeiten hinaus zum wilden dramatischen Strudel fortgerissen«; sie agiert genau so, als stehe sie auf der Bühne; ihre Aktionen haben das leicht Komische, das Opernaktionen häufig eigen ist; es läßt sich schwerlich von großer Schauspielkunst in *Medea* sprechen – weder auf der Seite der von Pasolini engagierten Argonauten-Laienschauspieler noch auf der der Protagonistin, die outriert, mit durchaus komisch wirkender Theatralik agiert. Diese Theatralik hat aber eben nicht nur eine intradiegetische Dimension, sondern eine extradiegetische: der Zuschauer, die Zuschauerin ist auf die Divensemantik, wie etwa Koestenbaum sie beschrieben hat, verwiesen. Und für eine Diva ist eben diese Form von (durchaus auch ins Komische entgleisender) Theatralik konstitutiv. Und so schätzt Wayne Koestenbaum an der Oper auch »the inappropriate, the weird, the off-scale. [...] When Maria Callas sang her [arias] [...], she was dead serious. She was innocent of her weirdness.«[11] Das Unangemessene, das Übertriebene, das mit absoluter Hingabe und ohne jede Form von selbstironischer Brechung von der Callas repräsentiert wird, ist also das, was die

---

10 H.-K. Jungheinrich, Überhöhung und Zurücknahme. Musik in den Filmen Pasolinis, in: Jansen/Schütte (Hgg.), Pier Paolo Pasolini (s. Anm. 1) 35-48, hier 45f.

11 P. Festa, How Wayne Koestenbaum's »Jackie O« Completed My Quest for Opera Queendom, in: Salon (7. April 1997), http://www.salon.com/april97/jakkieo970407.html, letzte Abfrage 03.05.02.

schwule Rezeption nicht nur der Oper, sondern auch etwa von Pasolinis Film anrührt und entzückt. Anrührend – so immer noch Koestenbaum – ist auch die Wut, die die Diva zum Ausdruck bringt: Er verehre

> die Callas, weil sie so häufig Wut zum Ausdruck bringt – einen Zorn, der seine eigene Belohnung und seine eigene Begründung ist, der keine äußerliche Rechtfertigung sucht, der nichts behauptet außer der Lust des Ausdrucks, des Gefühls, der Darstellung: *Warum man mir Unrecht getan hat.* Die Diva wird zum Tribunal und bringt nicht nur zum Ausdruck, was *sie* empfindet, sondern was sie empfinden *sollte.* Jede große von der Callas gesungen Phrase der Eifersucht und der rasenden Wut wird zu einem Befehl: ›Universum, höre! Universum, gehorche! Universum, nimm meinen Standpunkt ein!‹ Und wir haben auch Bilder für die Neigung ihrer Stimme, Zorn auszustrahlen; man denke an die Callas als Medea oder Tosca – wie sie das Messer in der Hand hat, wie ihre Augen Funken sprühen, wie ihr geschminkter Mund nur noch ein schmaler Strich der Rage ist. [...] Schwule identifizieren sich vielleicht deshalb gerne mit Demonstrationen weiblicher Wut und Willkür, weil ein solches Benehmen so entschieden die Grenzen des akzeptablen Geschlechtsrollenverhaltens überschreitet; Beispiele maskuliner Macht sind unangenehm und deprimierend (in ihnen spiegelt sich patriarchalische Herrschaft), aber Ausbrüche weiblicher Macht lassen eine Welt erscheinen, die dabei ist, sich radikal umzukehren. Ihre rachsüchtigen Ausbrüche schenken uns Mut und inspirieren uns [...].[12]

Eine schwule Ikone ist aber nicht nur die Diva, die Pasolini als Protagonistin engagiert, und schwul ist nicht nur die Kameratechnik, von der bereits die Rede war, Pasolini nimmt auch eine schwule Relektüre des Medea-Mythos vor. Ihn interessiert nicht Medea als mordende Mutter, die Figur, die das Rezeptionsinteresse für Jahrhunderte fokussiert hat. Der Kindermord wird zwar nicht ausgespart, auch nicht zum Rumor erklärt, wie etwa bei Christa Wolf; er wird aber sehr undramatisch, fast friedvoll in Szene gesetzt – und gerät geradezu zum humanistischen Akt: schützt Medea doch die Kinder so vor Exilierung und Drangsalierung durch den König, dessen Tochter Jason heiraten will. Überdies dient die Aktion ›Kindsmord‹ der Kamera nur dazu, schöne Bilder der erst schlafenden, dann toten kleinen Jungen einzufangen, die im Tod möglicherweise noch bezaubernder scheinen als im Leben.

---

[12] Koestenbaum, Königin der Nacht (s. Anm. 8) 196f.

Abb. 14: Die Kindermörderin.

Abb. 15: Tod, Kindlichkeit und Ästhetik.

Nicht auf den Kindsmord richtet der Film sein Interesse, sondern auf die Beziehung Medea und Jason – als ›unmögliche Liebe‹. Meine These ist, daß die heterosexuelle Beziehung zwischen Medea und Jason zur Deckfigur für Homosexualität und homosexuelle Liebe wird: Medea und Jasons unglückliche Verbindung verweist auf jene Liebe, die nicht im Normalen beheimatet ist – auf die maßlose, die unvermittelbare, die gesellschaftlich nicht integrierbare Liebe, auf das Liebesbegehren desjenigen/derjenigen, der/die immer schon ausgeschlossen ist (und das nie wirklich erfüllt werden wird). Die Unmöglichkeit der Beziehung zwischen Medea und Jason, zwischen archaischem Kolchis und ›moderner Zivilisation‹ à la Korinth (ein Korinth, das Pasolini in den architektonisch frühmittelalterlichen Teilen Pisas abdreht), das Verquere des Jason-Medea-Verhältnisses wird gerade auch in den ›Liebesszenen‹ zwischen beiden deutlich gemacht, die bar jeder Erotik sind. Die Liebesbeziehung zwischen Medea und Jason wirkt für geschulte Hollywood-Liebesfilm-Seher und -Seherinnen deshalb so befremdlich, weil keinerlei Äußerungsformen von ›romatischer Liebe‹ dargestellt werden – so wenig wie ein Minimum an Leidenschaft. Überdies wird die Unmöglichkeit der heterosexuellen Liebesbeziehung zwischen Medea und Jason durch ihren Altersunterschied in Szene gesetzt. Der Altersunterschied zwischen beiden Darstellern ist stupend: der Darsteller des Jason besticht durch ausgeprägte Jugendlichkeit, Maria Callas dagegen geht zum Zeitpunkt des Drehs auf die 50 zu. Auf eine Weise spielt Pasolini damit auch jenen mythischen Stoff in seinen Medea-Film ein, mit dem er sich in *Edipo Re*[13] bereits ausführlich befaßt hat, die Ödipuskonfiguration: der junge Mann, der eine ältere Frau liebt, eine Mutterfigur also (die im Ödipusmythos dann nicht nur die phantasmatische Mutter, sondern auch die reale ist). Über das Casting der Callas als Medea verweist Pasolini also selbstreflexiv auf sein eigenes Œuvre und bindet den Medea-Mythos an den Ödipus-Mythos zurück – auch insofern, als das zentrale Thema, das in bezug auf Jason verhandelt wird, dessen Einsicht resp. Nichteinsicht in die Motive seines Handelns ist. Der Film rekurriert aber nicht nur auf andere antike Mythen, er setzt seinen Mythos, den Mythos, den er behandelt, wiederholt in Szene – und zwar in Form einer Schleifenstruktur, wie wir, an postmodernen Filmen geschulte Zuschauerinnen und Zuschauer, bereits aus *Pulp Fiction* oder *Und täglich grüßt das Murmeltier* kennen. Mit dieser Schleifen-, dieser Wiederholungsstruktur imitiert der Film durchaus eine Eigenart des Mythos, der als Wiederholung einer Geschichte in unzähligen Varianten aufgefaßt werden kann. Zweimal erzählt der Film *Medea*, wie die Zauberin aus Kolchis ihre Kinder ruft, ihnen eine Gabe reicht, die sie der neuen künftigen Frau ihres Mannes überbringen sollen, zweimal sehen wir, wie Glauke, die Königstochter, die Jason heiraten will, umkommt. In den Interviews, die Pasolini gegeben hat, erklärt der Regisseur diese Verdoppe-

---

13 »Edipo Re« [dt.: »Ödipus Rex«], I 1967, R.: P.P. Pasolini.

lungen als visionären Traum und Ausführung des Traumes; es ist allerdings festzuhalten, daß der *final cut* des Films keine starken Argumente für diese klare Trennung Vision versus Realität gibt; der *final cut* funktioniert eher nach Art der beschriebenen Schleife. Der Mythos findet in der Wiederholung statt. Ich plädiere also dafür, in der doppelten Erzählung von Medeas Rache keine Inszenierung einer Traumkonstellation zu lesen, die in der Wirklichkeit nachgespielt wird, sondern die ›Schleife‹ in Pasolinis Film als mythosdefinitorisch zu begreifen: als Konzeptualisierung des Mythos nicht als die eine Geschichte, sondern eben als die eine Geschichte, die greifbar ist nur in den vielen Variatonen, in denen sie erzählt wird.

Antiquity meets Sixties oder: Mythos im Film

Pasolini arbeitet in *Medea* wie in eigentlich allen seinen Filmen hauptsächlich mit Laiendarstellern. Diese tragen ethnische Phantasiekostüme, die, es war davon die Rede, z.B. an afrikanische und indianische Folklorekleidung und an Theaterkostüme erinnern. Schminktechnisch sind diese Laiendarsteller wenig auffällig hergerichtet: ganz im Gegensatz zu Medea – die im Stil der späten 60er und frühen 70er mit großem maskenbildtechnischem Aufwand visagistisch ›aufgerüstet‹ ist.

Abb. 16: Medeas Gesicht – Medeas Maske.

Das Gesicht der Callas erinnert etwa an das forciert geschminkte Kleopatragesicht von Elizabeth Taylor. Der Zuschauer, die Zuschauerin hat diese Schminktechnik der späten 60er Jahre zu der intradiegetischen Vorgabe in Beziehung zu setzen, daß Medea dem archaischen Kolchis zugehörig ist. Ähnlich wie in den vielen italienischen Historien- und Antikenfilmen, die wir auch aus den 50er und 60er Jahren kennen, steht das Gesicht der Hauptdarstellerin in fast groteskem Widerspruch zu dem sie umgebenden – archaisch inspirierten – Ambiente. Der Zuschauer ist mit einer eigenartigen Form von Hybridisierung konfrontiert. Das geschminkte Gesicht der Callas sprengt die Fiktion, es handele sich bei der Darstellerin um Medea – es wird vielmehr sehr deutlich gemacht, daß es sich um die Callas handelt, die die Medea gibt. Dieses Moment des Theatralen ist auch im Bewegungsrepertoire und in der Gestik der Callas faßbar, die nicht als Filmschauspielerin agiert, sondern als Operndiva. Ihre Spieltechnik ist geprägt durch ein Mix von Statuarik und außerordentlich ›großen‹ Gesten, die melodramatisch in Szene gesetzt werden (wie wir sie von Opernbühnen kennen, während sie uns auf der Leinwand eigenartig anmuten). Überdies wird das Moment des Theatralischen als Moment von Maskierungen und Maskeraden auch intradiegetisch wiederholt in Szene gesetzt: wir sehen immer wieder Ankleideszenen zu, in denen Medea-Callas sich ›in Schale wirft‹. Die Kleider, die sie anlegt, sind meist von hohem repräsentativen Valeur; so läßt sie sich von ihren Dienerinnen königlich kleiden, bevor sie den Tempel betritt. Bemerkswert ist allerdings, daß der Unterschied zwischen einem von Medeas Prachtgewändern und einer Rüstung marginal erscheint. Die Gewänder, die Medea trägt, dürften viele Kilo schwer sein; allein die Ketten, die sie sich umlegen läßt (und die so übergroß und überschwer erscheinen, daß man kaum mehr von Schmuck im gängigen Sinne des Wortes sprechen kann), scheinen das Gewicht einer Rüstung zu haben. Medeas kolchische Gewänder sind dunkel, schwarz; und vielleicht ist das die einzige Farbe, in der diese inkommensurable Figur überhaupt vorstellbar ist. In ihren kolchischen Kleidern absolviert Medea offenbar eine Art Reinigungszeremonie: vor dem Tempel durchläuft sie ein Feuer. Wir wohnen als Zuschauer einem archaischen Ritual bei, dessen Protagonistin entrückt und ver-rückt wirkt. (Dramaturgisch wird in dieser Szene bereits der Konnex zwischen Medea und dem Feuer hergestellt, der in dem Brand am Schluß des Films wiederaufgegriffen wird.) Daß es ihm in seinem Film um archaische Rituale und den Umgang mit Elementarem gehe, hat Pasolini in seinen ausführlichen Selbstäußerungen formuliert. So statuiert er:

> Ich habe in MEDEA alle Themen meiner anderen Filme wieder aufgegriffen. Ich präzisiere in Parenthese für diejenigen, die sich durch die Mitwirkung der Callas könnten irreführen lassen, daß ich mich absolut nicht auf das musikalische Werk von Cherubini beziehe. In dieser Richtung ist kein Mißverständnis möglich. Was das Stück von Euripides angeht, so habe ich mich darauf beschränkt, nur ein paar Zitate daraus zu entnehmen. Kurioserweise basiert das Werk auf einer ›theoretischen‹ Grundlage der Geschichte der Religionen. Nämlich auf M. Eliade, Frazer, Levi-Bruhl und Werken der modernen Ethnologie und Anthropologie.[14]

Ich lasse mich nicht auf eine Diskussion darauf ein, welche ethnologischen und anthropologischen Details von Frazer bis Eliade sich in Pasolinis Film finden: die Übernahmen aus den von ihm genannten Standardwerken erscheinen mir eher unspezifisch – und sind wohl in erster Linie als dezidierte intellektuelle Selbststilisierung Pasolinis als filmischer *auteur* zu lesen. Nichtsdestotrotz führt Pasolinis Hinweis, mit der *Medée* (und sei es die Cherubinis) habe sein Film nichts zu tun, nicht gänzlich in die Irre. Es geht Pasolini tatsächlich nicht um die kindermordende Mutter (und vergessen wir diesen Teil der Geschichte nicht: bringt Medea doch nicht nur ihre Kinder, sondern noch in Kolchis auch ihren Bruder um) und die männermordende Frau. Der Film funktioniert eher als Etüde über Prozesse der Ausschließung, über Erfahrungen der Nicht-Integrierbarkeit, über Medeas inkommensurable ›Andersheit‹, die (berücksichtigt man auch Kameratechnik und Casting) als Deckschirm für Homosexualität gelesen werden kann. Insofern läßt sich tatsächlich von einer Rehabilitation der verfemten mythischen Medea sprechen: jener immer schon ausgeschlossenen, nicht integrierbaren Frau (deren Kindsmord überdies als nahezu humanistische Tat motiviert scheint; es war davon die Rede, daß Medea ihre Kinder vor Exilierung und Drangsalierung durch den König, dessen Tochter Jason heiraten will, schützen muß). Wir haben es also mit einer Figur zu tun, die eher als Anti-Medea daherkommt, mit einer Figur, die erst durch ihr Umfeld zur Schreckensfigur gemacht wird. Die Rehabilitation der mordenden Mutter geht aber einher mit einer radikalen Instrumentalisierung der mythischen Figur. Der Kindsmord etwa dient der Kamera in erster Linie dazu, schöne Bilder der entzückenden schlafenden resp. toten kleinen Jungen einzufangen. Und Medea erscheint als Deckfigur – und zwar als screen, hinter der sicher *keine* Frau steht – für den Wunsch, mit jüngeren

[14] Jansen/Schütte (Hgg.), Pier Paolo Pasolini (s. Anm. 1) 90.

Männern zu schlafen: Pasolinis *Medea* gebührt also ein Ehrenplatz auf jedem *Queer Film Festival*.
Meine Lektüre von Pasolinis *Medea* läuft mithin auf ein queer reading des Films hinaus, auf die Rekonstruktion derjenigen filmischen Strategien, die eine Geschichte über eine Muttermörderin nur zum Anlaß nehmen, das (päderastisch getönte) Hohelied über die Schönheit und Erotik möglichst junger Männer, am besten von Knaben, anzustimmen. Aufschlußreich – und das macht Pasolinis MEDEA tatsächlich zu einem bemerkens- und auch zu einem sehenswerten Film – ist aber nicht nur Pasolinis homosexuell konnotierte Umschrift des Mythos, aufschlußreich ist auch die Verschränkung von antikem Mythos und ›neuem‹ Mythos: dem Mythos ›Maria Callas‹. Diese Verschränkung wird in dem Medium inszeniert, das als Umschlag- und Konsolidierungsplatz neuer Mythen zu gelten hat: dem Medium Film.

Abbildungsnachweis:

Alle Abbildungen: MEDEA, BRD-DVD: Arthaus / Kinowelt (Premium Edition), Publikationsdatum: 21.07.2006.

Register